전쟁고아와 국가의 책무

김창진 · 박갑룡 공저

문운당

이 책은 2020년도 국가보훈처의 보조금 지원으로 이루어진 것이나
그 내용은 국가보훈처의 견해와 다를 수 있습니다.

I

참혹했던 전쟁을 알리는 포성이 울린 지 벌써 70년째이다. 그해 여름의 새벽은 본격적인 여름으로 접어드는 길목에 있었다. 여느 때와 같이 평온한 전날 저녁은 사라지고 다음날 새벽이 되면서 하늘은 붉게 물들기 시작하였다. 붉은 불빛의 하늘은 아침이 되면서 더욱 짙은 색깔로 변하였다. 처절한 민족의 상흔을 예고하는 불길한 불빛이었다.

6·25전쟁은 전투위주의 연구는 활발히 진행되었다. 그 반면에 전쟁으로 인해 파생된 아픔에 대해서는 상대적으로 관련된 연구물이 많지는 않은 것 같다. 특히 전쟁의 고통을 가장 많이 받았다고 볼 수 있는 부모 잃은 어린아이들에 대한 연구는 더욱 그렇다. 우리는 그들을 흔히 '전쟁고아'라고 부른다. 이들 뿐 아니라 수많은 외국군이 참여하면서 당시만 해도 우리의 정서로 받아들이기 힘든 '혼혈아'도 나타나기 시작하였다. 그들의 존재에 대해서는 조국의 땅에서조차 모두가 숨기려 했고 낯설어 했다. 그들을 어딘가로 보내는 것이 최선이라 여기는 분위기였다. 이 또한 전쟁의 희생양이었다. 전쟁에서의 큰 피해자임에도 이들에 대한 자료는 그리 많지 않다. 또한 이들을 보살펴 준 가슴이 따뜻했던 사람들의 이야기도 마찬가지다. 이것은 그동안 전쟁에서 피

해를 입은 약자의 입장을 충분하게 심사숙고하지 못한 결과이기도 하다. 그러나 그럴수록 그들에 대한 자료를 최대한 찾아서 정리해 보는 것이 전쟁 70주년을 맞아 의미 있는 일이 될 것이라고 생각하게 되었다. 전쟁을 방지하기 위해서는 전쟁을 억제하는 노력과 일단 전쟁이 발발하면 전쟁에서 승리하는 방법을 연구해야 함은 틀림없는 사실이다. 그러나 그 못지않게 전쟁으로 인해 심각한 고통을 겪어야만 했던 약자들이 겪었던 참상과 이들을 보살핀 천사와 같은 사람들의 이야기를 발굴하는 것도 대단히 의미 있는 일이다. 이것이야 말로 전쟁의 참혹함을 알려주면서 진정한 인간애의 숭고함을 알게 해 주는 심금을 울리는 진솔한 이야기가 될 것이다. 또한 이를 통하여 전쟁은 반드시 막아야 한다는 평화의 가치를 느끼게 해 줄 것이라고 믿는다. 비록 미약하게 출발하였지만 전쟁의 참화를 가장 크게 겪은 전쟁고아의 실상과 그들을 보살펴 준 사람들의 이야기를 더 많이 발굴해 내는 계기가 되었으면 하는 바람이다.

Ⅱ

무심한 시간은 흐르고 흘러 전쟁 발발 70주년을 맞았다. 결코 짧지 않은 시간이 흘렀다. 그러나 전쟁의 상흔은 아직도 완치되지 못하고 있다. 천만 이산가족이 대표적인 상흔이다. 가정이 해체된 현실을 여지없이 보여주고 있다. 전쟁은 소중한 인명을 무참히 희생시켰다. 무참한 희생 속에서 가정은 속절없이 무너져 내렸다. 이로 인해 겨우 걷기도 힘든 아이들은 거리에 넘쳐났다. 그 아이들이 우리였다. 우리는 본능적으로 살고자 하였다. 무언가를 하여서라도 살아남으려 했다. 무엇보다도 잠 잘 곳과 먹을 것이 필요하였다. 편하게 잠을 잘 수 없어도 안전하기만 하면 행복할 것 같았고, 아무리 거친 음식이라고 많이만 있으면 더 이상 바랄 것이 없었다. 그러나 이마저도 기대할 형편이 되지 못했다. 그만큼 전쟁의 참상은 비참하였고 우리에게는 가혹하였다. 모든 것은 스스로 해결해야 했다. 그러나 신체 능력은 험한 막노동을 감당하기에는 너무나 벅찼다. 그래서 우리는 나무 조각을 이어서 만든 허술한 구두닦이 통을 메고 누군가에게 매달려야 했다. 오늘도 살아남기 위해 먹을 것을 찾아 헤매고 있던 중, 전쟁이 끝났다는 소식이 우리에게도 들려 왔다. 우리는 내심 기대하였다. 전쟁이 끝났으니 국가에서 우리를 보호해 줄 것이라는 막연한 기대를 한 것이다. 그렇지만 우리의 생활은 나아질 기미가 없었다. 오히려 미군이 떠난 거리는 우리의 주머니 사정을 더욱 어렵게 했다. 전쟁이 끝났지만 여전히 거리를 배회해야만 했다. 사람들은 우리를 '부랑아'들 이라고 부르며 불쌍하게 바라보기도 하면서 감시의 눈초리로 바라보기도 하였다. 우리뿐 아니라 생활고(生活苦)를 겪는 우리 또래의 아이들이 집을 나와서 거리를 떠도는 경우도 생겨나고 있었다. 우리는 원하지 않았지만 동정의 대상이면서 경계의 대상이 되고 만 것이다. 세월이 흐르면서 전쟁의 상흔은 하나씩 메꾸어져 나가기 시작하였다. 부서진 건물은 다시 일어서고 넘어진 가로등은 다시 세워졌다. 그러나 우리의 생활은 여전히 바닥을 기어야 했다. 어느 날 일단의 군 무리들이 나라를 다스리겠다며 나타났다. 무언가 바뀔 수도 있다는 기대감도 들었다. 그러나 그들의 눈에도 거리를 떠도는 우리는 정리의 대상이었다. 어느 날 국토건설에 필요하다며 우리를 데려갔다. 국가에서 피폐된 국토를 가꾸기 위해서는 우리의 힘이 필요하다는 것이었다. 멀리는 제주도의 어느 도로를 새로 만드는 일에 다녀오기도 하였다. 경제를 성장시킨다고 한 말이 거짓이 아니라는 것을 증명이라도 하듯이 제법 높은 빌딩이 즐비하게 늘어서기 시작하면서 밤에는 현란한 네온싸인과 각종 조명이 부유함을 과시하고 있었다. 그러나 우리는 여전히 소외된 생활에서 벗어날 수 없었다. 그러던 어느 날, 또 다시 일단의 군 무리들이 설치기 시작하였다. 그들은 사회를 정화한다고 하였다. 그러자 거리를 떠도는 우리는 또 다시 정리의 대상이 되었다. 전방의 어느 부대인가에 가서 목봉을 하루 종일 들었다 놓았다 하거나 철조망 밑을 하염없이 기어야 했다. 주변에는 죽어나가거나 다치는 사람들이 생겨났지만 그것은 문제가 되지 않았다. 시간이 흐르고, 그들은 서울에서 세계인의 축제를 열겠다고 하였다. 국가는 축제 모드를 조성하였다. 그리고 모두가 들떴다. 우리를 뺀 모두는 "우리는 선진국이다."를 외치고 있었다. 이들은 축제를 준비하느라 분주하였다. 화려한 축제를 준비하는 이들에게 거리를 떠도는 우리는 너무나 거추장스러운 존재였다. 모처럼 초대한 영향력 있는 귀한 손님의 눈에서 사라지게 하고 싶었다. 우리 같은 존재는 선진국으로 불리고자 하는 나라에서는 없어져야 할 존재들이었다. 나이가 차버린 우리는 더 이상 동정의 대상은 아니었다. 경계의 대상이자 거추장스런 대상으로 변해 있었다. 그들은 소리 소문도 없이 거추장스런 존재인 우리를 어디론가 데려 갔다. 여기에는 우리뿐 아니라 집을 나와 거리를 배회했다는 이유로 잡혀온 사람들도 있었다. 하여튼 그곳은 무슨 복지원이라고 하였다. 어디인지도 제대로 알지 못하는 그곳에서는 속절없이 삽질만 시켜댔다. 그러나 '사람'으로서의 대우는 없었다. 급료는 차라리 안주니 만 못했다. 이렇게 꼬인 인생의 출발점을 생각해 보았다. 전쟁이었다. 전쟁은 이처럼 우리를 참혹하게 만들었다. 그렇다면 왜 전쟁은 발생했으며, 왜 막지를 못했는가의 물음이 왔다. 전쟁이 왜 발생했는가는 몰라도, 전쟁을 막지 못한 것은 국가의 책임임에는 확실한 것 같았다. 그런데 나이가 들어가면서 들었던 말이 있다. 전쟁 전에 소위 국정을 책임진 자들은 이렇게 말했다고 한다. “전쟁이 나면 점심은 평양에서 먹고, 저녁은 신의주에서 먹겠다.” 그토록 자신에 차 있던 자들이 어찌 그리 허망하게 서울을 불과 사흘 만에 내동이치고 낙동강까지 가게 되었는지를 묻고 싶다. 또 한 가지 묻고 싶은 것이 있다. 전쟁으로 만들어진 전쟁고아에 대해 국가는 책임을 다 해 주었는지를...... 그리고 하고 싶은 말이 있다. “웃는 아이만이 천사가 아니다. 울고 있어도 그들은 천사이다. 그렇다면 국가는 모든 아이들을 천사로 여겨야 한다.”

6·25전쟁 70주년을 맞은 2020년 성하(盛夏)의 계절에 저자 씀

목 차

첫째 장

시작하면서

첫째 장

01. 글을 쓴 배경 및 목적

02. 용어의 정의와 범위의 한정

03. 해방과 전쟁의 경과에서 보는 전쟁고아 발생

01

글을 쓴 배경 및 목적

6.25전쟁의 참상은 현대사의 가장 큰 비극이었다. 전쟁이 시작된 1950년 6월 25일부터 정전협정으로 포성을 멈춘 1953년 7월 27일까지 3년 1개월 2일 동안 진행되었다. 기간도 길었지만 국제전쟁의 성격을 갖고 있었다. 참전국은 무려 67개국에 이르렀다. 이중에서 전투부대 파병국은 16개국, 의무지원 5개국, 물자 및 재정지원 39개국이었다. 이밖에도 지원의사를 표명한 국가도 3개국이 있었다.[1] 이것은 당시의 독립국가 93개국 중에서 63개국(68%)이 우리나라를 지원했거나 지원의사를 표명한 것이다. 결과적으로 신생 독립국 대한민국을 지원하겠다는 국제적 여론은 대단히 높았음을 알 수 있다. 독일과 일본이 패망하면서 세계는 기나긴 대전을 끝내고 이념에 따라 양분되었다. 공동의 적이 사라지자 각국의 이해관계는 이념에 따라 세력을 확장하였고 세계는 급속히 새로운 질서로 재편되기 시작하였다. 미국과 소련을 중심하는 하는 두 개의 축을 중심으로 세계는 움직이고 있었으며, 이것은 치열한 다툼을 예고하고 있었다. 1950년 6월 25일 한반도에서 시작된 전쟁은 제2차 세계대전 이후 나타난 이념의 문제를 함축하고 있다. 남과 북에는 이념을 달리하는 각각의 정부가 수립되었으며 재편된 국제질서에 편입되었다. 당시의 소련은 팽창정책을 추구하면서 세력을 확장하고자 했으며, 미국은 이에 맞서 봉쇄정책으로 소련의 팽창을 억제하고자 하였다.

---

1) 국방부, 『2012 국방백서』(서울 : 국방부, 2012), p.282~285.
지원의사를 밝힌 국가 중에서 니콰라과는 쌀 등을 지원하겠다고 했으나 수송문제로 제한되었으며, 브라질은 물자지원을 하기로 했으나 국내문제로 지원하지 못하였다. 볼리비아는 구호전문장교 30명을 지원하겠다고 했으나 유엔사령부에 의해 받아들여지지 않았다.

▎정부수립 기념식 출처 : 국가기록원

급기야 양 강대국이 내뿜는 거친 힘은 한반도에서 발산되었다. 강대국의 논리에 따라 남과 북으로 구분된 한반도는 이러한 영향에서 자유롭지 못하였다. 세계대전이 끝나고 5년이 지나는 시점이었다. 인류의 역사는 전쟁의 역사라는 말을 증명이라도 하듯이 전쟁은 다시 모습을 드러낸 것이다. 이름도 알려지지 않은 신생독립국에서의 전쟁은 수많은 국가들을 불러들였다. 그만큼 양대 세력의 관심이 컸다는 증표이기도 하다. 크지도 않은 나라를 두고 이처럼 많은 국가에서 전쟁에 참여했다는 것은 당시에 첨예한 대립을 보이고 있었던 이념의 무게를 느끼게 해준다. 다시 발생한 세계전쟁이었으며 양분된 질서를 확연히 보여준 전쟁이었다. 세계대전 후 세계의 질서를 양축에서 이끄는 힘은 미국과 소련이라는 초강대국이었으며, 이들이 전쟁의 중심을 차지하고 있었다. 즉, 초강대국이 이끌던 동서진영이 벌인 이념에 따른 열전이었다. 한반도에는 동일한 민족이 유구한 역사를 함께 하며 통일된 국가를 이루어 모여 살아 왔다. 하지만 국제질서와 이념의 차이는 함께 한 사람들을 둘로 나뉘게 했으며, 이들은 전쟁이라는 극한 상황까지 마다하지 않았다. 그리고 그 결과에 따른 피해와 후유증은 현재까지도 진행형으로 남아 있으며, 메꾸어야 할 골은 너무나 넓고도 깊게 파여 버렸다. 전쟁의 원인을 다양하게 제시하기도 하지만 거두절미(去頭截尾)하여 말하면, 소련의 지원을 받는 북의 남침으로 원하지 않는 전쟁에 돌입할 수밖에 없었다는 것이다. 이것은 분명한 진실이며 논쟁의 가치는 이미 상실되었다. 각종 비밀문서가 해제되기도 하였으며 소련과의 수교에 따라 그동안 베일에 가려졌던 다양한 자료를 제공받기도 하였다. 공신력을 갖고 있는 이들 자료들은 이미 전쟁의 책임자를 증명하였다. 발생한 전쟁은 참담한 피해를 초래할 수밖에 없었으며 고스란히 우리의 문제로 남겨지면서 후대에까지 그 멍에를 짊어지게 하고 있다.

❙ 남북한 민간인 피해현황 [2)]

계	남 한				북 한
	소 계	사망/학살	부 상	납치/행불	
2,490,968명	990,968명	373,599명	229,625명	387,744명	1,500,000명

* 피난민(320만여 명), 전쟁고아(10만여 명), 미망인(30만여 명)

당시에 남북한 총인구는 약 3천만이었는데 이중에서 민간인 250만 명이 희생되었다. 이것은 인구의 약 10%에 육박하는 수치였다. 이중에서 전쟁의 참화로 인한 전쟁고아는 48,322명이었으며, 이는 수용시설에 수용된 현황이다.[3)] 수용시설에 수용되지 못한 파악되지 않은 인원까지를 포함한다면 이보다는 훨씬 많은 인원이었을 것이다. 또한 전후에 주둔한 미군들과의 사이에서 수많은 혼혈아들이 태어났다. 따라서 이들을 모두 합친 인원은 10만 명으로 추산하고 있다.

2) 육군본부, 『6·25전쟁 다하지 못한 이야기들』 (대전 : 국군인쇄창, 2012), p.336.

3) 박동찬, 『통계로 본 6.25전쟁』 (대전 : 국군인쇄창, 2014), p267.

전쟁으로 파괴된 수원화성 출처 : 국가기록원

이처럼 수많은 인명피해는 물론이고 변변하지 못한 사회기반 시설마저 초토화시켰다. 당장 먹고 살 식량과 거처할 공간마저도 사라지고 없었다. 이러한 사회 환경의 비참함은 건장한 사람도 생존이 버거운 문제였다. 하물며 부모 없이 버려진 아이들의 삶은 가히 짐작할만하였다. 전쟁고아의 발생은 가족이 해체되었음을 의미한다. 아동에게 있어 가정은 가장 포근한 안정성을 갖는다. 이것이 해체되었다는 것은 독립할 능력이 되지 않는 아이들에게는 크나큰 위험에 직면한 상황을 말한다. 그들을 보살필 주체가 사라진 절박한 처지에 직면한 것이다. 가정의 안정성이 갖는 의미는 크다. 가정이 사라진 아이들이 향할 곳은 정해져 있었다. 국가 또는 국가의 지원을 받아 개인이 운영하는 시설에 수용되거나 입양을 떠나는 것이었다. 입양은 주로 해외로 눈을 돌렸다. 해외를 선택한 이유는 경제적인 빈곤만이 아닌 우리의 전통적인 가치관과도 관련이 깊었다. 그러나 다수의 아이들은 거리를 떠도는 부랑아가 되기도 하였다. 전쟁이 만들어 낸 산물은 전쟁 중에는 물론이고 전쟁 후에도 이어졌다. 전쟁이 가져다 준 피해였으며, 이들은 이제껏 보지 못했던 또 다른 사회상을 만들었다. 물론 이전에도 부랑아와 고아들은 존재했지만, 전쟁은 이들의 존재를 더욱 크게 만들었으며 사회적인 관심 차원으로 확대시켰다. 본 책자는 원하지 않은 전쟁에서 원하지 않았지만 전쟁고아가 될 수밖에 없었던 이들과 이들을 보호하기 위해 헌신한 분들의 노력을 발굴해 보고, 국가의 책무가 무엇인가에 중점을 두고자 하였다. 생텍쥐페리가 쓴 자전적 소설『인간의 대지』에는 이러한 구절이 나온다. '울고 있는 아이를 지나치게 되면, 그 아이는 평생 당신의 기억 속에서 울고 있을 것이다.' 6·25전쟁 비극중의 비극은 단연 부모 잃은 어린이들이었다. 아이들은 응어리진 사연을 가슴에 품고 눈물을 흘리며 하루하루를 보내야 했다. 그렇지만 그들의 눈물을 멈추게 하려고 노력한 성스러운 영혼을 가진 사람들도 나타났다. 이들의 정성어린 노력으로 그들은 조금이나마 눈물을 그칠 수 있었을 것이다. 한정된 자료를 바탕으로 정리하다 보니 아쉽게도 모든 여백을 채우지는 못하였다. 앞으로 조그마한 조각들이 계속하여 모여진다면 부족한 여백을 모두 채우는 날이 올 것으로 믿는다.

불행했던 현대사의 한 부분에서 말없이 희생과 봉사로 일생을 바친 분들의 헌신과 노고는 물론이고 국가의 책무에 관해 많은 담론을 이끌어 내는 디딤돌의 역할을 바라는 뜻에서 이를 정리하였다.

02

용어의 정의와 범위의 한정

사전적 의미에서의 '전쟁고아(戰爭孤兒)'는 '전쟁으로 인하여 부모를 잃은 아이'를 말한다. 또 다른 용어로는 '전재고아(戰災孤兒)'가 있는데 동일한 의미를 갖고 있다. 본 책자에서는 이들에 대한 용어를 혼용해서 사용하는 경우가 있을 것이다. 당시의 상황을 알리는 신문 등을 소개할 때는 가능하면 해당 지면에서 표현한 용어를 그대로 사용할 것이다. 전쟁고아들은 수용시설에서 보호받기도 했지만 그렇지 못한 경우도 많았다. 수용시설에 거주하지 못한 아이들은 삼삼오오 모여서 무리를 이루어 지냈는데, 이들을 '부랑아'라고 하였다. 전쟁 중에도 '부랑아' 문제는 계속되었다. 1952년에 사회부에서는 이들의 수가 12만여 명에 달한다고 추산하였으며, 전란으로 인해 부모형제를 잃고 부랑하며 신문팔이, 구두닦이 등을 하는 것으로 파악하고 있었다.[4] 전쟁의 발생으로 많은 전쟁고아가 발생하였고, 이들은 시간이 흐르면서 아동기에서 청소년기로 성장하였다. 거리를 떠도는 이들을 '부랑아' 또는 '부랑인'으로 부르는 경우가 많아졌다.[5] 이들을 부르는 호칭의 변화는 당시의 신문기사에서도 발견할 수 있다. 전쟁 중에는 '전쟁고아', 정전 이후부터는 '전쟁고아', '고아부랑아', '부랑아' 등으로 부르는 사례가 많이 나타났으며, 1960년대 이후에는 주로 '고아', '부랑아', '부랑인' 등으로 부르게 되었다. 1970년대와 1980년대 이르러서는 '부랑인'으로 주로 표현하였다. 따라서 여기에서도 다루는 시기의 내용에 따라 이를 구분하여 사용하였다. 즉, 전쟁시기와 그 직후에 해당하는

4) 동아일보, 「전국부랑아 수용」, 1952.7.4.

5) 당시의 신문기사를 분석해 보면 1960년대에 접어들면서 '전쟁고아'라는 용어보다는 '부랑아', '부랑인'에 대한 기사가 눈에 띄게 증가하고 있다. 특히 1961년에는 경향신문에서 47건, 동아일보 30건, 조선일보에서 59건을 보도하였다.

시기에는 '전쟁고아'로 하였으며, 그 이후의 시기에는 '부랑아' 또는 '부랑인'으로 표기하였다. '부랑인'은 앞에서 언급했듯이 '전쟁고아'들이 청소년기 또는 성인기에 접어든 경우만을 의미하지는 않는다. 그렇지만 '전쟁고아'들 모두가 시설에서 정상적으로 생활하지 못한 이상 이들 역시 '부랑아'로 생활하게 되었음은 쉽게 짐작해 볼 수 있다. 이에 따라 본 책자에서는 '부랑아(인)'에 관해서도 함께 다루기로 하였다. '부랑인'은 오늘날의 '노숙인'과 유사한 경우로 볼 수 있다. 어느 시대를 막론하고 거리를 떠돌며 구걸하는 사람은 존재하였는데, 이들을 '부랑아(인)', '걸인' 등으로 부르는 경우가 일반적이었다. 본 책자에서의 '부랑아'는 연고자와 연고지 없이 거리를 배회하던 아동들을 말한다. 이러한 무리들은 비단 '전쟁고아'만이 아니었다. 그 이전부터도 '부랑아'로 불리는 아이들은 있었다. 전쟁의 폐해로 인해 경제적인 문제가 더욱 가중되자 더욱 그 수가 많아졌다. 또한 생활고에 찌든 많은 청소년과 성인들까지 가세하게 되자, 거처 없이 거리를 떠도는 현상이 더욱 증가하기 시작하였다. 이러한 생활을 하는 사람들이 많아짐에 따라 이들은 자연스럽게 사회적인 문제로 인식되기 시작하였다. 전쟁이 없는 시기임에도 부랑인이 많이 늘게 되는 것은 경제적인 문제가 크게 작용한 결과이다.

'부랑인'이 많이 발생하게 된 배경을 잠시 살펴보기로 하겠다. 이것은 일제강점기까지 거슬러 올라간다. 일본은 우리나라에 대한 침략을 노골적으로 드러내면서 한반도를 식민지화 하고자 하였으며, 1904년에는 한일의정서를 강제적으로 체결하기에 이르렀다. 이에 대한 주요골자는 ① 군사권의 장악 ② 외교권의 장악 ③ 교통권의 장악 ④ 통신권의 장악 ⑤ 재정권의 장악 ⑥ 척식(拓殖)을 도모할 것 등이었다.[6] 척식(拓殖)이란 국외의 영토나 개발되지 않은 땅을 개척하여 사람이 살게 한다는 의미를 갖고 있다. 일본의 의도는 여기에 모두 나타나 있다. 특히 '척식을 도모할 것'에서는 일본이 우리나라

6) 한국농촌경제연구원, 『농지개혁사연구』 (서울: 동양문화인쇄주식회사, 1989), p.94.

한반도 최대의 곡창지대 호남지역에는 다양한 수리시설이 축조되었다. 호남평야의 중심지에서는 이와 같은 수리개선 사업이 활발히 이루어졌으나 증산된 쌀보다 더 많은 양을 일본에게 수탈당하였다.

▎전북 삼례 취입구 통수식 출처 : 국사편찬위원회

의 농지에 대하여 어떠한 시각으로 보고 있었는지 보여 주는 대목이다. 일본은 일찍이 우리나라의 농토를 장악하여 자국의 식량조달 기지로 삼으려는 의도를 갖고 있었던 것이다. 1910년부터 1918년까지 우리나라의 식민지적 토지지배를 구축하기 위하여 토지조사사업을 실시하였다.[7] 제1차 세계대전 중 일본은 공업화를 이루었으나 농업 생산력은 수요에 미치지 못하고 있었다. 식량 수급을 위한 국가 차원의 농지가 필요하였으며, 그들의 눈길은 한반도를 향하였다. 식량수탈을 본격적으로 진행하기에 앞서 우선 생산량을 늘릴 필요가 있었다.

이에 따라 1920년부터는 산미증식계획을 수립하여 농토개간과 수리시설의 확충 등을 실시하여 쌀 생산량은 꾸준히 증가되었다. 그러나 증식된 양보다 훨씬 많은 쌀이 일본으로 나가게 되었으며, 이로 인해 우리나라는 오히려 더욱 열악한 식량상황을 만들어 내고 있었다. 일제의 토지조사사업으

7) 토지조사사업을 벌이면서 일제는 토지를 신고하도록 하였다. 이를 통하여 토지세를 철저히 하겠다는 것이었다. 또한 신고하지 않은 토지는 국유지로 전환하여 일본인에게 헐값으로 넘기게 되면서 우리의 농촌은 더욱 피폐해져 갔다.

로 토지를 잃은 수많은 농민들이 발생하였으며 이들은 소작농이 되던지 도시로 흘러들게 되었다. 지주와 소작농의 관계를 더욱 고착시킨 계기로 작용하였다. 해방 당시의 우리나라 전체 경작지의 60% 이상이 소작농이었다는 사실이 이를 뒷받침하고 있다. 소작의 어려움으로 인해 도시로 흐른 농민들에게는 도시에서의 생활도 별반 차이가 없었다. 도시의 노동시장에서 양질의 일자리를 얻기란 어려운 일이었다. 자연스럽게 도시의 외곽에서 하층민을 형성하게 되었고, 열악한 경우에는 걸식을 하거나 거리를 떠도는 신세로 전락하고 말았다. 거리를 떠돌며 걸식하던 이들은 식민지 시절에는 정상적인 사회구성원으로 인정받지 못하기도 하였다. 이들에 대해서는 선거권을 제한시켰기 때문이다.[8] 이들은 선거에서 투표에 참여할 자격이 없는 흠격자로 간주하기도 하였던 것이다. 또한 해방을 맞아 해외 이주동포 등이 대거 입국하면서 식량사정을 비롯한 경제적 상황은 더욱 어려운 형편에 빠졌다. 이와 같은 잠재된 경제적인 문제가 누적되었으며, 설상가상으로 6·25전쟁까지 발생하게 되었다. 전쟁은 경제적 곤란을 더욱 가중시켰으며, 이는 전쟁이 끝났다고 쉽게 해결될 문제가 아니었다. 이로 인해 '부랑아' 문제는 전쟁 직후에 대거 발생하기 시작한 '전쟁고아'와 함께 더욱 큰 사회문제로 나타나게 되었다. 고도의 경제성장을 이룬 1970년대를 거쳐 올림픽을 개최한 1980년에 진입해서도 여전히 해결해야 할 사회문제로 대두되었다. 국가적인 차원에서 해결해야 할 대상이 된 이들은 경제적인 여건이 호전된 시대를 맞았음에도 불구하고 이들의 복지와 인권은 무시당하는 경우가 많이 발생하였다. 이로 인해 오래 전에 겪었던 이들의 문제는 오늘날까지 이어지고 있는 실정이다. 본 책자에서는 이러한 문제를 국가의 책무와 연계하여 살펴보고자 하였다.

최근에는 '고아'라는 말 대신에 '요보호아동(要保護兒童)'이라는 용어를 주로

---

8) 조선일보, 「법제주사위원회 보선문제결정」, 1923.10.29, 1923.11.8.

사용하고 있다. 이에 대한 정의는 '부모에게 충분한 보호를 받지 못하여, 사회적인 보호가 필요한 아동'으로 정하고 있다. 즉, 그 범위를 부모가 생존해 있더라도 양육이 제한되는 가정의 아동까지를 포함하고 있으므로 '전쟁고아'보다는 포괄적인 의미를 갖는다. 그렇지만 여기에서는 '요보호아동'이라는 용어는 사용하지 않을 것이다. 해당 용어는 최근에 나온 말이므로, 가능하면 전쟁 당시와 직후의 사회에서 일반적이었던 용어를 사용하는 것이 보다 현실감 있을 것이기 때문이다. 또한 '전쟁고아'의 범위를 단순히 6.25전쟁으로 인하여 부모를 잃은 아이들로 한정하지는 않았다. 부모가 있었음에도 전쟁으로 인하여 기아와 미아가 된 상태의 아이들도 있었으며, 외국군과의 사이에서 출생한 '혼혈아'들도 있었다. 여기에서는 이들까지도 포함하여 살펴보기로 하겠다.

이처럼 대상의 범위를 확대한 것은 이들 모두가 전쟁의 영향으로 나타난 아이들의 문제라는 공통점이 있기 때문이다. 전쟁이 발발하자 아이들의 문제는 사회적인 문제로 부각되었다. 국가에서는 이들을 관리하기 위한 조치가 필요하였으며 이에 따라 각종 법령이 제정되었다. 관련된 법령의 내용을 보면 '전쟁고아'만을 대상으로 하지는 않았다. 아동 전체를 포괄하여 대상으로 삼고 있다. 즉, 아동에 대한 문제는 '전쟁고아'만의 문제가 아닌 돌봄이 제한되는 전체 아동의 문제였기 때문이다. 전쟁의 직접적인 영향으로 부모를 잃은 '전쟁고아'와 마찬가지로 아이들을 양육할 환경과 능력이 되지 않는 경우도 국가 차원의 돌봄이 필요했음을 의미한다. 그러므로 부모가 존재한다 하여도 사회적 분위기 등의 이유로 양육이 제한되는 '혼혈아'는 동일하게 보아야 할 것이다. 이들 역시 전쟁의 영향으로 대거 발생했음을 고려하면 함께 다루는 것이 타당하다고 보인다. 또한 '부랑아'는 앞에서 언급했듯이 시간의 흐름에 따라 전쟁고아와 명확히 구분하는 것이 곤란해지고 있었다. 이러한 점을 고려하여 이들 모두를 그 대상의 범위로 삼고자 하였다.

03

해방과 전쟁의 경과에서 보는 전쟁고아 발생

그렇다면 먼저 전쟁의 경과를 살펴보면서 6·25전쟁의 전반적인 흐름과 이를 통하여 전쟁고아가 양산된 과정을 알아보는 것이 필요할 것 같다. 용어의 정의에서 언급했듯이 전쟁고아와 함께 다루어야 할 부분으로 혼혈아 문제가 있다. 따라서 전쟁의 경과를 살펴보기에 앞서 혼혈아가 나타나기 시작한 미군정시기를 포함하여 살펴보기로 하겠다.

미군정의 시작

혼혈아는 해방이 되면서 진주하기 시작한 미군으로부터 시작되었다고 하여도 과언은 아닐 것이다. 물론 역사적으로 볼 때 중국과 일본과의 오랜 교유관계에서 혼혈아는 이미 존재하고 있었다. 그러나 이들과의 사이에서 태어난 혼혈아는 외형적인 모습에서는 크게 구분되지는 않았다. 그러나 미군과의

미군의 진주로 인해 교통수단인 자동차가 대거 유입되었다. 미군이 사용하는 트럭과 지프가 급격히 늘어나자 자동차 사고를 막기 위해 교통계몽 포스터를 차량에 싣고 다니기도 하였다.

❙ 교통사고 방지 계몽 포스터 출처 : 국사편찬위원회

관계에서 태어난 혼혈아는 외모부터가 크게 구분되는 특징이 있었다. 우리나라는 해방이 되면서 미군정시대를 맞이하였다. 이때 주둔한 미군은 모두 77,600여 명이었다[9]. 대단히 많은 숫자였다. 일본이 항복함으로써 우리나라는 해방을 맞이할 수 있었고 이때부터 미군이 진주하기 시작하였다.

우리가 맞이한 해방은 미국을 비롯한 연합국의 노고가 지대하였기에 가능했다는 측면이 있다. 그러므로 전승의 대가는 승전국이 누릴 권리이기도 하였다. 우리나라는 일제의 압제 속에서 굴하지 않고 임시정부를 중심으로 무장투쟁을 벌여왔다. 우리로서는 독립전쟁을 벌여 왔던 것이다. 그러나 엄밀한 의미에서 우리나라는 연합국의 일원으로 인정받지 못한 형편에 있었다. 심지어는 임시정부조차도 인정받지 못한 처지였다. 이러한 상황에서 승전국 미국은 한반도의 일본군에 대한 무장해제와 항복접수를 서두르고 있었다. 미국과 소련은 북위 38도선을 기준으로 하여 남북에서 각자의 활동영역을 구분하는데 합의하였다. 이에 따라 미군은 오키나와에 주둔하고 있던 제24

사진은 귀국하는 일본군에 대하여 미군들이 소지품을 검사하고 있는 장면이다. 미군은 일본군의 무기 뿐 아니라 시계와 카메라의 휴대까지도 금지시켰다.

❙ 일본군의 소지품을 검사하는 미군 출처 : 국사편찬위원회

9) 국방군사연구소, 『한국정쟁上』 (서울 : 군인공제회), 1995, p.11.

군단을 한국에 상륙시키기로 하였다. 일본군의 무장해제와 항복접수를 위한 조치였다. 제24군단은 예하에 제7사단·40사단·6사단으로 구성되어 있었다. 이중에서 제7사단은 9월 8일에 인천에 상륙하여 서울과 개성을 포함한 38도선 일대와 경기도 충청도 일원을 담당하였다. 제40사단은 9월말에 상륙하여 경상도 일대에 배치되었다. 제6사단은 10월 16일에 도착하여 전라도 일대를 담당하였다. 미국과 소련은 북위 38도선을 기준으로 하여 북쪽과 남쪽으로 나누어 각국의 군대를 주둔시키기로 이미 합의한 대로 그들의 계획에 따라 군대의 진주를 추진하고 있었다. 남과 북에는 미군과 소련군이 진주하여 일본군의 무장해제와 항복접수를 받기 시작하였다. 이러한 과정을 거쳐 진주한 미군과 한국인은 다양한 교류가 수반되었으며 이로 인해 혼혈아도 나타나기 시작하였다. 물론 미군의 진주는 발달된 서구문물을 받아들이는 기회가 되기도 하였지만 전통적인 가치관과 충돌하면서 부작용으로 나타나는 계기가 되기도 하였다.

일본의 항복으로 한반도는 해방이 되면서 미군이 진주하였지만 일본의 영향력이 1945년 8월 15일을 기하여 완전히 상실된 것은 아니었다. 한반도에 상륙한 미군은 일본총독부의 체제를 당분간 유지하다가 일정기간이 지나면 미군에 의한 군정을 본격적으로 실시하기로 하였다. 따라서 9월 9일 일본총독의 항복을 받은 이후에도 일본의 관리들은 그 직을 수행하고 있었다. 이러한 처사에 한국민들은 분노하게 되었다. 미군은 우리나라가 해방을 맞이하고 한 달 가량이 지난 9월 12일에 아베 총독을 해임하였다. 그 사이에 일본은 서울과 인천에 미군을 위로하기 위한 '댄스홀'을 설치하여 여기에 여성들을 배치하였다.[10] 해방된 우리나라였지만 일본총독부에 의해 설치된 공식적인 군부대 위안시설이었다. 진주한 미군에 의해 한반도의 남부에서는 군정이 시작되었다. 미군정이 시작을 위해 미군은 대거 한국사회로 유입되

10) 송건호, 『한국현대사』(서울 : 두레, 1986), p.495.

KOREA GRAPHIC

UN COMMISSION ARRIVES IN SEOUL

DELEGATES AND SECRETARIAT MEMBERS ARRIVE TO BEGIN IMPORTANT WORK HERE

OXEN PLAY IMPORTANT ROLE IN SQUEEZE ON TRANSPORTATION

TRAIN FARE TO BE PAID BY PERSONNEL ON LEAVE

WE STRIVE FOR...

유엔한국임시위원단은 우리나라의 문제가 유엔으로 이관된 후 1947년 11월 14일 유엔총회의 결의에 따라 구성되었다. 그들이 주관할 문제는 우리나라에서의 선거와 국회 구성과 정부 수립 등의 문제였다. 이들은 1948년 1월에 입국하여 유엔 총회 결의에 따른 선거 실시 등에 대해 조사하고자 하였다. 그러나 이북 지역에 대해서는 소련의 거부로 북한지역에서의 활동은 제한된 채 남한지역에서만 활동을 할 수 있었다. 좌측 자료는 남한에 진주한 미 제24군단에서 발행한 것이며 여기에서 좌측 상단에 '유엔한국임시위원단'의 서울 도착을 밝히고 있다.

❙ 유엔한국임시위원단 서울 도착 장면 출처 : 국가기록원

었으며 서구의 문화가 유입되기 시작되었다. 미군의 대거 유입에 따라 이들을 위안하기 위한 목적의 전문 음식점과 유흥업소들이 생겨나기 시작하였다. 미군의 진주는 당시의 상황을 고려해 볼 때 긍정적인 측면도 있었으나 이와 같은 문화적인 부분에서는 부작용도 나타나고 있었다.

이러한 시대적인 상황은 혼혈아 발생의 중요한 요인이었으며, 머지않아 사회문제로 발생 할 것을 예고하고 있었다. 정부 차원의 혼혈아에 대한 통계는 1952년에 이르러서야 이루어졌다. 사회부에서 1952년에 조사한 바에 의하면 해방이후 외국인과 우리나라 여성과의 사이에서 출생한 혼혈아동수는 전국에 356명이라고 밝혔다. 그 중에 228명은 어머니가 양육하고 있으며, 88명은 국립후생시설에서 양육하고 4명은 연고자에 의해 보호되고 있다고 밝혔다.[11] 이는 1952년도의 조사이므로 이들의 다수는 해방 이후 진

주한 미군과의 관계에서 태어난 아이들이 대다수였을 것으로 추정해 볼 수 있다.

전쟁발발과 초기전투 (1950.6.25.~1950.7.4.)

1950년 6월 25일 북한의 남침으로 인해 우리나라에서 발생한 전쟁의 공식명칭은 6.25전쟁이다. 미국을 비롯한 국제사회에서는 대체로 'The Korean War'로 부른다. 3년의 기간을 두고 벌어진 전쟁은 크게 4단계로 구분하고 있다. 이를 전쟁고아의 발생과 연관하여 살펴보기로 하겠다.

초기전투는 북한군의 남침일로부터 한강방어선전투까지를 말한다. 북한군은 소련고문단과 함께 작성한 작전계획에 따라 남침을 개시하였다. 3일내에 서울 부근의 국군 주력부대를 포위 섬멸한 후 전과를 확대하여 남해안까지 진출한다는 내용으로 수립되었다. 초기전투에서 북한군은 전차를 앞세운 기습작전에서 성과를 크게 달성하였다. 병력과 화력이 우세한 북한군은 기습을 통하여 춘천의 국군 제6사단을 제외한 전 전선에서 큰 어려움 없이 돌파에 성공하였다. 북한군의 공격을 받은 국군 전방사단들은 북한군의 T-34탱크에 맞섰으나 불과 3일 만에 서울을 상실하였다. 또한 한강교를 조기에 폭파하여, 북한군이 의도하는 바를 스스로 자행한 꼴이 되고 말았다. 패전한 국군은 겨우 한강을 도하하여 한강을 연하여 방어선을 형성하였다.

어렵게 형성한 한강방어선은 7월 3일 새벽까지 버텨냈다. 다행히 북한군은 기습에 성공하고서도 서울에서 3일간 지체하고 있었다. 우리로서는 하늘이 도왔던 셈이었다. 이 과정에서 미처 서울을 빠져 나가지 못한 시민들은 극심한 공포를 견디어 내야 했다. 미처 피난하지 못한 많은 우익 인사들이 체포되거나 인민재판을 받아 희생되었다. 또한 애매한 시민들은 북한군에 부역한 혐의로 두고두고 '빨갱이'로 낙인찍혀야 했다. 정부는 후퇴하면서 북

11) 경향신문, 「혼혈아 중에 기아 다수」, 1952.9.22.

❙ 피난민 행렬 출처 : 국방TV 「정의의 진격(1부)」에서 캡처

한군에 동조해 이적 행위를 할 가능성을 제거하고자 하였다. 이른바 국민보도연맹사건이다. 정부는 제주에서의 4·3사건과 여수에 주둔하고 있던 제14연대에서 반란이 발생하자 좌익 색출을 대대적으로 실시하였다. 이를 효과적으로 수행하기 위해 1948년 12월에는 「국가보안법」을 제정하였다. 그리고 이듬해 4월 20일 국민보도연맹을 결성하였다. 이는 반공을 모토로 하는 정부의 친위조직단체였다. 이에 따라 전국적으로 지부가 결성되었다. 정부는 1949년 11월 1개월의 기간을 주고 좌익세력은 자진하여 전향하고 자수할 것을 권유하였다. 정부는 자수한 이들을 국민보도연맹에 가입하도록 하였다. 그러나 이 과정에서 조직을 확대하고자, 좌익과는 거리가 먼 사람들까지도 반강제적으로 가입을 독려하였다. 그 결과 좌익과는 관련이 없거나 먼 사람들까지도 국민보도연맹에 가입 되는 현상이 발생하였다. 이런 상황에서 전쟁이 발생하고 국군이 밀리게 되었다. 이렇게 되자 이들을 그대로 두고 후퇴하기는 곤란하다는 판단을 하였다. 이들이 북한군과 합류하여 이

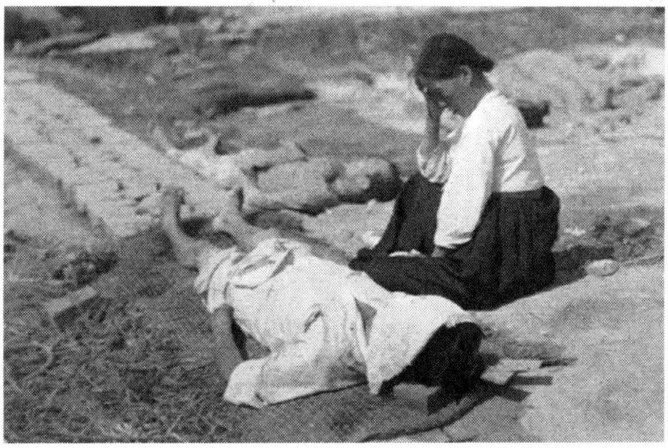

전쟁은 여성과 어린아이에게는 더욱 가혹한 현장이었다. 사진은 죽었는지 누워있는 남자와 아이를 옆에 두고 울고 있는 듯한 여성의 모습을 담고 있다.

❙ 전쟁과 가정의 해체 출처 : 국사편찬위원회

적(利敵) 세력으로 변질될 가능성이 있다는 이유를 들어 집단으로 처형하는 사건이 발생하였다.[12] 상황이 급박하게 돌아가자 국민보도연맹을 적대세력으로 몰아세운 것이다. 억울하게 몰린 시민들 중에는 이념과는 무관한 경우도 많았다. 이들은 하소연 할 틈도 없이 국가의 공권력에 의해 희생되어 갔다. 이 시기에는 북한군의 학살에 의해 희생되기도 하였지만 정부에 의해 희생되기도 한 것이다. 그렇지만 여기에는 강제적으로 가입된 억울한 주민들이 많이 포함되어 있었음은 물론이다. 또한 법치주의 국가에서 어떠한 절차도 없이 수많은 주민들을 단지 '국민보도연맹원'이라는 사실하나만으로 처형했다는 것은 사실규명이 필요한 부분이다. 보도연맹원에 대한 학살은 전쟁이 발생하고 얼마 지나지 않아 이루어진 것으로 보인다. 이와 관련된 내용을 살펴보면, 전쟁이 발생하고 사흘만인 1950년 6월 28일에 횡성에서 보

12) '국민보도연맹' 사건은 자료에 따라 희생자가 다양하다. 이 사건은 이승만 정부의 비극적인 사건으로 손꼽힌다. 4·19 민주혁명이 일어나고 정권이 붕괴되자 국민보도연맹 학살 사건에 대한 진상 규명 운동이 전국적으로 일기도 하면서 국회에 특위가 설치되기도 하였다. 그러나 실효성 있는 조치는 이루어지지 못하였다. 2005년 12월 1일 출범한 '진실·화해를 위한 과거사정리위원회'는 민간인 집단 희생 사건 등을 조사하고자 하였다. 그러나 이념적 논란 등에 휩싸이면서 성과를 내지 못했다. 이로써 1960년의 국회 특위에 이어 또다시 진상 규명에 실패했다는 평가를 받는다.

도연맹원 100여 명, 다음날 원주의 한 비행장에서 70~80명을 숙청했다는 증언이 나오기도 하였다.[13] 이를 보면 국가 차원에서 조직적으로 이루어진 것임을 알 수 있으며, 이와 같은 행위가 전국적으로 행해졌다고 보면 그 수는 상당히 많을 것이다.

전쟁 중에는 해당지역을 점령한 각자의 이해관계에 따라 주민들의 생사가 갈리고 있었다. 북한군이 점령한 지역에서는 반동분자라는 이유로, 국군이 수복한 지역에서는 빨갱이라는 이유로 수난을 당해야 했다. 또한 철수 중에는 이적(利敵) 세력이 될 수 있다는 이유로 목숨을 부지하기 어려웠다. 이처럼 갖은 사유로 인해 해당 지역에 거주하는 주민들은 생사를 넘나드는 기로에 서야 했으며, 가정의 해체는 현실화되고 있었다. 개전초기에 북한군의 파죽지세는 이미 초전의 전황을 결정짓고 있었다. 그렇다면 정부는 시민들에게 피난을 권고하는 등의 적극적인 보호대책을 강구하고 질서 있는 행동을 주도하여야 했으나 최소한의 조치도 하지 않았다. 오히려 국군이 곧 반격할 것이며, 전방의 전황은 호전되고 있다는 허위사실을 보도할 뿐이었다. 그러나 북한군의 남진에 따라 접경지에서부터 시작한 경기도 북부지역에서의 증가하는 피난민 유입은 시민들을 불안하게 만들기에 충분하였다. 시민들은 뒤늦게 피난짐을 꾸리고 길을 나섰지만 한강교가 폭파되면서 수중고혼이 되기도 하였으며, 강을 건너지 못한 시민들은 서울시내 한복판에 고립되어 북한군의 눈치를 살필 수밖에 없는 처지가 되고 말았다. 초기전투에서 국군의 전선 상황은 시간이 갈수록 위태롭게 전개되고 있었다. 이에 따라 북한군에게 점령당한 남한지역에서는, 그들이 말하는 조국해방전쟁 수행에 지장을 주는 주민들은 반동분자로 낙인찍혀 목숨을 위협받고 있었다.

이로부터 인천상륙작전을 성공한 국군과 유엔군이 수도서울을 수복할 때까지의 기간은 불안의 연속이었다. 전사를 살펴보면 서울 피탈 과정에서 많

---

13) 한겨레신문, 「6·25터지고 사흘만에 보도연맹 100여 명 총살」, 2007.7.3.

은 민간인이 희생된 상황을 알 수 있다. 북한군은 서울을 점령하면서 무고한 민간인 학살을 자행하였다. 특히 북한군은 서울대병원에 입원중인 국군 부상병뿐 아니라 일반 환자까지도 사살하는 극악함을 보였다. 전쟁이 발발한 3일째인 6월 28일은 미아리방어선이 붕괴되는 시점이었다. 곧이어 북한군은 서울로 입성하면서 서울대병원에도 들이닥쳤다. 병원에는 전투에서 부상한 국군병력과 일반환자들이 있었으며 경비병력 1개 소대 가량이 있었다. 하지만 소대규모의 경비병력으로 시간이 지날수록 집중되는 북한군을 막기에는 역부족이었다. 대학병원을 점령한 북한군은 그들의 부상병을 병상에 눕히기 위해 국군부상병과 민간인 환자들을 끌어 내렸다. 그리고 북한군은 병실을 돌면서 민간인을 향해서도 무차별적으로 난사하였다. 병원을 찾은 민간인 환자와 병문안을 위해 들린 사람들까지 살아나가지 못했다. 또한 살아남은 사람들은 오후에 생매장하였다. 이때 희생된 인원은 부상당한 국군과 무고한 시민을 포함하여 약 9백명 이상이 죽어나간 것으로 보고 있다. 거의 1,000여 명이 죽은 것으로 추산되고 있다. 희생된 인원은 서울대병원의 추모비에 기록된 내용이다.[14] 이뿐 아니라 의사와 간호사들은 강제로 납북되었다. 이러한 사실은 전사에 기록된 내용과 진술 등을 통하여 밝혀진 것이므로 신뢰할 수 있는 부분이다. 이러한 상황에서 전쟁고아는 발생하고 있었다. 그렇지만 전황이 급박하여 크게 관심을 기울이지는 못하는 형편이었다. 그런 관계로 이들을 구제하는데 기본이 되는 통계를 기대하기는 애초부터 어려웠다. 또한 전쟁 중에는 어느 시기를 막론하고 전투가 전개되는 지역에서는 무차별적인 폭격과 포격이 이루어지면서 많은 주민이 살상되는 참극이 따랐다. 이와 같은 민간인에 대한 학살과 납북, 폭격과 포격에 의한 희생 등은 가정의 붕괴로 연계되어 전쟁고아를 양산하는 출발점으로 작용하고 있었다.

14) 송효순, 『붉은 대학살』 (서울 : 갑자문화사, 1979), p205.

지연전에서 38도선 돌파작전 (1950.7.5.~1950.10.18.)

이 시기는 남한지역의 대부분을 북한군이 점령하여 그들에 의한 행정이 이루어지던 시기이다. 미 제24사단의 선두부대인 스미스부대가 도착하여 오산 북방의 죽미령에서 전투를 벌였으나, 북한군은 미군을 격파하고 남진을 계속하였다. 유엔의 결정에 따라 본격적으로 미군이 참전하기 시작하자, 대통령은 7월 14일에 유엔군사령관의 단일지휘 하에 국군의 작전통제권을 이양하는 조치를 취하였다. 이때는 낙동강방어선에 이르기까지 미군과 유엔군의 증원을 기대하면서 '시간을 벌기 위하여 공간을 양보'하는 이른바 지연전을 수행하는 시기였다. 그리고 부산교두보인 낙동강방어선에서 사활을 건 방어전투를 치렀다.

이 시기에 정부는 부산으로 천도한 상태였다. 부산을 목표로 공세를 멈추지 않던 북한군은 전투력이 점차 하강하고 있었다. 반면에 국군과 유엔군은 증원에 힘입어 점차 전력을 회복하는 단계를 넘어 북한군을 넘어서고 있었다. 그 결과 낙동강선 방어를 성공적으로 유지할 수 있었으며, 유엔군은 9월 15일 인천상륙작전을 전개하였다. 허리를 잘린 북한군의 사기는 급격히 저하되면서 전투의지를 상실하고 있었다. 국군과 유엔군은 신속하게 반격작전으로 전환하였다. 9월 말이 되자 전쟁 발발 97일 만에 서울을 수복하고 전쟁 전으로 전선을 회복하였다. 북한군은 궤멸적인 피해를 입은 채 북으로 도주하였다. 국군과 유엔군의 본격적인 북진작전이 시작되었다. 이시기의 북한군 점령지에서는 무고한 양민이 학살당하는 등의 전쟁의 참상이 나타나고 있었다. 소위 그들이 말하는 인민재판으로 수많은 양민이 살해당하거나 행방불명되는 등 비극이 이어졌다. 북한군은 전쟁이 장기화하자 소모된 병력을 충당하기 위해 의용군이란 이름으로 점령지의 수많은 주민들을 전선으로 내몰았다. 그들은 북한군복을 입고 전선에서 죽음으로 내몰려야 했다. 또한 북한군이 후퇴하면서 수많은 납북자가 발생하였다. 이러한 현상으로

❙ 유엔군사령부 창설[16] 출처 : 전쟁기념관

가정이 해체되면서 자연스럽게 전쟁고아는 양산되었다. 1953년에 발간된 『대한민국통계연감』에 따르면 학살자 128,936명, 납북자 84,532명, 사망자 244,663명, 행방불명자 303,212명이 발생한 것으로 집계하고 있다.[15] 이러한 숫자와 전쟁고아의 숫자는 상호 밀접한 관계가 발생하는데, 이는 이 시기에 집중적으로 발생했을 것으로 추정된다. 이것은 북한에 의해 인민정권을 수립하기 시작하면서 나타난 결과로 보면 될 것이다. 북한군이 서울을 완전히 점령하게 되자 김일성의 지시에 따라 인민정권을 수립하고 전시행정을 수행하였다. 인민정권의 수립을 위하여 김일성은 전권대표들을 파견하였다. 서울에서는 서울시 임시인민위원회가 수립되어 남조선노동당 출신의 이승엽을 임명하였다.

---

15) 박동찬, 앞의 책(2014), p265.

16) 북한군의 남침에 따른 유엔의 조치는 다음과 같이 이루어졌다. 최초의 조치는 6월 25일 소집된 안보리결의(UNSCR 82호)였다. 이 결의는 '북한군은 침공을 중지하고 38선 이북으로 군대를 철수시킬 것'을 요구하였다. 6월 27일에는 결의안(UNSCR 83호)을 채택하였는데, 이는 '북한군을 격퇴하는 데 유엔 회원국들이 지원해 줄 것'을 권고하는 내용이었다. 이 결

인민위원회는 점령지에서 그들의 중요정책을 시행하는 행정조직이었으며, 이러한 조직은 점령지 전체에 조직되었다. 인민위원회는 도 → 시 → 군 → 면 단위로 조직하였다. 이들은 인민위원회를 통하여 점령지에서의 행정을 장악하였다. 이들이 수행한 임무중의 하나는 우익계열의 인사에 대한 탄압과 학살 등이었다. 따라서 학살자는 대체적으로 그들의 이념과 배치되었던 우익 인사들로 볼 수 있다. 북한군의 민간인 학살에 대한 내용은 당시를 견디어 냈던 시민들의 수기에서도 발견할 수 있다. 수기의 내용을 보면 북한군이 퇴각하는 과정에서 수많은 인사들과 무고한 시민들을 학살한 정황을 알 수 있다. 이처럼 수많은 인명이 살해되면서 가정은 해체되었고, 이는 수많은 전쟁고아들을 나오게 한 배경이 되기도 하였다.

> (전략) 다음 날 낮쯤 되니 벌써 입에서 입으로 소문이 얼마나 빠른지 쑥덕쑥덕 거리며 전해오는 말로는 어제 밤에 소방대장을 잡아가고 대한청년단장 아버지와 경찰 가족과 국군 가족의 아버지 몇 명과 면서기 등 약 7~8명을 잡아다가 어느 산골짜기에서 총살시켰다는 소문이 떠돌기 시작하더니 저녁때쯤에는 또 다른 소문이 떠도는데 유엔군이 인천상륙작전에 성공하여 현재 공산군의 허리가 잘려서 후퇴하는 중이라고 한다.(후략)
>
> 출처 : 대한민국 6·25참전유공자회, 『 6·25전쟁 참전수기Ⅲ』, p.129.

의에 따라 유엔의 전쟁 개입은 법적인 근거를 갖게 되었다. 이어서 1950년 7월 7일에는 미국을 안보리 결의 이행과 한국에서의 유엔군 활동을 총괄하는 국가로 지명하게 되는 결의안(UNSCR 84호)을 채택하였다. 이를 근거로 하여 미국 주도의 전쟁지원이 시작되었다. 이에 따라 미국은 맥아더를 총사령관으로 임명하고 1950년 7월 24일 유엔군사령부를 일본 도쿄에서 창설하였다. 우리나라는 대통령에 의해 국군의 작전통제권을 7월 14일에 맥아더에게 이양하였다. 이로써 유엔 회권국과 한국군은 하나의 단일 지휘체계에서 전쟁을 수행하게 되었다. 유엔군사령부는 1957년 7월 1일 도쿄에서 서울로 이전하였다. 유엔군사령부는 한국군에 대한 작전통제 및 정전체제를 관리하였다. 이러한 유엔사는 1978년 한미연합사의 창설로 변화를 맞이하였다. 한국군에 대한 작전통제권을 한미연합사에 이관한 것이다. 이와 같은 변화에 따라 유엔군사령부는 정전관리 및 전시 회원국에 대한 전력제공 임무를 수행하고 있다. 출처 : 『한미동맹60년사』(2013), pp.37～57에서 발췌 정리.

북한군은 부산점령을 목표로 낙동강전선에서 두 번의 치열한 공세를 전개하였다. 8월공세와 9월공세는 부산을 점령하겠다는 목표를 두고 치열하게 전개된 북한군의 공세였다. 그러나 소기의 성과를 달성하지 못하고 오히려 전력은 급격하게 저하되기 시작하였다. 이즈음에 북한군은 점령한 남한지역을 통제하기 위하여 치안대를 조직하여 우익인사와 군경가족 등 양민을 학살하기도 하였다. 또한 낙동강 전선에서의 병력부족을 해결하고자 '의용군'이라는 미명 아래 강제로 징집하기도 하였다. 강제로 징집된 이들은 전선의 총알받이 또는 노무자로 활용되었다. 반면에 국군과 유엔군은 지속적으로 전력이 증강되기 시작하였다. 시간의 흐름은 북한군에게는 전력의 열세를 불러왔지만, 유엔군은 참전국의 증가에 힘입어 오히려 증가를 가져오고 있었다. 전력의 역전현상이 발생하고 있었던 것이다. 전세가 불리하게 전개되자 북한군은 후퇴를 대비해야 할 형편에 처하였다. 이즈음에 북한 노동당은 전선사령부에 "유엔군 상륙시 지주가 될 모든 요소를 제거하라."는 지시를 각 지역당에 하달하였다.[17] 이러한 지시는 북한군이 인천상륙작전에 따라 퇴각하면서 양민을 집단으로 학살하는 참상으로 이어졌다. 북한군은 사라졌지만 참상은 사라지지 않았다. 그들에 의해 희생된 자들의 보복이 시작되었다. 이처럼 참상은 주체만 바뀌었을 뿐, 피는 피를 부르고 있었다. 이러한 과정을 거치면서 불행을 가장 많이 떠안게 된 것은 부모 잃은 어린아이들이었다.

국경선 진출과 중공군 참전 (1950.10.19.~1951.7.9.)

중공은 '항미원조, 보가위국'(抗美援朝, 保家爲國)이라는 기치를 들고 참전을 결정하였다. 이는 그들의 전쟁 참전 명분이었다. 1950년 10월 19일 팽덕회를 사령관으로 하는 중공군은 도강을 개시하였다.[18] 지원군이라는 명목으로

17) 강준만, 『한국현대사 산책, 1950년대편 1권』(서울 : 인물과 사상사), 2004), p.130.

18) 정전협정문의 서명란을 보면 중공군은 '사령관'이 아닌 '사령원'으로 표기하였다. 국가 차원

최초로 압록강을 건넌 부대는 제13병단 26만여 명의 병력이었다.[19] 중공군은 압록강 3개 지점을 거쳐 도강하여 입북하였다. 이로써 6·25전쟁은 조·중 연합군 대 유엔군의 전쟁으로 변하고 있었다. 국제전으로 발전한 것이며, 공산국가와 민주주의 국가와의 전쟁 양상을 더욱 뚜렷하게 나타내고 있었다. 즉, 이념전쟁의 양상을 확실하게 보이고 있었다. 중공군은 10월 25일 유엔군이 국경선까지 진출하자 공세를 단행하였다. 중공군은 대부대를 투입하여 유엔군의 후방을 차단하여 섬멸하고자 하는 전술을 주로 구사하였다. 중공군은 능숙한 산악전술로 퇴로를 차단하여 국군과 유엔군을 곤경에 빠지게 하였다. 곳곳에서 중공군이 기습적인 일격을 가하자 압록강의 초산까지 진격하여 국경선에 도달했던 국군과 유엔군은 전면적인 작전계획 수정이 불가피해 졌다. 중공군의 참전은 국군과 유엔군의 북진을 더 이상 허용하지 않는 상황을 조성하고 있었다.

손에 잡힐 것 같던 통일의 꿈은 중공군의 참전과 함께 신기루처럼 날아가고 있었던 것이다. 국군 제3사단·수도사단과 미군 제3사단·7사단·해병 제1사단 등이 몰리면서 총 10만 명이 넘었고, 차량은 18,400여대가 철수 대상이었다. 철수에 동원된 함정은 항공모함 7척, 전함 1척, 순양함 2척, 구축함 7척, 수송함 125척 등과 민간선박이 다수 포함되어 있었다.[20] 여기에 철수하는 군부대를 따라 수많은 피난민들이 자유를 찾고자 흥남부두로 몰려들었다. 그 유명한 흥남부두에서의 철수였다. 그렇지만 수많은 피난민을 철수대열에 포함시키는 것은 대단히 어려운 문제였다. 피난민은 약3천 명 가량만을 선박에 태울 계획이었는데, 문제는 피난행렬에 나선 인원이 계획 인

의 파병이 아닌 자발적으로 지원하여 참전한 것임을 내세운 것으로 볼 수 있다. 현재의 중국을 당시에는 중공(중국공산당)으로 호칭하는 것이 일반적이었다. 중국공산당은 1949년에 중화인민공화국을 수립하여 선포했으나 미국을 중심으로 하는 민주주의 진영에서는 이를 인정하지 않고 있었다.

19) 합동군사대학교, 『6·25 전쟁사(中)』 (대전 : 국군인쇄창, 2015), p.7~128.

20) 박동찬 편저, 『한권으로 읽는 6·25전쟁』 (대전 : 국군인쇄창, 2016), p.280.

우리나라는 강이 많은 나라이다. 강은 육지와 육지를 분리시킨다. 따라서 육지를 이어주는 다리는 소중한 역할을 한다. 그렇지만 전쟁 중에는 수난을 당한 것이 다리이기도 하다. 적이 사용하는 것을 거부하기 위해 폭파 대상이 되기 때문이다. 한강철교도 예외가 아니었으며 사진에서 보는 대동강철교도 이를 피할 수는 없었다.

폭파된 대동강 철교를 넘는 피난민들 출처 : 국가기록원

원을 훨씬 초과하였다는 것이다. 국군은 북한을 탈출하고자 했던 피난민을 최대한 데려가자고 미군을 설득하였다는 것이다. 그 중심에 미군 에드워드 포니(Edward H. Forney) 대령이 있었다. 그는 철수계획을 책임지고 있었다. 당시 북진했던 미 제10군단에는 한국인 현봉학 박사가 고문으로 있었다. 현 박사는 에드워드 포니 대령에게 민간인 철수를 간곡히 부탁하였다.[21] 그것은 쉽지 않는 요청이었다. 피난민의 수가 엄청났으며, 이를 위해서는 무언가를 버려야 가능한 일이었다. 그 무언가는 군수물자였다. 그렇지만 현박사는 끈질기게 설득하여 어렵게 일을 성사시킬 수 있었다. 미군은 피난민을

21) 현봉학, 『현봉학과 흥남대탈출』 (서울 : 경학사, 1999), p.170.

❙ **미국 방문 중인 문재인 대통령과 헬렌 현여사** 출처 : 청와대 홈페이지

최대한 선박에 태우기로 결정하였다.

흥남철수작전에서 피난민 수송이라는 큰 업적을 남긴 현봉학 박사는 2007년 11월25일에 세상을 떠났다. 그의 공로를 기리기 위해서 2016년 12월 19일에 그의 동상 제막식을 연세 세브란스빌딩 1층 로비에서 거행하기도 하였다. 문재인 대통령은 2017년 6월 28일부터 미국을 방문하였다.[22] 방문 중에 흥남철수의 주역 현봉학 박사의 딸, 헬렌 현 여사와 만남의 시간을 가졌다. 또한 빅토리 호의 일등항해사였던 루니 제독을 만났으며, 그는 당시에 직접 촬영한 메러디스 빅토리 호의 사진도 전달하기도 하였다. 이를 전달받은 문재인 대통령은 남다른 상념에 젖었을 것이다. 피난민 중에는 문재인 대통령의 부모도 포함되어 있었으며, 이후에 거제에 정착할 수 있었다. 무사히 도착하고 안정을 찾아갈 즈음인 1953년 1월 거제군 거제면 명

22) 청와대, 『문재인대통령 연설문집 제2권』 (서울 : 대통령비서실, 2017), p.156~157.

❙ **흥남부두에서의 피난 모습** 출처 : 영화 「국제시장」에서 캡처

진리에서 문재인 대통령은 세상의 빛을 보게 되었다.[23]

성공적인 흥남철수작전의 숨은 공로자 현봉학 박사는 한국의 '쉰들러'라는 평가를 받고 있으며 영화 국제시장[24]의 모티브가 되기도 하였다. 흥남철수작전은 전쟁사에서 유래 없는 규모의 군인과 민간인을 철수시킨 작전이었다. 전쟁 기간 중에 가장 많은 수의 피난민을 피난시키는 작전이기도 하였다. '크리스마스의 기적'이라고 불리는 철수작전은 극적으로 이루어졌다. 미군은 이용 가능한 모든 함정과 민간 선박까지 동원하여 피난민 91,000여 명을 질서 있게 수송하였다. 이를 위하여 차후 작전에 필요한 군수물자를 대거 바다에 수장시킬 수밖에 없었다. 이것은 대단히 어려운 결심이었다.

---

23) 청와대 홈페이지, 「문재인 대통령」 '걸어온 길'에서 발췌하여 정리. (검색일 : 2020.7.8.)

24) 6·25전쟁 시기에 흥남부두에서 피난선을 타고 부산으로 피란 온 주인공 '덕수'(피난 가정의 장남)를 중심으로 한 다섯 식구의 이야기를 그린 내용이다. 국제시장은 부산광역시 중구 신창동에 위치한 재래시장이다. 해방 이후에 형성되기 시작하였으며, 1950년에 전쟁이 발발하자 임시수도 부산은 모여든 피란민들이 더해지면서 활기를 띠게 되었다.

그렇지만 미군은 이를 감행하였다. 투철한 인도주의 정신이 없이는 불가능했을 것이다. 자유를 찾아 남하하고자 하는 수많은 사람들의 염원은 이렇게 이루어질 수 있었다. 1950년 12월 23일 오후 2시 45분경에 마지막 피난선이 부두를 떠났다. 흥남부두의 날씨는 몹시 추웠으며 눈보라가 휘몰아치고 있었다. 모든 피난선과 철수병력이 철수하자 부두는 화염에 휩싸였다. 적이 부두를 이용하는 것을 방지하기 위하여 미리 파괴한 것이다. 화염에 싸인 부두는 더 이상 사용할 수 없는 상태가 되었다. 철수작전에 동원된 선박에 메러디스 빅토리아호가 있었다. 이 배는 장비를 운송하는 7600t급 화물선으로 정원은 60명이 전부였다. 따라서 화물을 적재하지 않는다 하여도 2,000여 명 이상을 승선시키는 것은 대단히 어려웠다. 그러나 피난민을 1명이라도 더 수송하기 위하여 모든 화물을 버리고 피난민을 태우고 또 태웠다. 무려 14,000여 명의 피난민을 태운 빅토리아호는 3일 간의 항해 끝에 무사히 거제도의 장승포에 도달하였다. 최초의 계획은 부산으로 가는 것이었지만 이미 부산에는 너무나 많은 피난민으로 넘쳐 나고 있었다. 이러한 상황으로 24일에 부산항에 도착했지만 입항이 제한되어 부득이 거제도로 선수를 돌려야 했다. 드디어 성탄절인 12월 25일 거제도에 무사히 입항할 수 있었다. 항해 중에 앉지도 먹지도 못하면서 3일을 버티고 버틴 결과, 자유와 평화가 보장되는 지역에 도착한 것이다. 흥남부두에서 탈출할 당시에 중공군은 불과 수km 전방까지 추격하는 상황이었다. 실로 생사를 건 탈출이었다. 긴박한 항해 중이었지만 오히려 인원이 증가되었다. 도중에 신생아 5명이 탄생한 것이다. 미군들은 이들에게 김치1~5의 별명을 붙여 주었다. 전쟁 중에도 생명은 탄생되었던 것이다.[25)]

그렇지만 흥남에서는 수많은 이산가족이 발생하였으며 가족과 헤어진 고아들이 생겨났다. 피난민의 증언을 보면 배에 승선한 인원만큼이나 많은 사

---

25) 청와대, 앞의 책 (2017), p.157~158.

람들이 부두에 있었다고 한다. 피난민에 비해 턱없이 부족한 수송수단의 한계는 어쩔 수 없는 비극으로 연계된 것이다. 이 시기에 수많은 전쟁고아가 발생한 것은 이러한 배경이 작용하였다. 흥남부두에서 뿐만 아니라 중공군의 공세에 밀려 육로를 이용하여 철수하는 국군과 유엔군의 뒤를 따라 수많은 피난민이 줄을 이었으나, 이들은 온전하게 가족을 유지하지는 못하였다. 죽거나 실종되는 자가 생겨나면서 전쟁고아도 늘어만 갔던 것이다. 즉, 중공군의 불법 개입에 따른 국군과 유엔군의 철수작전에서 나타난 현상이었다.

중공군의 참전은 전쟁의 장기화를 불러왔고 이로 인해 수많은 이산가족과 전쟁고아를 양산하고 말았다. 중공군은 공세를 멈추지 않고 계속 공격하여 왔다. 유엔군은 1월 4일 서울을 포기하고 평택과 삼척을 연하는 선까지 철수를 결정하였다. 또 다른 전쟁의 양상이 전개되면서 전쟁고아가 발생하였고 기존의 전쟁고아들의 안전도 크게 위협받게 되었다. 수복된 서울에는 전쟁으로 인한 수많은 고아가 있었으며, 이들은 모두는 아니지만 보육원 등의 시설에 수용되어 있는 경우가 많았다. 전황이 급박해지자 이들을 안전하게 철수

중공군은 국군과 유엔군이 국경선에 도달하기 이전에 이미 압록강을 건너 북한지역으로 들어와 있었다. 그런 후 일격을 날릴 기회를 엿보고 있었던 것이다.

전쟁에 개입한 중공군 모습 출처 : 국가기록원

시키는 문제가 대두되기도 하면서 '고아의 아버지'로 칭송받는 인물이 나타나기도 하였다.[26] 전황의 급변은 전쟁고아들 관리에 집중하기 어려운 상황을 만들었다. 군 작전에 동원하기도 부족한 수송장비를 전쟁고아의 수송을 위해 전환하기란 너무나 어려운 일이었다. 우리가 잘 알고 있는 1·4후퇴의 시작에서 비롯된 일이었으며 다시 서울을 빼앗기게 되었다.

전쟁은 중공군의 참전으로 장기화의 조짐을 보이며 세계대전으로 확전될 위험을 경고하고 있었다. 이때의 전황은 비록 다시 한번 수도서울을 실함 당했으나 초기와 같이 급박한 상황은 아니었다. 그렇지만 대규모의 피난행렬이 이루어지면서 어느 때보다도 많은 전쟁고아를 양산하고 있었으며 이산가족과 실향민을 더불어 만들어 낸 시기였다. 중공군의 참전으로 전쟁은 더욱 복잡하게 전개 되고 있었으며, 서울은 또 다시 적의 수중에 넘어가는 불운을 맞았다. 중공군은 '인민지원군'이라는 이름으로 참전하였다. 그들은 '인민해방군'이라는 정규군이 아닌 자발적으로 전쟁지원에 응한 지원군을 표방하고 있었다. 신생국 중공이 유엔을 상대로 한 전쟁에 국가 차원의 정규군 이름으로 참전하기에는 부담을 느낀 결과였다. 즉, 미국이라는 거대한 국가를 상대로 하여 선전포고하는 것처럼 보이지 않게 하려 위함이었다.

전선의 교착과 정전협정 (1951.7.10.~1953.7.27.)

유엔군과 조·중연합군은 1951년 6월 한반도 문제를 더 이상 군사적으로 해결하기 어렵다고 판단하고 있었다. 따라서 협상에 의해 해결하고자 하는 분위기로 급격하게 전환되고 있었다. 이에 따라 정치적 타협으로 전쟁을 마무리하기로 양측이 합의하고 1951년 7월 10일부터 개성에서 정전회담에 들어갔다. 양측은 최초 정전회담에서 군사분계선 설정 문제를 비롯하여 정전실현

26) 대포적인 인물이 미육군의 군목으로 참전했던 블레이즈델 대령이었다. 이에 대한 내용은 뒤에서 정리하여 소개하기로 하겠다.

1951년 7월 10일부터 정전 회담이 열렸던 개성시 고려동 내봉장(來鳳莊)의 전경이다. 이후 판문점에서 정전회담이 열리게 되었다. 1953년 7월 27일에 정전협정이 체결되면서 그칠 줄 몰랐던 포성은 멈추었다.

| 정전회담이 열렸던 개성 내봉장 전경 출처 : 국사편찬위원회

을 위한 구체적인 협정, 전쟁포로, 양측 관계 정부에 대한 권고사항 등 4개 의제를 토의하기로 결정하였다. 그러나 최소 6주 정도면 타결될 것으로 기대되었던 회담은 처음부터 난항을 거듭하였다. 이러한 가운데 길고도 지루한 교착상태가 계속되었다. 양측은 별도의 협의가 없는 한 군사작전은 계속한다고 하였기 때문에 회담 기간 중에도 치열한 전투가 계속되었다. 소중한 인명은 속절없이 무너져 갔다. 이제부터의 공격과 방어는 대담한 진출이 아닌 국지적으로 우세한 지형을 확보하는데 전념하였다. 따라서 소모적인 전투만을 반복하기에 이르렀다. 전선의 상황은 38도선을 연한 주요 고지를 둘러싸고 팽팽히 대치하고 있었다. 이러한 상황은 2년여 간 지속 되었다. 정전협정 체결까지 양측은 38도선 상을 오르내리는 선에서 백마고지를 비롯하여 피의 능선전투, 단장의 능선전투 등에서 엄청난 인명의 손실을 보았다. 마침내 양측은 이견을 절충하여 정전협정문에 서명하기에 이르렀다. 이로써 6·25전쟁은 발발

된 지 3년 1개월만인 1953년 7월 27일 치열했던 포성을 멈출 수 있었다. 전쟁 이전에는 38도선을 따라 곧게 그어졌던 경계선이 서쪽에서는 남하한 반면 동쪽에서는 북상한 결과로 나타났다. 양측 모두 별반 큰 성과를 가져가지도 못하고 막을 내린 것으로 볼 수 있는 단적인 증표이기도 하다. 오히려 반목의 시각만 더욱 커졌을 뿐이다. 이 시기는 대체적으로 전선 이외의 지역은 평시와 다름없는 생활을 영위할 수 있었다. 그러나 전쟁고아의 고통은 전쟁의 상황이 상대적으로 안정을 찾았다고 나아지지는 않았다. 그들은 여전히 가정이라는 안정감 있는 울타리를 찾을 수는 없었기 때문이다. 전쟁이 끝나면서 전국의 고아원은 1955년 기준으로 총 484곳이 이르렀으며 약 5만여 명을 수용하고 있었다.[27] 이중에는 부모를 잃어버리고 길을 떠도는 미아(迷兒)와 피치 못할 사정으로 버려진 기아(棄兒)도 많아졌다. 또한 외국군대가 참전함에 따라 이들과 한국인 어머니 사이에서 태어난 혼혈아 등도 눈에 띄고 있었다. 전쟁의 영향으로 발생한 전쟁고아와 양육의 제한으로 버려진 아동의 문제는 국가 차원에서 해결해야 할 문제가 되었으며, 전후에는 이를 위한 입양정책이 수립되기도 하였다.

27) 아동을 대상으로 하는 복지시설의 명칭은 시대별로 변화하였다. 1970년대까지는 '고아원'으로 불렸으나 차별적 용어라는 지적에 따라 1980년부터는 '육아시설'로 호칭되었다. 최근에는 '아동양육시설'로 용어를 사용하고 있다.

둘째 장

사회복지 관련 법령과 제도

둘째 장

01

전쟁고아 관련 사회복지 법령의 발달 과정

제도 및 법령의 발달 과정과 사회복지 제도

전쟁고아에 대한 관리는 큰 틀에서는 사회복지의 한 분야에 속한다. 그러므로 전쟁고아에 대한 관리는 당시의 사회복지와 관련된 법령에서 찾아보아야 할 것이다. 이를 위해 우리나라의 사회복지를 위한 제도 및 법령의 발달 과정을 살펴보는 것이 순서에 부합되리라 본다.

❙ 사회복지 관련 법령의 발달 과정

시 기	주요법령
일제강점기~ 미군정기	「조선구호령」 (1944년) 「후생국보 제3호」 (1946년) 「아동노동법규」 (1946년) 「미성년자노동보호법」 (1947년)
6·25전쟁기	「피난민 수용에 관한 임시조치법」 (1950년) 「국민생활보호법」 초안 (1953년) * 추진 못함
전쟁 이후~ 현재	「생활보호법」 (1961년) 「외국 민간원조단체에 관한 법률」 (1963년) 「사회복지사회법」 (1970년) 「국민기초생활보장법」 (2000년)

우선 일제 강점기 하에서 이루어진 법령을 확인해 보면 1944년 3월에 공포·시행한 「조선구호령」이 있었다. 「조선구호령」은 최초의 공공부조 정책으로 볼 수 있다. 그렇지만 이것은 일제가 그들의 정치적 목적을 위하여 도

입한 제도였으므로 순수한 복지제도로 인정하기는 곤란한 측면이 있다.

일제로부터 해방을 맞아 희망에 차 있었지만, 해방 직후의 우리나라는 먹고 사는 문제를 해결하는 것이 가장 시급한 과제였다. 해방 후 정부가 수립되기 이전까지의 3년간은 미군에 의해 군정이 실시되던 시기였다. 이에 따라 우리나라의 골격을 이루는 대부분의 제도와 법령은 미군정의 주도로 이루어졌다. 미군정은 조선총독부의 기구를 거의 존속시키며 통치하였다. 공

❙ 일제의 식민통치 행정 기구 출처 : 국가기록원

일제는 총독부를 설치하여 한반도를 통치하였다. 사진은 조선은행(우측)과 중앙우체국)좌측 건너편의 3층 붉은 벽돌 건물) 모습이다. 총독부는 내무부·탁지부·농상공부· 사법부로 구성되었으며 자문기구로 중추원을 두었다. 일제는 3·1독립항쟁이 발생하자 한반도에 대한 통치정책의 변화를 가져왔다. 무단통치에서 탈피하여 문화통치를 표방하였다. 그렇지만 이는 한국인을 회유하기 수단의 변경에 불과하였다. 총독은 한국인 회유를 위한 정책의 변경에 따라 일제협력자를 적극적으로 양산하여 민족분열정책으로 연계하고자 하였다. 일제에 부역한 조선인들은 해방 이후에도 청산은 고사하고 건재를 과시했으며 6·25전쟁을 이용하여 흔들리지 않을 정도의 입지를 구축하였다.

공구호와 관련해서도 크게 변화가 없었다. 이러한 사실은 일제가 만들어 놓은 법령과 미군정이 마련한 제도를 비교해 보면 쉽게 알 수 있다. 미군정은 1945년 10월 27일 군정법령 제18호에 근거하여 '보건후생국'을 설립하였다. 이어서 1946년 1월 12일에 '후생국보(厚生局報) 제3호'를 발표하였다. 후생국보 제3호는 일제가 만들어 놓은 「조선구호령」을 승계한 것이었다. 후생국보 제3호에는 공공구호 대상자를 명시하였는데, 그 대상자는 '65세 이상인 자, 6세 미만의 부양할 아동을 가진 여자, 13세 미만의 아동, 불치병자, 원조를 요하는 분만여성, 정신적 결함자' 등이었다. 후생국보 제3호는 「조선구호령」을 승계했다는 한계를 갖고 있었으며, 공공구호 대상자로 규정한 것 역시 「조선구호령」과 동일하였다. 그렇지만 이는 국민에 대한 국가의 의무를 법률적으로 명시했다는 점에서 의미가 있다. 후생국보 제3호와 「조선구호령」 모두에서 아동에 대한 보호를 규정하고 있다. 하지만 전반적으로 평가해 볼 때 이는 매우 소극적인 수준의 대책이었다. 특히 「조선구호령」의 제30조에 구호를 하지 않아도 될 대상을 명시하고 있다. 3항에는 그 대상 중의 하나를 '성행이 현저하게 불량하거나 몹시 게으른 때'라를 명시하고 있다.[1] 이 법은 식민통치를 위한 정치적인 목적을 우선적으로 갖고 있었던 법령에 불과하였으며, 이와 같이 내용면에서도 한계를 갖고 있었다. 일제에 의해 통치되던 시절의 구호정책은 일본의 필요성에 의해 추진되었다. 일본의 침략전쟁은 미국에 대한 도전으로까지 전개되었다. 1941년 12월 진주만 공습을 시작하면서 거대한 미국과의 전쟁을 피할 수 없게 되었다. 계속되는 전쟁은 막대한 물자와 병력을 필요로 하였다. 이러한 영향으로 우리나라에 대해서도 1942년부터 징집제도를 시행하였다. 당연히 일본의 징집에 부정적인 여론이 확대되기 시작하였다. 이렇게 되자 식민통치의 합리화는 물론이고 불만을 잠재울 제도의 마련이 요구되었다. 따라서 이러한 목적을 가지

1) 『국가법령정보센터』 (검색일 : 2020.7.7.)

❙ 미국구호물품 인수식 출처 : 국가기록원

고 공공구호에 대한 법령을 추진한 측면이 크다고 볼 수 있다.

그렇다고 해방을 맞은 이후의 복지제도가 크게 변화한 것은 아니었다. 1945년 9월 8일 미군이 인천에 상륙하면서 미군정이 실시되었는데, 이 시기는 대부분 일제가 만들어 놓은 법령을 기반으로 통치하게 되었다. 한반도를 강제로 침탈한 일본에 의해 만들어진 제도와 법령을 바탕으로 미군정이 실시되었다는 것은 우리의 입장에서는 대단히 큰 모순이자 민족반역자에 대한 단죄를 가로막는 처사이기도 하였다. 하지만 이러한 출발은 '맥아더 포고령 제1호'에서 이미 시작되고 있었다. 포고령 제1호[2]의 제2조에서 이를 확

2) 1945년 9월 8일 일본의 무조건 항복으로 남과 북에 미군과 소련군이 진주하였다. 북위 38선 이남에 진주한 맥아더 사령관은 '조선 인민에게 고함'이라는 포고문을 발표하였다. "나의 지휘 하에 있는 승리에 빛나는 군대는 금일 북위 38도 이남의 조선 영토를 점령한다."의 6개 항을 발표하였다.

인할 수 있다. 포고령 제2조 "정부 공공단체 및 기타의 명예직원들과 고용인 또는 공익사업 공중위생을 포함한 전 공공사업기관에 종사하는 유급 혹은 무급 직원과 고용인 또한 기타 제반 중요한 사업에 종사하는 자는 별도의 명령이 있을 때까지 종래의 정상적인 기능과 의무를 수행하고 모든 기록과 재산을 보존 보호하여야 한다." 이는 조선 총독부의 관료와 경찰 조직 등의 한반도를 식민지배하면서 구축한 모든 조직을 유지하면서 군정을 실시하겠다는 것이었다. 미군정은 우리의 바람과는 거리가 먼 정치적인 배경을 안고 출발한 셈이었다. 당시의 사회적인 환경은 먹고 사는 것을 해결한다는 것 자체가 가장 어려운 시기였다. 아무리 외국의 원조를 받는다 하여도 구호 또는 복지를 운운하기에는 어려운 측면이 있었다. 그러므로 후생국보 제3호에 의해 공공구호를 한다고 하였지만 크게 변화된 것은 없었다. 정치적 측면과 사회적 측면 모두에서 우리나라는 운신의 폭이 없는 상태였다. 미군정에 의해 보건후생국은 1946년 3월 2일에 '보건후생부'로 승격되었으며 9월에는 「아동노동법규」를 공포·시행하였다. 1947년 5월에는 「미성년자노동보호법」을 제정·공포하여 미성년자에 대한 위험하거나 과중한 노동을 제한함으로써 미성년자의 성장과 권익을 보호 받을 수 있는 법률적 근거를 마련하였다. 「조선구호령」을 승계한 후생국보 제3호는 군정을 거치면서 제1공화국이 출범하고도 그 근간을 계속 유지하였다. 후생국보 제3호가 정부수립 이후에도 10년 이상을 유지해 온 것을 놓고 보면 우리나라 복지제도의 지침 역할을 해 왔다고 볼 수 있으며, 이는 과도기적인 구호관계 법령이었다고 인정할 수 있다.[3)]

갑자기 불어 닥친 전쟁의 참상은 국토를 피폐하게 만들었다. 당장에 오늘 하루를 지낼 공간을 잃은 피난민에 대한 조치가 시급하였다. 정부에서는 이를 임시적으로나마 해결하기 위하여 1950년 8월 4일에 「피난민 수용에 관

3) 이두호 외, 『빈곤론』, (경기 파주 : 나남출판사, 1991), p.239.

Ⅰ 피난민 수용소의 배급장면 출처 : 국사편찬위원회

한 임시조치법」을 제정하였다. 6·25전쟁 시기에는 엄청난 수의 피난민 발생과 전쟁으로 인한 각종 시설 등의 파괴에 따라 전재민이 급격히 증가하였다. 구호대상자는 1951년에 783만명에서 전쟁이 막바지에 이른 1953년에는 986만명에 이르렀다.[4] 이에 따라 사회부에서는 이를 해결하기 위해 1953년에 「국민생활보호법」 초안을 마련했으나 재정의 곤란함으로 시행되지는 못하였다. 전쟁 수행을 위한 직접적인 분야에만 몰두하기에도 벅찬 현실적인 조치였다. 이 법안은 1957년에도 논의 되었으나 재정문제로 법제화되지는 못하였다. 재정 형편이라는 이유으로 법제화되지 못했다는 사실은 1950년대의 복지정책이 외국의 원조에 크게 의존할 수밖에 없었다는 현실을 보여준다. 1950년대의 복지는 국가에 의해 이루어지기 보다는 외국의

4) 보건복지부, 『사회복지 70년사』, (서울 : ㈜다니기획, 2015), p.68.

원조와 종교단체, 민간 복지시설 등에서 이루어졌다. 당시의 우리나라는 경제적으로 대단히 빈곤한 신생독립국이었다. 전쟁 직후인 1953년의 1인당 국민총소득은 67달러에 불과하였다.[5] 이러한 현실은 외국의 도움 없이는 정상적인 생계유지가 곤란했음을 짐작하게 해준다. 주된 원조국은 미국이었다. 특히 전쟁 이후에 가장 크게 도움을 받은 것은 미국의 '잉여농산물' 지원이었다. 이른바 「미공법(PL) 480」이라고 한다. 미국은 잉여농산물의 재고처리와 그것을 통한 대외군수물자 판매를 주목적으로 「농업교역발전 및 원조법」을 1954년에 제정하였다. 이것이 「PL(Public Law) 480호」라고 부르는 법률이며, 이를 '미공법'이라 한다. 이에 근거한 원조를 '「PL 480호」에 의한 잉여농산물 원조'라고 하였다. 우리나라는 미국과 「PL 480호」에 의거하여 1955년부터 매년 초 「잉여농산물도입협정」을 체결하고 잉여농산물을 도입하였는데, 이는 가장 크게 도움을 준 구호품이었다.[6] 우리나라의 경제상황은 전쟁이 끝난 후의 생활이라고 하여도 전혀 나아지지는 않았다. 빈곤과 기아는 일상이었다. 대다수의 국민들은 항상 허기진 생활을 하여야 했다. 세월은 흐르고 있었지만 가난은 일상이 되고 있었다. 그러므로 이러한 외국의 구호물품은 긴요한 구호 수단이 되기에 요긴하였다. 당시의 생활상은 너무나 비참하였는데, 이러한 실상을 신문에서도 보도하고 있다. 1950년대의 우리나라 전체 인구 중 '요구호 대상자' 현황은 다음과 같다. 1949년도의 인구는 20,167천명이었으며 1955년까지의 인구증가율은 1.07%를 기록하고 있었다.[7] 그러므로 1950년대의 인구는 23,000천명을 전후한 규모로 볼 수 있다. 이를 보면 '요구호 대상자'는 대단히 많은 비율을 차지하고 있었음을 알 수 있다.

---

5) 보건복지부, 앞의 책(2015), p.33.

6) 미국은 경제적으로 빈곤한 국가를 대상으로 잉여농산물을 소비시키면서 시장을 확보하는 계기로 삼은 측면이 있으며, 경제적으로 빈곤한 국가는 이를 이용하여 구호의 수단으로 삼을 수 있었다.

7) 보건복지부, 앞의 책(2015), p.27.

5·16군사쿠데타가 발생하고 군부에 의해 비로소 새로운 법령을 제정하게 되었다. 1961년 12월 30일에 이르러 제정된 「생활보호법」을 말한다. 이 법이 제정되면서 후생국보 제3호를 폐지할 수 있었다. 그렇지만 엄밀한 의미

연도별 요구호 대상자 현황 8)

(단위 : 명)

1951년	1952년	1953년	1954년	1955년	1956년	1957년
7,826,412	9,560,261	9,856,360	2,727,960	3,705,419	4,330,295	4,565,558

目不忍見의 慘狀

늘어가는 全國絶糧農家

때 놓친 當局救護

「農者天下之大本」은 어디로

까마득한 보리고개

목불인견의 참상 출처 : 경향신문(1956.4.2.)

당시의 신문에서 심각한 식량문제를 보도하였다. 식량이 바닥나는 농가의 수가 3월 5일 현재 227,174가구이며, 이로 인해 끼니를 굶는 농민이 117만명이나 된다고 밝히고 있다. 이러한 형편으로 풋나물과 송나무 껍질을 벗겨 연명하고 있는 형편을 다루고 있다. 심각한 것은 특정 지역에 국한되지 않고 전국적인 현상을 보이고 있다는 것이다. 그렇지만 당국은 때 놓친 구호정책을 펴고 있다는 지적을 신문에서 보도하고 있다.

8) 보건복지부, 앞의 책(2015), p.69.

에서 후생국보 제3호에 의해 공공구호가 이루어지지는 않았음을 「생활보호법」의 부칙에서 발견할 수 있다. 부칙에서 "단기 4277년 3월 제령 제12호 조선구호령은 본법 시행일에 이를 폐지한다."[9]로 규정하고 있다. 이를 보면 미군정 기간 중에도 여전히 「조선구호령」에 의해 공공구호가 근간을 이루고 있었음을 알 수 있다. 「생활보호법」의 수혜대상은 '연령 65세 이상의 노쇠자, 연령 18세 미만의 아동, 임산부, 불구·폐질·상이 기타 정신 또는 신체의 장애로 인하여 근로능력이 없는 자' 등과 '노동능력을 상실한 사람'들을 국가에서 한정적으로 도와주는 제도이다.

1963년에는 「외국 민간원조단체에 관한 법률」이 제정되었다. 이 법은 국내에서 활동하는 외국 민간원조단체에 관세 혜택을 주는 내용 등을 담고 있었다. 국내에서 사회복지 사업을 하는 외국의 민간원조단체에 대한 등록과 지원을 위해 제정된 법률이었다. 이 시기에는 외국의 원조를 받아 사회복지를 꾸려나가는 열악한 처지였던 것이다. 1970년대에 들어서면서 본격적으로 나타나기 시작한 경제개발의 성과에 따라 국민의 생활 능력이 급격히 나아지고 있었다. 비록 빈부의 격차 문제가 대두되기 시작하기도 하였지만, 경제의 성장은 괄목할 만한 성과를 보이고 있었다. 그렇지만 민간 주도의 복지정책은 많은 부작용을 보이고 있었다. 특히 문제가 되는 것이 운영 과정에서의 비리와 인권유린 현상이었다. 경제의 발전은 각종 사회문제에 보다 많은 관심을 갖게 하는 여유를 만들었다.

민간 주도의 복지정책은 어려운 시기의 국가재정에 많은 기여를 한 측면도 있었지만 부작용도 많이 발생하고 있었다. 이것은 국가재정의 열악함을 극복하기 위해 복지정책의 많은 부분을 민간에서 주도하는 과정에서 나타난 현상이기도 하였다. 이때까지는 사회복지관계법률의 기본이 되는 법률이 없는 상태였으므로 민간 주도의 복지정책은 시간이 지남에 따라 운영 방식의

9) 『국가법령정보센터』(검색일 : 2020.7.7.)

공장에서 라면을 포장하는 모습 출처 : 국가기록원

1960년의 1인당 국민총소득은 80달러에 불과하였다. 당연히 식량난에 허덕이는 날이 많았다. 이즈음에 나온 것이 라면이다. 1963년 9월 15일 최초로 삼양라면이 만들어졌다. 이 시기는 쌀이 부족하여 정부 차원에서 혼분식을 장려하고 있었다. 1970년대를 거치면서 먹고 사는 문제가 많이 나아지기 시작하였다.[10)]

한계를 보이고 있었다. 이에 따라 정부에서는 「사회복지사업법」을 제정하였다. 이 법은 시대가 변함에 따라 사회복지사업을 새로운 복지수요에 적합하도록 조정하고, 사회복지사업의 원활한 수행을 기할 수 있도록 하기 위함이었다. 경제의 성장이 가져 온 보다 발달된 차원의 복지 법안이었다. 이러한 법적인 공공부조의 획기적인 전환은 2000년 시행한 「국민기초생활보장법」이 나오면서 부터이다. 이 법은 국민기초생활보장정책의 결정을 보다 민주적이고 투명하게 보장하는 개혁적인 조치였다. 입법의 청원에서부터 제정에 이르기까지 시민단체가 참여하여 그 의미가 컸으며, 내용 면에서는 보다 현실적이었다는 평가를 받는다. 「국민기초생활보장법」은 외환위기 과정을 겪으면서 만들어진 사회복지제도이다. 당시에는 실직자가 넘쳐났고, 이들 모두는 노동력을 갖고 있었다. 노동력을 갖고 있는 이들의 실직 사태 등에 대하여 국가에서 책임을 지지 않는다면 심각한 사회문제로 발전될 가능성이 높았다. 따라서 젊고 노동력에 문제가 없다고 하여도 실직자나 실업자까지도 사회보장을 받게 하는 제도의 필요성이 요구되었던 것이다. 즉, 국민으

로서 누려야 할 기본적인 행복을 보장하겠다는 제도이다. 2015년에는 「외국 민간원조단체에 관한 법률」을 폐지하여 원조의 시대를 공식적으로 종식시키는 상징성을 보였다.

전쟁고아 관리를 위한 제도 및 법령의 발달 과정

우리나라의 어린이에 대한 진취적인 인식은 세계 어느 나라보다도 앞선 역사를 갖고 있다. 어린이에 대한 선진적인 인식은 이미 오래전부터 싹트고 있었다. 1922년 5월 1일을 '어린이 날'로 정하고 선전문을 배포하기도 하였다.[11] 1923년 5월 1일에 아동의 권리를 보장하기 위한 '어린이날 선언'을 하였다. 이것은 모든 어린이들이 차별 없이 인간으로서의 존엄성을 가지고 생활할 수 있는 지표를 삼도록 한 것으로 1924년의 국제아동권리 선언인 '제네바 선언'보다 1년을 앞선 것이다. 이는 세계 최초의 '어린이 인권선언'으로 평가할 수 있다. 비록 일제강점기 시절이었지만 어린이에 대한 인식은 그 어느 나라보다도 빠른 행보를 보여 왔다. 이러한 역사를 계승하여 1957년에는 '대한민국어린이헌장'을 발표하였으며, 2016년에는 '아동권리헌장'을 제정하였다. 국제연맹에서는 1924년에 '아동권리헌장(제네바선언)'이 제정되었으며, 국제연맹의 후신인 국제연합에서는 1959년에 '아동권리헌장'을 제정하였다. 이를 보면 우리나라는 세계적인 추세보다 훨씬 이전부터 선진적인 의식을 공유하고 있었음을 알 수 있다. 이러한 역사적인 사실에서 우리나라는 어린이에 대한 존엄성을 일찍부터 인식하였으며, 이에 머무르지 않고 이를 제도화하기 위해

---

10) 1960년의 1인당 국민총소득은 80달러에 불과하였으나, 1970년에는 257달러로 증가하였다.

11) 1922년 제1회 '어린이 날' 선전문은 총 7개항으로 되어 있다. 1. 어린 사람을 헛말로 속이지 말아주십시오. 2. 어린 사람을 늘 가까이 하시고 자주 이야기 하여 주십시오. 3. 어린 사람에게 경어를 쓰시되 늘 부드럽게 하여주십시오. 4. 어린사람에게 수면과 운동을 충분히 하게 하여 주십시오. 5. 이발이나 목욕 같은 것은 때 맞춰 하도록 하여 주십시오. 6. 나쁜 구경은 시키지 마시고 동물원에 자주 보내 주십시오. 7. 장가나 시집보낼 생각 마시고 사람답게만 하여 주십시오. 출처 : 방정환 재단 홈페이지(검색일 : 2020.7.10.)

I 어린이날 행사(1961년) 출처 : 국가기록원

노력해 왔다. 이러한 의식의 역사성에 따라 헌법에서도 이에 대한 내용을 포함하고 있다. 우리나라에서는 헌법 제10조에 "모든 국민은 인간으로서의 존엄과 가치를 가지며, 행복을 추구할 권리를 가진다. 국가는 개인이 가지는 불가침의 기본적 인권을 확인하고 이를 보장할 의무를 진다."라고 하였다. 제34조에서는 ① "모든 국민은 인간다운 생활을 할 권리를 가진다." ② "국가는 사회보장·사회복지의 증진에 노력할 의무를 진다."라고 명시하여 국가의 책임을 규정하고 있다. 아동은 애정과 관심을 절대적으로 필요로 하는 존재이면서 누군가의 도움 없이 생활할 수 없는 존재이다. 부모를 잃은 전쟁고아의 경우에는 그 고통이 더욱 극심하다는 것은 쉽게 짐작할 수 있다.

우리나라는 일본의 패망과 함께 해방을 맞았지만 남북으로 분단되면서 모든 면에서 한계를 나타내고 있었다. 특히 열악한 경제 상황은 많은 국민들을 고통스럽게 하고 있었다. 여기에 이념을 달리하는 두 개의 정부가 남북에 등장했다는 사실은 전쟁을 가져올 것을 쉽게 예측할 수 있었다. 만약 전쟁이 발생한다면 더욱 더 극심한 고통을 수반시킬 것이라는 것은 너무나도 자명하였다. 그러나 마침내 우려했던 전쟁은 발생하고 말았다. 6·25전쟁은 수많은 피난민과 사상자를 발생시켰다. 또한 사회전반에 빈곤상황을 더욱 악화시켰으며, 그 가운데 전쟁고아가 있었다. 고아에 대한 문제는 비단 전쟁시기만의 문제는 아니었다. 그러나 전쟁으로 말미암아 대규모의 고아가 발생했다는 것이 중요하다. 전쟁 이전에는 아동과 관련한 법령과 제도의 범주 안에서 고아가 관리되어 왔지만, 전쟁으로 양산된 대규모의 전쟁고아는 보다 적극적인 조치를 필요로 하였다. 즉, 전쟁의 발발은 전쟁고아의 수를 크게 증가시키면서 이들을 관리하기 위한 법령의 제정을 요구하기에 이른 것이다. 전쟁을 겪으면서 발생한 전쟁고아에 대한 문제는 국가적 차원의 문제로 대두되었다. 전쟁 이전에 있었던 소규모의 고아문제는 집안의 문제이자 지역사회에서 해결할 과제로 인식해도 되었지만, 전쟁으로 인한 대규모의 전쟁고아는 국가의 문제로 부각되었다. 전쟁을 거치면서 그 숫자가 비약적으로 증가하면서 외국군과의 관계에서 발생하는 혼혈아에 대한 문제도 심각하였다. 단일민족임을 하나의 긍지와 자부심으로 여기여 순혈주의 전통이 강한 우리나라의 정서에서 이들에 대한 문제는 결코 가볍게 바라볼 수 없는 과제였다. 따라서 전후에는 이들을 관리하기 위한 법령을 제정하기에 이르렀는데, 시간이 경과함에 따라 구호 위주에서 탈피하여 복지를 지향하는 수준으로 발전하였다. 정부별 연대별로 관련된 법령의 제정 및 개정된 현황을 살펴보면 다음과 같다.

▎아동 및 전쟁고아 관련 법령 발전 과정

구 분	제정된 법령(제정년도)
제1공화국	「고아·양자특별조치법」(1954)
제3·4공화국	「고아입양특례법」(1961), 「아동복리법」(1961), 「생활보호법」(1961), 「미성년자보호법」(1961), 「학교보건법」(1967), 「모자보건법」(1973), 「입양특례법」(1976), 「특수교육진흥법」(1977)
제5공화국	「아동복지법」(1981, 「아동복리법」의 개정), 「심신장애자복지법」(1981), 「유아교육진흥법」(1981)
제6공화국	「청소년육성법」(1987)
문민정부	「성폭력방지법」(1994), 「가정폭력방지법」(1997)
국민의 정부	「청소년보호법」(1999), 「개정 아동복지법」(1999)

이러한 법령의 제정 및 개정 과정에서 볼 수 있는 것은 초기에는 수용에 중점을 둔 아동관리에서 세월이 경과하면서 보육환경개선 등의 보다 질적인 개념으로 발전하고 있다는 것을 알 수 있다. 제1공화국 시절은 전쟁의 혼란과 폐해를 극복하는 과정이었다. 전쟁의 참혹함은 여성과 아동에게 더욱 집중되었다. 부모를 잃은 고아는 물론이고 외국군의 참전과 주둔은 전후에 혼혈아 문제를 양산하게 되자 또 다른 사회문제로 나타났다. 이른바 전쟁고아는 '전쟁 중에 부모를 잃은 아이들과, 전쟁이 계기가 되어 미군 등의 외국군과 한국의 어머니 사이에서 태어난 아이들'로 그 수가 더욱 증대되었다. 이러한 전쟁이 낳은 현상을 해결하기 위하여 정부가 선택한 정책은 입양이었다. 고대로부터 입양제도의 역사는 깊지만 입양되는 아동에 초점을 맞추었다고 하기 보다는 입양을 원하는 가정과 가족의 이익을 우선시하였다. 우리나라의 일반가정에서 친족을 중심으로 입양하는 가장 큰 목적은 가문의 대를 잇기 위함이었다. 이러한 전통은 철저히 친족 중심과 가계의 영속성을 보장한다는 가정 중심으로 존속되었다. 이러한 입양제도가 근대화된 것은

전쟁 중에도 어린이날 행사는 지속되었다. 어린이에 대한 제대로 된 관리는 국가의 장래와 직결된다. 어린이날에 즈음하여 1953년에는 우량아 선발 행사를 전국에서 개최하기도 했다. 건강한 아이들을 보면서 어려운 시기에 위안을 삼기도 했을 것이다.

I 1955년의 우량아 표창식 모습 출처 : 국가기록원

6·25전쟁을 겪고 난 후부터였다. 즉, 1954년에 제정된 「고아·양자특별조치법」을 근원으로 볼 수 있다. 또한 이를 실효성 있게 추진하기 위하여 정부에서는 입양을 주목적으로 하는 '한국아동양호회'를 1954년에 설립하였다.[12] 정부주도의 해외입양을 진행하기 시작한 것은 이러한 법률의 제정과 관련기관이 설립되면서부터였다.

1954년에 '한국아동양호회'가 설립되면서 종교단체 등을 비롯하여 각종 단체가 활동하였다. 주요단체를 살펴보면 가톨릭 구제회, 안식교 성육 양자회, 홀트 양자회, 등이 설립되었다. 1957년에는 국제사회 봉사회 등의 입양 알선기관이 설립되기도 하였다. 이들 단체는 전쟁으로 발생한 고아들을 보호관리 하는 한편 해외에서 전쟁고아에 대한 입양을 희망하는 외국인들을 대상으로 입양을 알선하기도 하였다. 그러나 제1공화국은 전후복구와 체제 수호에 중점을 두고 국정을 운영하였던 관계로 전쟁고아에 관한 정책은 상

12) 고아 및 혼혈아 입양을 위해 1954년 1월 정부에서 설립하였다. '한국아동양호회'는 1961년 8월 '대한양연회'로 명칭을 변경하여 국내입양 및 가정위탁보호를 시작하였다. 1971년 1월에는 사단법인 '대한사회복지회'로 명칭이 변경된 후 1974년 1월 '사회복지법인대한사회복지회'로 명칭을 변경하여 오늘에 이르고 있다.

대적으로 체계적이지는 못하였다. 정치적으로는 체제수호가 독재체제 수호로 변질되면서 4·19혁명으로 대통령이 하야하는 상황으로 끝을 맺었다.

전쟁이 끝나고 전후복구가 어느 정도 마무리되면서 1960년대에 진입하였다. 하지만 여전히 경제적인 형편은 나아지지 않았다. 따라서 기존의 전쟁고아 문제는 관련되는 단체들이 설립되면서 다소 진정의 기미를 보였으나, 경제적 빈곤에서 오는 아동의 문제는 여전하였다. 또한 4·19혁명으로 새정부가 들어섰으나 정치적인 상황은 여전히 혼란의 연속이었다. 이러한 문제는 5·16군사쿠데타를 발생시키는 빌미가 되었다. 군사쿠데타로 집권한 정부는 정통성에서 자유롭지 못했다. 정부는 이러한 점을 의식하지 않을 수 없었다. 정부는 안고 있는 취약점을 국민의 생활과 직결되는 정책의 개발을 통하여 극복하고자 하였다. 이러한 결과로 인해 고아들을 비롯한 사회복지 관련 법령이 상대적으로 많이 제정되는 계기가 되기도 하였다. 전쟁이 끝나고 10년을 바라보는 시기에 있었으므로 보다 적극적인 정부의 지원과 제도적인 개선을 요구하고 있는 시대이기도 하였다. 이를 해결하기 위해서는 적절한 수준의 예산지원을 필요로 하였다. 그렇지만 경제적인 문제는 여전히 어려운 상태였다. 이러한 경제적 빈곤의 연속으로 인해 아동문제는 더욱 가중되는 형편이었다. 전쟁으로 양산된 전쟁고아와 함께 경제적 빈곤 등으로 인해 자연적으로 양산된 아동문제 등이 결합되는 형국에 처하게 되었으며, 이를 체계적으로 관리할 필요성이 요구되었다. 이에 따라 정부에서는 「고아입양특별법」을 제정하기에 이르렀다. 제정된 법의 제1조는 '본 법은 외국인이 대한민국국민인 고아를 양자로 함에 있어서 간이한 조치를 취함으로써 고아의 복리증진을 도모함을 목적으로 한다'로 규정하였다. 목적에서 '고아의 복리증진 도모'가 등장하지만 '간이한 조치'를 함께 등장시키고 있다. 그러므로 실상은 이를 간소하게 처리하고자 한다는 것이다. 즉, 입양을 통한 해결을 도모하고 있음을 짐작할 수 있다. 또한 제3조 1항에서 '다음 요건을 갖춘 외국인은 본법에 의하여 고아를 양자로 할 수 있다'고 규정하고 있다.

이를 연계하면 국가 차원에서 '해외입양을 촉진'하고자 한 것으로 볼 수 있다. 그러므로 이 법의 핵심은 전쟁고아의 해외 입양에 중점을 둔 것이며 해외입양의 법적 근거를 마련했다는 의미는 갖고 있다. 또한 고아들의 해외입양과 양육업무를 체계화하기 위한 조치였다. 당시의 상황에서 전쟁고아에 대한 해외입양은 불가피한 선택이었다. 이로써 입양 알선기관설립요건을 정립하여 고아의 권리를 보장하고자 한 측면이 있으며, 고아들을 외국으로 입양시키는 사업을 공식화 하였다고 볼 수 있다.

1970년대는 경제개발에 힘입어 경기가 상승세를 타고 있던 시기였다. 그러나 고아문제는 쉽게 해결하기 어려웠다. 경제가 발전됨에 따라 외국의 사회사업기관들이 자연스럽게 철수하면서 국가차원의 대책이 시급하게 되었다. 즉, 원조를 제공하고 있던 외국의 기관들이 한국의 경제성장을 감안하여 이를 축소시킨 것으로 보면 될 것이다. 경제의 발전과 함께 외국의 원조에 의존하던 구조를 탈피해야 할 시점에 이른 것이다. 따라서 국가 차원의 자구책 강구가 필요하였다. 이를 위하여 국가에서는 국내입양을 활성화하기 위하여 법 제정을 추진하였다. 1976년 12월에 「입양특례법」을 제정하면서 1961년에 제정된 「고아입양특별법」은 폐지되었다. 이 법은 양자로 입양되는 아동에 대한 안전과 복리를 증진하는데 목적을 두었다. 따라서 보호시설에 수용되어 있는 아동에 대한 입양절차의 간소화,[13] 양자로 된 자에 대한 양친의 성과 본으로의 변경에 대한 민법에서의 특례 인정, 국외입양의 추진 미비점 보완 등을 담았다. 전쟁이 끝난 지 20여 년이 넘어서고 있었으므로 이제부터는 전쟁고아의 문제 뿐 아니라 양육할 능력이 없는 요보호아동, 결손아동, 빈곤아동으로 문제의 핵심이 전환되는 시기이기도 하였다.

---

13) 이 법이 시행되면서 법률상 '고아'에 대한 개념을 '보호시설에서 보호 받고 있는 자'로 변경하여 입양 대상을 확대시켰다. 이것은 경제적인 능력 등으로 아동을 돌볼 수 없거나 기타 가정문제로 부모는 있으되 양육할 능력과 여건이 부족하여 시설에 맡긴 아동 등도 입양의 대상이 된다는 것이다. 그러므로 입양의 확대를 도모한 것으로 평가할 수 있다.

02

전쟁고아의 현실과 해외입양

전쟁은 수많은 인명을 앗아갔으며 어린 아이들의 생존마저 위협하였다. 어느 날 갑자기 전쟁에 희생된 부모는 어린 아이만을 남겨 두었다. 이들의 생존은 오롯이 어린 그들의 몫이었다. 전쟁의 시기에 이들에 대한 국가 차원의 대응을 살펴 볼 필요가 있다. 여기에서는 전쟁 중에 발생한 전쟁고아와 함께 외국군이 주둔하면서 발생한 혼혈아에 대한 정부의 대응을 살펴보기로 하겠다. 전쟁시기의 국정운영은 전쟁의 승리를 통하여 조속히 통일국가를 건설하는 것이었다. 대한민국의 독자적인 능력으로 북한군의 남진을 저지하지 못하게 되자 미국을 비롯하여 많은 유엔 회원국에서 참전하기에 이르렀다. 전쟁시기에는 다국적의 군인들이 중요한 축을 형성하고 있었다. 앞에서 언급했듯이 우리나라 사회는 정부수립 이전의 미 군정체제를 거쳤다. 우리 사회에 혼혈아가 눈에 띄기 시작한 것은 미군정 시기와 전쟁에 의한 유엔군 참전이 지대한 영향을 미쳤다.[14] 전통적으로 혈통을 중시하는 한국사회를 통합시키기 위해서는 늘어나는 혼혈아에 대한 조치가 있어야 했다. 그러나 전쟁 중에 이러한 대책을 강구한다는 것이 여의치 않았다. 사회부는 전쟁이 교착기에 접어들면서 안정을 찾아가는 1952년에 이르러서야 각 도에 혼혈아에 대한 현황을 조사하라고 지시하였다.

신문에서는 전란으로 인하여 사회풍기는 땅에 떨어졌다고 개탄하고 있으며, 이와 같은 현상은 '생활고'와 '허영'으로 분석하고 있다. 이로 인하여 전

14) 신문자료를 통해 살펴보면, 1946년까지의 기사는 대부분 서양과 일본에서의 혼혈아와 관련된 내용이다. 그렇지만 1947년부터는 국내에서의 혼혈아가 증가한다는 기사가 기아문제와 함께 보도되기 시작하였다. 1947년 9월 27일 조선일보의 기사에 따르면, 최근 3개월간 발생된 기아는 30여 건이었는데, 이 중 흑인혼혈아 3명, 백인혼혈아 2명이 있었다고 보도하였다.

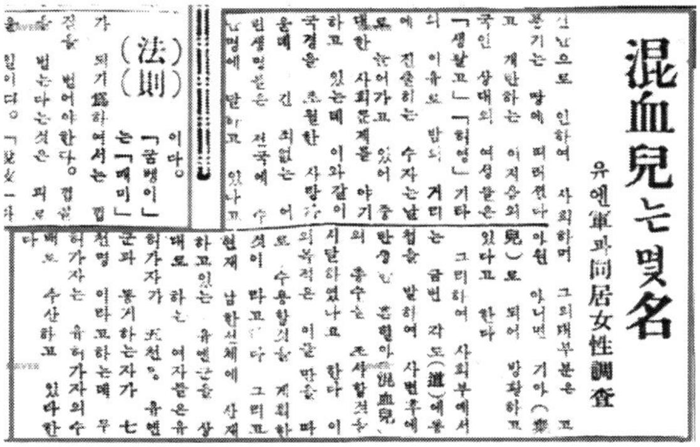
混血兒는 몇名

유엔軍과同居女性調査

사회부에서 전국에 산재한 혼혈아를 조사하기 위하여 각도에 실태 파악을 통첩하였다는 내용이다. 기사에서는 유엔군과 동거하는 여성을 7천명 가량으로 추산한다고 밝혔다.

❙ 혼혈아는 몇 명 출처 : 경향신문(1952.8.18.)

국에 혼혈아들이 수만 명에 달한다고 보고 있으며, 이들은 고아원에 수용되어 있거나 기아로 방황하고 있다고 보도하고 있다. 여기에서 분석한 내용 중에 유엔군과의 동거생활 중의 하나의 원인을 ‘허영’으로 보고 있다. 이러한 사회적인 시각 아래 혼혈아를 키운다는 것은 대단히 어려웠을 것이며, 순혈주의에 대한 전통적인 가치관이 강했던 당시에는 무엇보다도 해당 여성의 집안에서 극력 반대하였을 것으로 추측해 볼 수 있다.

혼혈아 현황을 파악하고 이에 대한 조치를 하고자 한 것은 당면한 현실문제를 해결해야 할 과제이기도 했으며, 전쟁 이후의 통합된 사회분위기를 유지하기 위한 조치이기도 했다. 정부는 전쟁에 대한 대비 없이 큰소리만 치고 있었다. 전쟁초기에도 전황과는 전혀 동떨어진 대국민발표를 하였다. 내용은 국군이 반격 중이라는 것이었다. 그 시각에 국군은 춘천방면의 제6사단을 제외하고는 전멸에 가까운 일방적인 패전으로 서울을 향하여 후퇴하는 상황이었다. 이어서 예고 없이 진행된 한강교 폭파는 준비 없는 지도부의 무능함을 단적으로 보여준 사건이었다. 전쟁이 한창 진행 중에는 국민방위군 사건이 터졌다. 적과 싸우기 위하여 소집한 병력을 굶어죽고 얼어 죽게 만들어 국민적 공분을 사고 있었다. 또한 이승만 대통령은 자신의 연임을 위하여 전쟁 도중에 '발췌개헌'을 단행하는 등으로 국민의 분노는 임계점을 향하여 가고 있었던 것이다. 지도부의 전쟁 대응 행태를 고려해 보면 민심은 우호적이지 않았음을 위정자들도 충분히 감지하고 있었을 것이다. 전쟁 상황이 안정기로 접어들면서 전쟁 책임에 대한 국정운영의 잘잘못을 따질 수 있는 분위기는 충분하였다. 여기에 더하여 전후의 무질서한 현상과 비참한 생활상이 나타날 경우에는 정권의 위기로 다가올 수 있었다. 그러므로 전쟁 이후까지를 고려한 안정되고 통합된 국정운영을 도모하고자 한 것으로 볼 수 있다. 혼혈아가 거리에서 많이 나타나는 현상을 정부는 달가워하지 않았다. 또한 혼혈아를 국민의 한사람으로 보는 사회적 분위기가 형성되어 있지 않았다. 이러한 것은 당시의 「국적법」에서 찾아 볼 수 있다. 대한민국의 국민을 규정하는 제2조의 1항에서 '출생한 당시에 부가 대한민국의 국민인 자'를 가장 먼저 언급하고 있다. 철저한 부계 중심의 사회임을 법에서 보여주고 있다.[15] 따라서 한국인 어머니와 외국군과의 사이에서 출생한 혼혈아에 대한 냉담함은 당시의 법률조문, 전통적인 인식과 사회적 분위기를 고려해 보았을 때 당연한 현상이었다.

6·25전쟁은 1951년에 접어들면서 정전에 대한 논의가 시작되고 있었다. 양측이 정전을 도모하고자 한다는 것은 이전의 대규모적인 공격행위보다는 국지적인 전투 위주로 전투의 양상이 전개될 것이라는 예측을 갖게 해 주었다.

따라서 이 시기부터는 전쟁의 진행은 계속되고 있었지만 어느 정도의 안

---

15) 「국적법」은 1948년 12월 20일에 제정되었다. 제2조는 대한민국 국민의 자격에 대한 규정을 정하고 있다. 이를 살펴보면, 1. 출생한 당시에 부가 대한민국의 국민인 자 2. 출생하기 전에 부가 사망한 때에는 사망한 당시에 대한민국의 국민이던 자 3. 부가 분명하지 아니한 때 또는 국적이 없는 때에는 모가 대한민국의 국민인 자 4. 부모가 모두 분명하지 아니한 때 또는 국적이 없는 때에는 대한민국에서 출생한 자, 대한민국에서 발견된 기아는 대한민국에서 출생한 것으로 추정한다. 등이다. 여기의 3항에서 '부가 분명하지 않은 경우에는 모가 대한민국의 국민인 자' 등으로 정하고 있으나 이를 받아들일 만한 사회적 분위기는 아니었다. 1962년에 일부 개정이 있었으나 제2조는 변동이 없었다.

▌**1953년 6·25기념행사에서의 이승만 대통령** 출처 : 대통령기록관

정을 찾고 있었던 상황이었다. 특히 후방지역에서는 더욱 그러한 분위기를 유지하기 시작하였다. 그렇지만 전쟁고아에 대한 대책은 찾기가 어려운 형편이었다. 대통령의 담화집에서 이러한 형편을 짐작할 수 있다.

> (전략)어떤 곳에서는 길에서 4, 5세 되는 어린 아해가 혼자 돌아다니며 길에 버린 과실껍질과 기타를 얻어먹고 다닌다 하니, 이것은 참으로 놀랄만한 소리다. 부모 없이 방황하는 어린 아해가 있으면 자기 아해 같이 여기고 보호해서 살리든지 고아원에 보내주든지 무슨 도리를 해야 할 것이며, 어떻게 하든지 불상한 인명을 살려야 할 터인데, 급히 이런 일은 경찰이나 사회 지식 있는 남녀들이 어디까지든지 심상히 보지 말고 우리가 이 난리 중에 다 같이 함께 살아나가자는 마음을 가진다면 이런 일은 참아 지나보지 못할 것이다. 정부에

> 서 우리 이재동포들에게 힘자라는데 까지는 도와나가는 중이요, 외국인들도 이재민을 구제하기 위하여 도와주고 있는 중이니, 이런 실정을 보아서 굶는 사람이나 얼어 죽는 사람이 없어야 할 것인데, 각각 자기에게 여유 있는 힘이 없는 것을 이유로 보고만 있으면, 외국 친구들이 우리를 도웁는 기회와 보람도 가질 수 없을 것이다.(후략)

출처 : 대통령기록관 「대통령 이승만 박사 담화집」, 연설일(1952.10.21.)

대통령의 담화집에서 나와 있듯이 전쟁이 소강국면에 접어든 후에도 정부 차원의 적극적인 대책은 이루어지기 어려웠던 것으로 보인다. 담화집에서 언급한 내용을 보면 부모 없이 유랑하는 고아가 많았음을 알 수 있다. 보호를 받지 못하고 유랑하는 고아들은 먹고 추위를 피할 곳이 필요하였다. 그렇지만 이러한 시설이 국가 차원에서 확보되지는 못하였다. 담화집 내용에서도 이에 대한 참담함이 나온다. 굶어 죽거나 얼어 죽는 전쟁고아들이 발생하고 있었음을 알게 해준다. 그러나 이들에 대한 정부 차원의 대책을 강구하겠다는 내용은 등장하지 않는다. 다만 주변에서 돌봐주기를 바라며 온정에 호소할 뿐이었다. 당시의 정부는 전쟁에 모든 것을 걸고 있었다. 그러므로 이들에 대한 복지대책은 시급히 해결할 대상과는 거리가 있었다. 국가 차원에서 해결할 우선 과업은 전쟁수행에 전념하는 것이었다. 그러므로 조금 더 여유가 있는 개인들로부터 도움을 기대할 뿐이었다. 전쟁이 장기화되고 많은 국가들이 참여하면서 전쟁은 세계의 관심이 되었으며 참전한 국가뿐 아니고 세계의 중요한 소식 중의 하나는 한국에서의 전쟁이었다. 전황을 전하면서 자연스럽게 전쟁고아에 대한 소식도 흘러 들어갔을 것이다. 이러한 영향은 전쟁고아에 대한 관심을 가져 오기에 충분하였을 것이다. 이것은 전쟁고아에 이들에 대한 외국의 원조로 이어지기도 하였음을 담화집을 통하여 짐작해 볼 수 있다. 정부는 국내에서의 해결보다는 해외에 크게 의존하는 경향을 보였다. 전쟁이 남긴 비참한 상흔이었다.

전쟁직후의 국정운영은 전후복구사업과 체제수호를 목표로 정부주도하에 속도감 있게 이루어지고 있었다. 그러나 모든 것이 부족한 상황에서 전쟁고아에 대한 문제는 정부정책에서 중요성 있게 다루어지기를 기대하기는 어려웠다. 따라서 전쟁직후의 전쟁고아 관리는 원조기관과 민간에 의존해야 하는 형편이었다. 이러한 상황은 1954년에 제정된 「고아·양자특별조치법」에서 충분히 짐작하게 해준다. 전쟁 중에 부모를 잃은 전쟁고아는 어린 나이임에도 불구하고 힘들게 생존을 위한 투쟁에 나서야 했다. 이들은 전쟁 중과 전후의 미군을 비롯한 외국군들과 한국인 어머니 사이에서 태어난 혼혈아와 함께 해외입양의 대상이 되었다. 정부는 국내에서 이들을 양육하기 위한 정책보다는 입양이라는 정책에 중점을 두고 있다.

03

전쟁고아에 대한 정부의 조치

정부는 전쟁고아 문제를 입양을 통하여 해결하고자 하였다. 이러한 시도에 의하여 1954년에 「고아·양자특별조치법」이 제정되어 입양의 시작을 본격적으로 예고하였다. 이 법의 제정으로 전쟁고아와 혼혈아에 대한 입양은 본격화되었다. 또 다른 방안으로 양부모와의 결연을 장려하기도 하였다. 정부는 해외 입양과 함께 양부모를 맺어 주는 방법을 권장한 것이다. 대통령의 담화집에서 이러한 사실을 확인할 수 있다.

> 오늘 우리 경찰의 성심을 다한 노력으로 서울 시내에 있는 고아 5,800명 중 1,911명이 양부모를 얻어 그 결연식을 가지게 된 것을 크게 기뻐하며 축하하는 바입니다. 6·25사변 이후 공산괴뢰의 남침으로 수많은 전쟁고아들이 부모와 집을 잃고 거리를 방황하며 참담한 정경을 만들었으나 우리 동포들이 서로 도우며 우방 사람들의 원조도 얻어서 고아원도 경영하며 또는 해외에 양자로도 보내게 된 것입니다. 지금 경찰이 이 고아들을 위하여 양부모를 얻어 그들에게 따뜻한 부모의 사랑을 알게 만들어 주게 되었으나 아직도 전국적으로 이러한 고아들이 많이 남아 있으니 나머지 아이들에게도 이와 같이 해 주면 고아들을 위해서나 나라의 장래를 위해서도 큰 덕이 될 것이며 동시에 길가에서 구걸하는 아이들과 걸인들도 없이 할 수 있을 것입니다. 우리 사람들이 앞으로도 다 합심해서 애국 애족하는 정신으로 이러한 길로 나가면 불원한 장래에 우리나라는 복 받는 나라가 될 것입니다.
>
> 출처 : 대통령기록관 「대통령 이승만 박사 담화집」, 연설일(1956.11.24.)

❙ 전쟁고아 양부모 결연식 (1956년) 출처 : 국가기록원

대통령의 연설문에서 전쟁고아들의 양부모 결연식 장면을 볼 수 있다. 그렇지만 정부 차원의 대책이라고 보기 보다는 임시방편에 가까운 조치였다. 이것이 정부 차원의 정책적인 조치였다면, 이러한 행사가 지속적으로 전개되었어야 했다. 그러나 이후에는 이러한 점이 크게 부각되지 않고 있다. 여기에서 대통령은 전쟁고아를 5,800여 명으로 말하였다. 또한 전후에는 주로 외국의 원조로 이들을 보육하고 있었음을 언급하고 있다. 그만큼 국내의 상황은 이들을 돌보아 줄 여력이 없었음을 보여 주고 있다.[16)]

또한 해외 입양에 대한 언급이 나오는 것으로 보아 해외입양정책을 추진했음을 알 수 있다. 이는 1956년에 있는 행사였으므로 1954년에 제정된 「고아·양자특별조치법」에 따른 정부 차원의 조치였음을 짐작하게 한다.

특히 전쟁고아는 아니었지만 혼혈아는 당시의 한국인 정서를 고려해 볼 때 시급히 해결할 문제로 인식되고 있었다. 순혈주의에 집착하는 한국인의 정서

16) 1950년대의 우리나라 1인당 소득은 70달러 내외에 불과한 형편이었다. 특히 1950년대 말에 들어서는 미국의 원조가 급감하여 더욱 어려운 실정이었다.

는 혼혈아에 대한 차별과 멸시로 이어지기에 충분하였다. 정부 주도로 「고아·양자 특별조치법」을 제정함으로써 입양을 합법화시켜 사회문제로 확대되는 혼혈아 문제를 해결하기로 한 것이다. 정부는 이 법에 근거하여 1954년부터 해외 입양 사업을 시작하였으며 해외 입양을 장려하였다. 이 법은 보육원의 동의 없이도 해외입양을 할 수 있도록 한 것이다. 정부는 전쟁고아와 전쟁 이전부터 있었던 미군 사이에서 태어난 혼혈아 문제를 해외 입양을 통하여 해결하고자 하는 적극성을 보였다. 전쟁으로 인한 전쟁고아의 문제도 시급히 해결해야 할 문제였으며, 전후에 집중적으로 나타나고 있는 혼혈아 문제는 차별과 멸시로 인해 또 다른 사회갈등의 요인으로 다가왔던 것이다. 그러므로 이 법의 시행은 전쟁고아 못지않게 많이 증가하는 혼혈아 문제를 해결하고자 한 것으로 볼 수 있다. 1950년대부터 눈에 띄게 나타난 혼혈아는 1960년까지 계속적으로 증가하였다. 증가하는 현황을 살펴보면 다음과 같다.

❙ 연도별 혼혈아 현황 17)

(단위 : 명)

1955년	1956년	1957년	1958년	1959년	1960년
439	538	355	701	1,023	1,075
1961년	**1962년**	**1963년**	**1964년**	**1965년**	
1,354	1,389	1,463	1,511	1,378	

이처럼 혼혈아가 증가하기 시작한 것은 한미상호방위조약 체결에 따라 미군이 주둔한 것이 가장 큰 영향으로 작용하였다. 미군 주둔에 따라 미군부대 주변에는 기지촌이 형성되기 시작하였으며, 이러한 현상으로 혼혈아는 계속적인 증가를 보였다. 혼혈아에 대한 문제는 전쟁이전부터 발생하기 시작하였다. 해방이 되고 미군정에 의해 정치·경제·사회의 모든 영역은 미군에 의해 그 기초가 마련되었다. 당연히 미국의 문화가 깊숙이 침투하기 시

17) 보건사회부, 『보건사회통계연감』, 1955년~1965년에서 정리.

작했으며 미군과의 교류가 증대되었다. 해방이 되고 일본군의 무장해제와 항복접수를 위하여 1950년 9월 8일을 시작으로 남한 지역에 진주한 미군은 1949년 6월 29일에 소련과의 협의에 의해 철수하였다. 미군이 우리나라에 주둔하기 시작한 시기부터 한국여성과 미군 사이에서는 혼혈아가 탄생하기 시작하였다. 이러한 과정을 겪으면서 혼혈아가 눈에 띄기 시작했으며, 6·25 전쟁은 이를 더욱 촉진시켰다. 전쟁에 참여한 유엔군은 연인원 1,954,484명에 이르렀다.[18] 이중에서 미군은 1,789,000명으로 유엔군의 대부분을 차지하였다. 3년간의 전쟁기간을 거치면서 이처럼 수많은 외국군이 참전하게 되자 혼혈아는 급증하는 계기가 되었다. 1958년 보건사회부의 '건국 10주년 보건사회행정개관'에 따르면 혼혈아는 총 1,041명으로 집계하였다. 이를 국적별로 보면 미국계 898명, 영국계 5명, 터키계 34명, 중국계 71명, 기타 33명 등이었다. 이를 피부색으로 보면 백색 624명, 흑색 303명, 황색 114명 등이었고 남자 525명, 여자는 516명이었다.[19] 전쟁 이후에는 「한미상호방위조약」에 의해 미군의 주둔이 계속되었다. 1965년까지 미 제7사단과 제1기병사단 5만~7만여 명이 주둔하였다. 이러한 현상은 식민지 지배를 받던 신생국가 대한민국의 숙명이기도 했다. 해방은 온전하게 우리 손에 의해 이루어졌다고 볼 수 없었으며 연합군의 승전에 따른 것이었다. 독일과 일본이라는 공동의 적이 소멸된 상태에서 미국과 소련이라는 새로운 강대국이 나타났으며 이들에 의해서 국제질서는 재편되고 있었다. 미국과 소련은 한반도를 분할하여 각자의 영향력 아래 두었으며 이 과정에서 미군 주둔이 이루어졌다. 한반도에 이념을 달리하는 두 개의 정부가 수립되었다는 것은 전쟁의 가능성을 높인 가장 큰 요인이었다. 또한 대체적인 시각이 머지않아 전쟁을 가져올 것이라고 예견하고 있었다. 이념을 달리하는 두 개의 정부는

18) 육군본부 군사연구소, 『1129일간의 전쟁』, (대전 : 국군인쇄창, 2014), p.688.
19) 보건복지부, 앞의 책(2015), p.175.

홀트와 고아들의 모습 출처 : 홀트복지타운 홈페이지

1950년 6월 25일이 되자 예견하였듯이 충돌을 피할 수 없었다. 이를 시작으로 전쟁의 규모는 점차 커지면서 이념전쟁이자 국제전쟁으로 변모하였다. 전쟁은 식민 지배를 받으면서 척박해진 환경을 더욱 황폐화시켰다. 주변의 환경뿐 아니라 가족이라는 가장 근원적인 부분까지 할퀴고 지나갔다. 이때까지의 우리나라의 전통적인 가족 개념은 혈통을 중심으로 하였다. 혈통에 따라 가족 관계가 이루어졌으며 철저하게 부계중심의 가족관계를 이루었다. 우리나라의 이러한 전통적인 가족에 대한 관념은 타성(他姓)을 양자로 받아들이는 것을 허용하지 않았다. 더군다나 혼혈아에 대해서는 말할 것도 없었다. 따라서 양자를 들인다는 것은 혈통을 잇기 위한 것이었으므로 외모에서 우선 구별되는 피부색은 허용할 수 없는 기준이었다. 이처럼 우리나라는 전통적으로 혈통 중심의 가족관계와 이의 확장 개념인 단일민족이라는 강한 연대의식을 공유하고 있었다. 이러한 순혈 단일민족을 중시하는 사회분위기에서 혼혈아로 산다는 것과 혼혈아를 키운다는 것은 큰 어려움이었다. 개인에게는 멸시와 조롱이 뒤따랐고, 어머니에게 보내는 시선은 사회의 편견과 따가운 눈총뿐이었다. 또한 가족에게는 수치심을 갖게 하는 요인으로 작용하여 가족 관계마저도 정상적으로 이루어지기는 힘든 일이었다. 이처럼 전통적인 혈연에 대한 집착과 외국군과의 사이에서 혼혈아를 낳았다는 사실에

서 오는 사회적 편견은 어머니와 아이에게는 정서적으로 큰 장애를 가져왔다. 뿐만 아니라 혼혈아 자신에게도 이러한 분위기 속에서 살아간다는 것은 많은 어려움은 물론이고 갈등의 요인을 안고 있었다. 그들에 대한 사회적 분위기와 국가의 정책은 온정적이지 않았다. 그들의 출생 자체가 분단과 전쟁이라는 산물에서 발생한 개인적 불행으로 인식하고 있었다. 국가의 적극적인 해결의지 보다는 보다 손쉬운 방법을 강구하였다. 자연스럽게 혼혈아에 대해서는 책임지기 보다는 해외로 보내는 방안을 최선책으로 여기는 분위기였다. 보건사회부에서는 1956년 3월 국무회의에 한국아동양호회에서 취급하여 입양한 혼혈아동이 총 56건이라고 보고하였다.[20] 이를 유형별로 보면 미국국제사회봉사회로부터 의뢰받아 입양시킨 아동이 9명, 구양가정(求養家庭)으로부터 직접 신청 받아 입양된 아동이 28명, 재한 미국인이 직접 선정하여 입양된 아동이 19명 등이었다. 기타 안식교, 천주교 등에서 취급하여 입양시킨 아동이 35명이었다. 이를 보면 외국과 외국인에게 고아문제의 해결을 절대적으로 의존하고 있었음을 알 수 있다. 이것은 비단 혼혈아만의 문제해결 방법이 아니었으며 전쟁고아에 대한 전반적인 처리 방식이었다. 이러한 것은 통계자료에서 확연히 나타나고 있다.

1953년부터 1961년까지의 입양아에 대한 분석을 살펴보면, 이 기간에 총 4,365명이 입양되었는데 이중에서 국외입양이 4,197명으로 국내입양 168명에 비해 압도적인 우위의 수치를 보이고 있다. 해외로의 고아입양은 전쟁고아의 시대가 저물어 갔다고 볼 수 있는 1980년대까지 이어졌다. 이처럼 고아들에 대한 해외입양의 가속화로 인해 한때 우리나라는 '고아수출국'이라는 오명을 받기도 하였다. 전쟁고아에 대한 해외 입양은 민간 차원의 입양 알선 관련 기관이 생겨나기 시작하면서 더욱 속도가 붙기 시작하였다.

20) 보건복지부, 앞의 책(2015), p.155.

❙ 국내외 입양 현황[21)] (단위 : 명)

연도별	계	국내입양	국외입양
계	261,122	93,786	167,336
1953~1961	4,365	168	4,197
1962~1970	16,771	9,971	6,800
1971~1980	73,452	25,205	48,247
1981~1990	91,862	26,533	65,329
1991~2000	35,349	13,026	22,323
2001~2010	32,885	14,887	17,998
2011	2,464	1,548	916
2012	1,880	1,125	755
2013	922	686	263
2014	1,172	637	535

대표적인 민간 차원의 입양은 홀트아동복지회의 창립자인 해리 홀트 박사에 의해 8명의 고아가 최초로 입양되면서 부터였다. 홀트아동복지회는 1955년 10월에 해리 홀트에 의해 창립되었다. 설립자 해리 홀트 씨는 한국의 혼혈고아 8명을 입양한 것을 시작으로 우리나라의 입양사업과 장애인 복지사업을 시작하였다. 부인 버다 여사와 함께 모든 재산을 바쳤으며, 아이들이 지낼 곳을 마련하기 위해 직접 산을 개간하고 밭을 일궜다. 삶의 마지막 순간까지 아이들을 돌본 해리 홀트 씨는 1964년 4월에 별세하였으며, 그가 손수 일군 홀트 일산복지타운에 잠들었다.[22)] 홀트아동복지회는 1955년부터 1960년까지 2,007명을 입양시켰다. 전쟁고아와 미군 아버지와 한국인 어머니 사이에서 태어난 혼혈아들이었다. 1950년대에는 한 해 평균 10여 명이었으나 해가 갈수록 급증하였다. 특기할 만한 것은 경제가 비약적으

21) 보건복지부, 앞의 책(2015), p.156.

22) 홀트아동복지회 홈페이지(검색일 : 2020.7.20)

로 발전한 1977년에는 6,159명이었으며 1983년에는 7,263명이 입양되었다. 이 시기는 전쟁고아가 아닌 사회의 또 다른 현상으로 나타난 고아들이었다. 그렇지만 국가는 여전히 고아문제의 해결을 해외입양에 의존하였다. 앞에서 언급한 해외입양에 관한 법률을 기초로 입양정책을 살펴보면 1961년의 「고아입양특례법」은 해외입양의 출발을 보다 간소하게 하여 해외입양의 교두보로 삼고자 한 것이다. 이어서 1976년에 제정된 「입양특례법」은 입양의 대상을 대폭적으로 확장한 것으로 볼 수 있다. 해외로의 입양정책은 제1공화국부터 시작되어 1980년대에 정점을 맞았다. 1988년 서울올림픽 개최를 계기로 이에 대한 비판이 제기되자 1989년부터는 단계적으로 줄여나갔으며, 1996년부터는 전면금지를 발표하기에 이르렀다.[23]

전쟁 직후에는 우리나라의 경제력을 고려해 보았을 때 해외입양에 의존하게 된 측면은 일면 이해가 된다. 그러나 경제력이 비약적으로 발전한 1980년대까지도 해외입양에 주력한 것은 정부의 고아관리정책에 부정적 시각을 갖게 해 준다. 참고로 명목GDP와 1인당 국민총소득(GNI)을 살펴보면 다음과 같다.[24]

❙ 명목GDP

연도	1953	1960	1970	1980	1990
명목GDP(10억 원)	47.74	249.84	2,794.8	197,712.3	197,712.3

❙ 1인당 GNI

연도	1953	1960	1970	1980	1990
1인당 GNI(달러)	67	80	257	1,684	6,505

23) 보건복지부, 앞의 책(2015), p.157.

24) 통계청, 『통계로 본 광복 70년 : 한국사회 변화』 (서울 : 진한엠엔비, 2017), p.66.

04

전쟁고아의 생활상

1951년 중반을 넘기며 양측은 공히 전쟁에서의 승리에 대하여 회의를 갖기 시작하였다. 양측 모두에게 전쟁의 승리를 낙관하기는 어려운 상황이었다. 전쟁 초기에는 북한군의 일방적인 전력 압도를 바탕으로 한 기습적인 공격으로 전쟁의 주도권을 낙동강선까지 유지하였다. 따라서 그들이 말하는 소위 '조국해방전쟁'이라는 목표 달성을 목전에 두었다고 생각하였다. 대한민국의 운명은 실로 바람 앞의 등불과도 같은 신세가 되어버렸다. 정부는 저 멀리 부산으로 천도해야 했으며 대부분의 영토는 이미 빼앗겨 낙동강을 연하는 선의 동남쪽 일부만을 겨우 지탱하고 있었다. 그러나 유엔군이 본격적으로 상륙하면서 전쟁의 주도권은 점차 국군과 유엔군에게 이전되기 시작했으며 인천상륙작전의 성공은 그 정점을 보여 주었다. 한만국경까지 진군한 국군과 유엔군은 통일을 앞에 두고 중공군의 참전으로 다시 밀리면서 전쟁 이전의 상태였던 북위 38도선을 기준으로 하여 전선은 교착되었다. 국경선까지 진군했던 유엔군과 서울을 다시 빼앗지만 북으로 밀린 중공군 모두는 전쟁의 완전한 승리를 낙관하기에는 어려움을 느꼈다. 따라서 이때부터를 기준으로 하여 전선의 이면에서는 정전을 모색하고자 하였다. 그렇지만 양측이 정전을 원한다고 곧바로 총성을 멈출 수 있는 것은 아니었다. 양측은 그동안 흘린 피의 대가를 찾고 정전 이후에 보다 유리한 상황을 유지하기 위하여 지나한 협정에 돌입하였다. 이러한 분위기에 따라 전쟁은 계속할 수밖에 없었지만 안정감은 조금씩 찾아가기 시작하였다. 안정을 찾고는 있었지만 모든 국민이 이에 해당하는 것은 아니었다. 가장을 잃은 가정과 부모를 모두 잃은 전쟁고아의 생활은 안정과는 거리가 멀었다. 또한 정부의 예산 편성이 전쟁을 수행하는 곳에 집중하기에도 부족한 상태에서는 더할 나위가 없었다. 이러한 영향으로 수용시설은 증가하는 전쟁고아를 돌보기에 많은 어려움이 따랐다. 누군가가 나서서 이들을 돌보아서 사회문제로 크게 부각되지만 않는다면 국가로서는 더 이상 바랄 바가 없을 뿐이었다. 그 당시 사회의 단면을 '전쟁이면의 사회상'을 보도하는 신문에서 확인해 볼 수 있다.

수용시설의 부족과 관리실태

전쟁고아는 대체적으로 나이가 어린 경우가 많다. 어린 아이들에게 있어서 무엇보다도 어려운 문제는 전쟁으로 인해 파괴된 집과 먹을 환경의 문제였다. 어차피 부모 잃은 아이들에게 먹고 자는 문제보다 더 중요한 것은 없었다. 그러나 시설은 많이 부족하였다. 이보다 필요한 것은 정부에 의해 공신력있게 파악된 전쟁고아를 비롯한 전쟁으로 인한 난민에 대한 현황자료였다. 이것은 구호 활동의 중요한 기초자료가 되는 것이므로 우선적으로 파악해야 되는 것이다. 그러나 정부에서는 1952년 3월에 이르러서야 이에 대한 통계에 착수하였다. 이는 전쟁시기라는 특수성을 감안하더라도 대단히 늦은 감이 있다. 이승만 대통령은 정치적인 문제에서는 매우 빠르게 반응한 반면 이처럼 국민의 구호대책에는 더디게 일을 추진하였다. 1952년에 실시될 대통령 선거에 대비한 개헌안을 1951년 11월에 제출한 바 있다. 이는 대통령 직선제를 골자로 한 개헌안이었다. 사실상 그의 연임을 위한 계산 하에서 이루어진 것이다. 그러나 국민에 대한 구호대책은 우선순위에서 밀려나 있었으며 중요하게 취급되지 않고 있었던 것 같다. 전쟁의 피해로 인해 자립 능력을 상실하고 겨우 연명하는 국민은 많았으며 전쟁고아는 더욱 증가하고 있었다. 이들에 대한 뒤늦은 구호를 위한 대책을 당시의 신문지상에서 찾아보면 다음과 같은 내용이 나온다.

❙ 피난민을 위문하는 이대통령 출처 : 국가기록원

전재 난민 총 등록 15일부터 전국 일제 실시

구호사업의 원활을 기하기 위하여 사회부 당국에서는 오는 15일부터 전국적으로 난민 총등록을 실시하리라는데 금번 등록의 대상자는 서울 피난민 남한 타도 피난민 남한 자도내 피난민 북한 피난민 잔류 전재민 복귀전재민 원주 빈민 65세 이상의 뇌쇠자 13세 미만의 유아 임산부 등(후략)

「전재 난민 총 등록 15일부터 전국 일제 실시」 출처 : 경향신문(1952.3.8.)

고아시설 확충 강화 1만 9천명 수용키로

국회에서는 지난 2월 10일 전재고아 구호시설 확충강화에 관하여 정부에 건의한 있었는데 국무총리서리는 3월 3일 그 처리 상황을 다음과 같이 통보하여 왔다. 즉, 전쟁의 장기화에 따라 전재고아수는 증가하되 현재 약 10만여로 추산되는데 기설후생시설 239개소에 수용된 아동에 대하여도 충분히 보호함에는 경제적 애로가 허다한 실정이고 이런 시설의 거개는 사실로서 정부의 그 일부생활비 보조에 의하여 근근이 운영되고 있다 한다. 정부는 1951년도에는 피수용자 하루 한사람에 대하여 100원의 보조금으로 1만명 분(중략) 1953년도에는 약간 증액하여 하루 한 사람당 150원씩(후략)

「고아시설 확충 강화 1만 9천명 수용키로」 출처 : 경향신문(1952.3.11.)

전국에 8개 수용소 설치

사회부에서는 전국 부랑아 걸인 및 난민의 실태를 파악하여 전국 6개소 내지 8개소의 수용소를 설치하여 8월 중에 구호 수용키로 되었다는데 식량은 1일 3홉씩에다 부식비 150원씩을 급여키로 되었다 한다.(후략)

「전국에 8개 수용소 설치」 출처 : 동아일보(1952.8.12.)

사회부[25]에서는 1952년 3월이 되어서야 실태조사에 나선 것이다. 어쨌든 이때부터 전 국민을 대상으로 한 전쟁고아를 비롯한 전재난민에 대한 현황조사가 이루어질 수 있었다. 1952년 3월을 기준으로 국회에서 파악하고 있는 전쟁고아는 10만여 명으로 추산하고 있었다. 그러나 시설은 239개소에 불과하였다. 따라서 정부에서는 시설을 확충하기 위한 대책을 서둘렀다. 시설이 부족한 것도 문제였지만 수용된 전쟁고아들에 대한 관리문제도 많이 뒤따랐다. 시설에 수용되고 난 후 시설을 탈출하는 아이들이 발생하는 등 관리면에서의 적절성도 부족한 실태였다. 이를 보면 수용 위주의 시설 운영에도 빠듯한 형편이었음을 알 수 있다. 이를 방지하기 위하여 시설에 수용된 전쟁고아에 대한 교육도 강구되었다. 그렇지만 시설을 탈출하는 아이들이 완전히 근절되지는 못하였다. 시설에서 탈출한 아이들은 거리를 떠도는 처

25) 1948년에 정부가 수립되면서 정부직제로 사회부가 설치되었다. 1949년에 보건부가 신설되면서 사회부와 보건부는 독립되어 운영되었다. 1955년에 사회부와 보건부가 통합되어 보건사회부로 변경되었다. 그 후 1993년부터 보건복지부, 2008년부터 보건복지가족부, 2010년부터는 보건복지부로 명칭이 변경되어 오늘에 이르고 있다.

지가 되었다. 이들은 일명 '부랑아(浮浪兒)'로 통칭되었으며 '불량아(不良兒)'로 지칭되기도 하였다. 전국적으로는 12만명이며 서울 시내에서만 약 1만명으로 추산하고 있었다. 이들은 고아원 등에 수용되면 탈출하여 다시 거리의 부랑아로 전락하기도 하였다. 이에 따라 정부에서는 12만명 중에 우선 1/3만을 수용할 계획을 세우고 이들을 고아원에 수용하기 이전에 3개월 동안 철저한 교육을 실시하는 기관을 세우기로 하였다.[26] 이들의 시설 수용이 이루어지지 않음으로 인해 생존을 위한 절도, '어둠의 거리' 안내인 노릇 등을 하면서 범죄와 연관되는 행위를 저지르기도 하는 등 다양한 사회문제를 야기하고 있었다.[27] 또한 문제가 계속 발생하자 각 시도의 사회부에서는 이들에 대한 단속을 실시하고 수용을 강화하기도 하였다. 이러한 문제가 심각했음은 신문에서 보도하는 제목에서도 나타나는데 「부랑아 계속 소탕」 등으로 표현하고 있기도 하였다.[28] 부랑아들에 대한 구호대책 보다는 이들을 척결할 대상으로 인식하고 있음을 알 수 있는 대목이기도 하다. 부랑아들은 도심지를 중심으로 생활하면서 유엔군 등을 상대로 각종 범죄를 저지르기도 하였다. 전쟁이 교착 상태에 빠지자 전선 지역에서의 전투는 국지전 형태로 전개되었다. 이에 따라 주요 고지를 사이에 두고 치열한 전투를 벌이고 있는 반면에 후방지역에서의 상황은 다소 여유가 있었다. 이렇게 전선의 상황이 변하자 후방지역을 왕래하는 유엔군의 수도 늘게 되었고, 이들은 부랑아들의 표적이 되기도 하였다. 부랑아들은 이들을 상대로 '소매치기' '뚜쟁이' 등으로 전락하기도 하였다.

전쟁을 수행 중인 나라의 정부는 예산편성에서 복지관련 분야에 많은 투자를 할 수 없었다. 빠듯한 예산에 전쟁을 지원하기도 부족한 상태였으니 당연한 결과였다. 그러나 이런 와중에서도 어린이 날을 전후하여 원호기간

26) 경향신문, 「거리 부랑아 일소코저 강력한 보도기관」, 1952.8.23.

27) 경향신문, 「거리의 불량아 1만명 중 대부분이 성병균 보유」, 1952.4.13.

28) 경향신문, 「부랑아 계속 소탕」, 1952.8.11.

을 선정하여 전쟁고아에 관심을 갖고자 모금활동을 벌이기도 하였다. 또한 국제사회로부터 구호물자가 지원되고 있었다. 이러한 내용을 당시의 신문기사에서 확인할 수 있다.

전재고아에 보금자리를 주자! =오늘부터 30일 동안 원호기간=

한국사회사업연합회와 동 서울특별시 및 각도연합회는 공동주최로 어린이날을 전후하여 2일부터 31일까지 30일 간을 '전재고아 원호기간' 으로 설정하고 국내 240여 개 단체에 수용중인 24,420여 명의 불쌍한 전재고아의 원호사업을 강화하게 되었다고 한다.(중략) 현재 전재고아의 구호사업은 주로 국비와 외국의 구제물자에 의존하고 있으나 이러한 구호계획은 제한된 범위를 벗어날 수 없고 또한 최근 갑자기 오르고 있는 물가고로 인하여 각 사회사업단체가 곤란한 처지에 이르고 있음에 비추어 우선 이 기간을 이용하여 사회사업기금을 일반 독지가들에게서 2억 5천만원을 목표로 모집하는 한편(후략)

어린이날을 축복하며

(전략) 전재고아의 구제에 대하여 원호기간이란 것이 어린이날을 전후해서 실시되고 있는 것은 뜻깊은 일이다.(중략) 겨레의 따뜻한 구호를 바람에 있어서 사회부당국에서는 일반에게서 2억 5천만 원을 목표로 성금을 모금하기로 되었다. 전쟁으로 말미암아 집을 잃고 부모형제와 헤어진 어린이들 중 일반가정이나 고아원에 수용되어 있는 자가 상당히 많은바 아동을 잃은 부모들을 위해 미아심인사무를 개시하여 한 아이라도 더 고아의 불은에서 면하게 하려는 방법을 강구하게 된 것은 좋은 일이다.(중략)

유엔이나 미국 등 우방에서 그동안 수많은 구제물자가 입하되었다고 들었는데 일부고아원을 통한 불과한 아동들에게 약간 배급된 외에 대다수의 전재고아나 전재가 심한 지구의 유부모 아동들에게 전달되었다는 말은 듣지 못했다. 물의가 많은 구제물자의 처리에 대하여 당국자는 엄정한 태도로써 사무를 취급하지

않고서는 항시 의심을 받을 것을 깊이 명심하여야 할 것이다.(후략)

「어린이 날을 축복하며」 출처 : 경향신문(1952.5.5.)

기사에서 보듯이 전쟁고아를 구호하기 위한 원호기간을 설정하여 원호사업을 강화하기 위하여 구호기금을 모집하고자 하는 노력을 하였다. 이는 정부의 능력에는 한계가 있음을 알게 해 주는 대목이기도 하다. 또한 전쟁 중이었음에도 불구하고 미래를 이끌 어린이에 대한 중요성은 익히 인지하고 있었다. 이들을 보호하고 관리하기 위해서는 예산이 필요하였다. 그러나 국가재정으로는 이를 뒷받침하기 어려운 형편이었으므로 이를 국민성금으로 충당하고자 한 것을 알게 해 주는 내용이 포함되어 있다.

외국으로부터의 구호물자를 받고 있었으나 부족했음을 알 수 있다. 국민운동 차원의 성금 모금을 진행하기로 했다는 것은 국제사회에서 보내주는 구호물품만으로는 한계가 있었음을 알게 해준다. 또한 국제사회로부터의 구호물품을 체계적으로 관리하면서 이를 집행할 능력이 부족했음을 나타내게 해 주고 있다. 전쟁고아들에게 구호물자가 제대로 전달하지 못하는 현실임

전쟁이 끝나지 않은 1953년에 있었던 고아들의 체육행사 모습이다. 미군의 모습이 보이는 것으로 보아 이들이 후원한 행사임을 짐작하게 해준다.

전쟁고아들의 체육행사(1953년) 출처 : 국가기록원

을 기사에서 언급하고 있다. 구호물품이 체감할 만큼 제대로 전달되지 않고 있다는 내용은 중간에서 사라지고 있다는 의미일 것이다. 즉, 누군가에 의한 착복 또는 시급히 지원할 우선순위 등을 제대로 선별하지 못하고 있었다는 현실을 말하는 것이다. 이러한 현실은 수용 수준의 악화로 이어지는 부작용을 발생시켰다. 이로 인해 후생시설은 더욱 어렵게 운영되었으며 열악한 환경으로 인해 많은 전쟁고아들이 고아원 등의 보호시설을 탈출하기도 하는 현상이 발생하였다.[29] 이러한 현상은 전쟁 중에도 발생했지만 정전 이후에도 끊이지 않았다. 전쟁은 변변하지 못했던 산업시설을 파괴하였다. 자립의 근거를 찾기 어려운 사회는 생활상을 더욱 열악하게 만들었다. 1953년에 미국은 우리나라에 3억 달러를 원조하였는데, 이는 우리나라 GDP(13억 달러)의 1/4 수준을 차지하였다. 그러나 산업시설의 부재로 인해 기근을 면하기 어려운 실정이었다. 정전이 되면서 국제사회의 구호는 줄어들게 되었다. 그렇지만 유엔원조기구를 통한 구호활동 및 원조는 1958년까지 이어졌다. 1950년부터 1958년까지 미국을 포함한 유엔원조기관의 원조 총액은 20억 달러 규모였다. 이는 유엔이 인정한 합법정부가 부당한 침략을 받고 있음을 알고 지원의 필요성을 직시한 결과였다.[30] 또한 전쟁을 치르면서 미아가 많이 발생했다는 것도 알게 해준다. 사회부에서 '미아 심인(尋人)' 사무를 개시하기로 했다는 내용이다. 즉, '미아 찾아주기 운동'인 셈이다. 그렇지만 오늘날처럼 통신 체계가 발달하지 못한 점 등을 고려하면 헤어진 가족이 다시 만난다는 것은 대단히 어려운 일이었을 것이다.

전쟁고아들의 생계 수단

여기에서는 시설에 수용되지 못했거나 수용되었더라도 시설에서 이탈하

29) 경향신문, 「고아들 탈출 격증」, 1953.4.6.

30) 국방부 국사편찬연구소, 『한미동맹 60년사』 (대전 : 국군인쇄창, 2013), p.77.

여 거리를 배회하는 전쟁고아들이 어떻게 생계를 유지했는지를 살펴보겠다. 또한 전쟁고아는 아니었지만 거리를 떠돌던 아이들에 대해서도 함께 다루면서 이러한 아이들이 계속 증가한 배경을 함께 포함하여 살펴보겠다.

전쟁고아들은 고아원에 수용되기 전에는 알아서 먹고 자는 문제를 해결해야 했다. 앞에서 언급했듯이 고아원에 수용된 아이들은 시설에서 탈출하는 경향이 나타나기도 했다. 자의로 시설에서 나온 아이들과 기타의 사유로 인해 시설에 수용되지 못한 아이들은 생계를 위하여 무언가를 해야만 했다. 이들은 어린나이와 육체적 능력의 한계를 갖고 있었다. 그러므로 이들이 할 수 있는 일은 많지 않았다. 대체적으로 '구두닦이', '신문팔이', '넝마주이' 등이 주로 종사할 수 있는 비교적 손쉬운 일이었다. 이들의 생활상에 대한 제대로 된 통계를 찾기에는 한계가 있다. 다만 당시의 시대를 배경으로 한 문학작품 등에서 그들의 생활을 유추해 볼 뿐이며 이러한 사연을 간직한 사람들의 수기 등을 통해서 파악해 볼 수 있다. 전쟁을 시작으로 양산된 전쟁고아들은 어떻게든 살아야 했다. 농촌보다는 인구가 많은 도시에서 구두닦이, 신문팔이, 넝마주이 등이 비교적 신체적 능력에 맞게 할 수 있는 일이었다. 이들은 이러한 일을 하면서 생계를 유지하였다. 특히 임시수도였던 부산과 수복 후의 서울에서는 이러한 전쟁고아들이 많이 살게 되었다. 부산은 전쟁 시기에 임시수도로 역할을 하고 있었으며 수많은 인구가 유입되고 있었다. 싫든 좋든 전쟁고아들도 자연스럽게 인구의 이동에 휩쓸려 부산으로 많은 인원이 내려오게 되었다.

전황이 호전되면서 서울을 수복하고 정부는 이전하였다. 다시 중공군의 참전으로 전선이 위기를 맞기도 했으나 정전이 이루어질 때까지 전선은 교착상태를 맞았다. 상대적으로 후방지역은 안정을 찾고 있었으나 생활이 나아지는 것은 아니었다. 따라서 국민들의 생활은 여전히 어려웠으며 돌봄을 기대하기 어려운 전쟁고아들의 생활상은 더욱 비참할 수밖에 없었다. 전쟁의 상흔은 약자에게 집중되었다. 어린 아이들과 홀로 남은 부녀자들의 삶은 더욱 어려웠다. 어디에나 둘 이상이 모이면 조직적인 생활이 이루어지듯이 전쟁고아들의 생활도 이러한 조직화되는 경향을 보였다. 이들 모두가 국가 또는 사회단체 등이 운영하는 수용시설에 수용되지 않았으므로 끼리끼리 어울려 집단생활을 영위하는 경우가 많이 발생하였다. 그러나 이러한 조직들은 국가기관의 적절한 통제와 감독 아래에서 움직이는 것이 아니었다. 힘센 누군가에 의해 조직이 이끌어졌다. 아이들이 모여서 집단을 이루게 되자 이들 내에서 분위기를 주도하는 인물이 나오게 되었다. 즉, 힘이 센 누군가에 의해 지배되는 구조였다. 이중에는 의도적으로 전쟁고아를 모아서 이용하고자 하는 이들도 있었다. 아이들을 모아서 이들의 노동력을 착취하는 자

김기창의 '피난촌' 출처 : 국방일보 홈페이지, '전쟁회화 1'에서 캡처

를 일명 '왕초'라 하였다. 아이들은 연장자인 '왕초'를 우두머리로 하여 10~20명씩 집단을 이루면서 생활하였다. 생활하는 장소는 주로 비를 막기에 유리한 다리 밑 등에 천막을 설치하거나 움막을 지고 살았다. 이들은 전후에도 계속하여 조직을 유지했으며 갈수록 범죄와 연계되고 있었다.[31]

이렇게 형성된 집단은 모든 인원이 한꺼번에 몰려다니기 보다는 4~5명씩 조를 이루면서 활동하였다. 이들은 거리를 돌아다니면서 구걸을 하였고 고물을 주워 팔기도 하였다. 그러나 고아들이 개인적인 노력으로 벌어들인 수익은 이들의 것이 아니었다. 이들이 구걸하거나 물건을 주워 팔아 만든 돈은 무리를 지어 생활하는 조직에 귀속되어야 했다. 당연히 왕초는 그의 마음에 따라 모든 돈을 관리하는 구조를 갖게 되었다. 관리되었다 하기 보다는 그의 마음대로 사용되었다. 결과적으로 아이들은 일명 '앵벌이'가 되어야

❙ 구걸에 나선 아이들의 모습 출처 : 국사편찬위원회

31) 조선일보, 「거리의 부랑아를 수용」, 1954.3.8.

했다. 조직화된 부랑아들의 문제는 신문기사를 참고해 보면 1960년대까지 지속적으로 등장한다. 이를보면 그들의 조직이 뿌리깊었음을 알게 해준다. 이들은 주로 각종고물을 주워 고물상에 팔아 수입을 마련하였다. 어렵게 모은 돈이었지만 그들 나름의 위계질서에 의하여 '왕초'에게 상납해야만 되었다. 따라서 어린 나이에 열심히 모아도 생활을 영위하기 어려운 한계를 갖고 있었다. '왕초'들은 이들을 관리하면서 수입을 올렸으며 또 다른 이권에 개입하기도 하였다. 그들의 세계에서도 부의 축척은 이루어지고 있었다. 이들이 주워 오는 고물 등은 하루에 종이 6관(약 23kg), 기타 4관(약 15kg)이었으며 수입은 약 820환 이상은 되었다. 그러나 이중 2/3는 왕초에 착취당하는 구조였다. 이러한 수입으로 왕초는 놀면서도 중류 이상의 생활을 영위할 수 있었다.[32] 이들의 연령은 10～18세 정도의 아이들이 많았다. 전선의 상황이 교착 상태에 들어가면서 후방지역의 안정은 이루어지고 있었으나 거리를 떠도는 전쟁고아들은 더욱 증가하고 있었다. 1952년 3월 10일 국회에서는 전쟁고아를 위한 시설 확충을 정부에 건의하기도 하였다. 이에 대해 국무총리는 전쟁고아는 증가하고 있으며 약 10만으로 추산된다고 하였으며, 시설을 확충하여 1만9천명을 수용하겠다고 하였다.[33] 전쟁이 장기화되면서 전쟁고아의 수도 점차 증가하는 것은 당연한 현상으로 분석해 볼 수도 있다. 그렇지만 이러한 현상은 후방지역이 차츰 안정화단계에 진입하기 시작하는 시기에도 계속되었다. 전쟁은 끝나지 않았지만 안정을 찾아가는 시기임에도 전쟁고아들이 증가하고 있다는 것은 다른 곳에서 원인을 찾아야 할 것 같다. 이것은 여성문제와 연관시켜 바라볼 필요가 있는 부분이다. 생계를 위하여 부득이하게 희생되는 여성들이 증가하고 있다는 의미로 읽혀지는 대목이기 때문이다. 이러한 사실은 다음에 소개하는 '전쟁이면의 사회상'(1952.5.27.)이라는 기사에서 확인할 수 있다. 여성들의 열악한 삶은 생활

32) 동아일보, 「내일에 산다, 넝마 속에 꿈 담은 근로재건대」, 1962.5.23.

33) 경향신문, 「고아시설 확충 강화, 1만9천 명 수용키로」, 1952.3.11.

고에 의하여 어린 자녀를 양육하기 힘든 상황으로 내몰았다. 따라서 전쟁고아는 오히려 증가 하는 추세를 보였다. 이처럼 힘든 상황은 전쟁고아의 발생을 지속적으로 유발하는 악순환의 연결고리로 작용하고 있었다. 또한 외국군인과의 사이에서 발생하는 혼혈아 등의 문제가 계속적으로 증가하고 있었다. 이러한 현상은 무엇보다도 생활고로 인하여 더 이상 자녀를 양육하기 어려운 가정과 경제적으로 생계를 유지하기 어려운 가정이 늘고 있었던 것으로 볼 수 있다. 혼혈아 문제의 뒤편에는 일명 '양공주'가 있었다. 전쟁고아들이 생계문제를 해결하기 어려워서 부랑아로 전전하였듯이 이들도 생계를 위하여 무엇이든 하여야 했다. 따라서 전쟁고아의 문제 못지않게 중요한 문제로 나타났다. 양공주는 6·25전쟁과 함께 양산되기 시작하였다. 전쟁은 경제적 어려움을 배가 시키고 있었다. 남편을 잃은 부녀자들을 증가시키고 있었다. 여기에 피난민의 증가 현상도 뒤따랐다. 이러한 현상은 특히 부녀자들이 살기에는 너무나 힘든 환경이었다. 살길이 막막하게 되자 물자가 상대적으로 풍족한 미군부대 주변은 인기 있는 장소가 되었다. 이들 중에는 미군 전용클럽에 나가는 경우가 늘기 시작했다. 자연스럽게 미군과 동거하거나 결혼하는 부녀자가 증가하였다. 이러한 현상이 늘게 되면서 가정의 불행도 함께 발생하였다. 가정 경제가 곤궁해지자 밀매음에 나서게 되었고 결국에는 이혼을 요구하자 살해를 시도하는 사례가 나타나기도 하였다.[34] 미군과의 결혼은 보다 부유하게 살 수 있다는 환상까지 안겨주기도 하였다. 그러나 이들의 증가는 혼혈아의 증가라는 부작용으로 나타났다. 부모는 있으되 전쟁고아와 같이 되는 경우가 허다하였다. 이러한 현상은 전쟁고아 문제 못지않게 시급히 해결할 과제이기도 하였다. 이에 따라 정부에서는 양공주 등록제를 시행하기에 이르렀다. 1953년에 서울에만도 약 2만명으로 추산되는 양공주가 있는 것으로 당국은 파악하고 있었다.[35] 슈사인보이를 비롯한

34) 경향신문, 「양공주 아내 살해 미수」, 1953.7.30.
35) 경향신문, 「양공주에 등록제」, 1953.1.29.

❙ **구두닦이 소년의 미소** 출처 : 국사편찬위원회

부랑아들은 이들과 미군을 연결해 주는 역할을 하고 있기도 하였다. 당국은 이러한 현상을 새로운 사회문제로 바라보고 있었다. 그러나 전쟁 중인 정부에서 이러한 문제를 적극적으로 해결할 능력은 부족하였다. 불우했던 시절이 가져온 우리의 가슴 아픈 현실이었다.

정부는 전쟁고아 중에서도 부랑아에 대한 현황은 비교적 상세하게 유지하고 있었다. 당시의 신문에서 전쟁으로 인한 사회의 이면을 보도한 내용을 보면 여성의 생존문제와 전쟁고아에 대한 내용이 나온다. 특히 부랑아들에 대한 비교적 상세한 인원과 그들이 종사하는 일에 대한 현황을 보도하고 있다.

전쟁이면의 사회상

전락하는 여성군상
부모 잃은 전쟁고아들은 가로에서 방황
눈물겨운 이 사실을 아는가!

(전략) 전락하는 여성군상

정확한 숫자는 당국에서도 파악하지 못하고 있으나 일선에 접근한 지역내에만도 십만여 명으로 추산된다. 그리고 후방을 종합하면 밀매음 여성의 수효는 이 몇 배로 예상되는데 이들의 3할은 후퇴시에 가족과 분리된 여인들이며 나머지는 생활고에 의한 것이라 한다.(중략)

전쟁고아

현재 전국가지에 분포되어 있는 구호단체 수는 291개소로 되어 있고 이 구호시설에 수용구호를 받고 있는 고아는 31,173명이라는데 그중 미아가 3,179명이고 심신허약 아동이 6,070명이라고 한다. 그리고 그들을 연령별로 나누어 보면 3세 미만 아동이 4,058명, 4세 이상 6세 미만 아동이 15,214명, 14세 이상 18세 미만이 7,379명 9세 이상이 4,508명이라는데 당국은 그들을 수용하는데 그치지 않고 일반가정에서 자라는 아동들과 같은 교육의 기회를 주도록 노력하고 있다 한다.

(중략) 슈샤인 뽀이(구두 닦는 아해)와 뉴쓰 뽀이(신문 파는 아해)는 시도별로 다음과 같다. (구두 닦는 아해) 부산(5,500명) 마산(300명) 진해(85명) 진주(20명) 통영(40명) 대구(1,600명) 김천(130명) 대전(760명) 이리(80명) 전주(60명) 군산(120명) 광주(140명) 목포(130명) 제주도(150명) 청주(130명) 조치원(80명) 천안(160명) 온양(70명) 수원(450명) 영등포(800명) 인천(600명) 서울(700명) 계 10,440명
(신문 파는 아해) 부산(3,200명) 마산(550명) 진해(120명) 진주(80명) 통영

(40명) 대구(510명) 김천(60명) 대전(110명) 이리(50명) 전주(60명) 군산(70명) 광주(60명) 목포(50명) 제주도(60명) 청주(30명) 조치원(80명) 천안(40명) 온양(40명) 수원(50명) 영등포(570명) 인천(400명) 서울(3700명) 계 5,585명(후략)

「전쟁이면의 사회상」 출처 : 경향신문(1952.5.27.)

신문의 기사를 참조하면 전쟁으로 인해 가장 비참한 생활을 감내해야 했던 이들은 여성과 전쟁고아들이었다. 전쟁고아들 중에 시설에서 보호받고 있지 못하는 아이들은 거리를 떠돌아야 했다. 이들은 주로 구두닦이와 신문팔이로 연명하고 있었다. 전쟁고아들이 구두닦이와 신문팔이로 연명하게 된 것은 그들의 신체적인 능력과 관련이 있을 것이다. 그들의 연령을 고려해 보면 그다지 육체적인 힘을 요구하지 않는 직종중의 하나가 구두닦이와 신문팔이였다. 또한 당시의 상황을 고려해 보면 이들이 종사할 환경은 이미 오래전부터 조성되어 있었다. 그것은 해방과 동시에 시작된 미군의 주둔이었다. 앞에서 언급했듯이, 해방이 되면서 미군정시대를 맞이하면서 주둔한 미군은 모두 77,600여 명이었다. 이들이 착용한 구두는 누군가에 의해 광택을 내줄 사람을 필요로 하였다. 그러므로 해방이 되면서 주둔한 미군의 영향으로 새로운 직종이 나타나기 시작한 셈이다. 1949년 6월에 미군이 모두 철군하여 1년 간의 공백기간은 있었지만 6·25전쟁을 거치면서 대규모의 미군과 외국군이 참전하게되자 그 인원은 더욱 확대되었다.[36] 따라서 전쟁 이전의 구두닦이 직종은 더욱 그 시장이 크게 되었을 것이다. 이러한 환경에서 만들어진 전쟁고아들은 구두닦이나 신문팔이 보다 더 적합한 직종이 없었을 것이다. 전쟁이 종료되었으나 미군의 주둔은 계속 이어졌다. 전쟁당

36) 미군은 1949년 6월에 약 500명의 군사고문관을 남기고 철군하였다. 군사고문관은 전투병력은 아니었다.

전쟁이 끝나자 국가의 관심은 재건이었다. 그렇지만 전쟁고아들의 복지 대책은 더디기만 했던 것이 현실이었다. 그들의 비참한 생활은 예고되어 있었다. 지도층은 전쟁을 막지 못하였으며, 전쟁을 막지 못한 대가는 온 국민에게 후유증을 남겼다.

▎서울시내 재건 현장 출처 : 국가기록원

시의 미군은 30여만명에 달하였다. 1954년이 되자 2개 사단을 제외한 미군이 철수한 후 1960년대까지의 미군은 63,000명 수준이었다.[37] 미군의 주둔과 전쟁수행 그리고 전쟁피해를 복구하는 과정에서 한국민의 생활상은 급속도로 서구화되었다.

이들이 늘어날수록 구두를 착용하는 사람들도 증가하였고 이들을 대상으로 살아가는 소년의 숫자도 늘어났다. 이들이 살기에 적당한 곳은 상대적으로 풍족한 지역이었다. 상대적으로 풍족한 곳은 바로 미군부대 주변이었다. 전쟁고아들은 미군부대 주변을 중심으로 떠도는 경우가 많을 수밖에 없었다. 미군부대에서도 잔심부름을 하고 청소를 해주는 등의 손이 필요하였다. 전쟁이 끝나고 수많은 전쟁고아들이 거리를 맴돌았으나 이들을 오라고 하는

---

37) 1969년 7월 25일 닉슨 대통령은 해외 순방 중에 괌에서 '자국의 방위는 자국이 책임져야 한다'는 닉슨 독트린을 발표하였다. 이는 베트남전의 악화에 따라 베트남에서의 미군철수와 한국에서의 미군 감축을 의미하고 있었다. 이에 따라 1971년 3월에 동두천에 주둔해 있던 미 제7사단이 철수하면서 주한미군은 41,000여 명 수준으로 감축되었다.

미군부대를 방문하여 세탁물을 수거하여 지게에 짊어지고 운반하고 있다. 미군부대에서 허드렛일을 얻는 것은 생계에 도움을 받는 길이기도 하였다.

Ⅰ 미군부대에 세탁물을 운반하는 모습 출처 : 국사편찬위원회

곳은 없었다. 이들은 추위를 피하고 먹을 것을 찾는 것이 필요하였다. 미군부대 주변에는 미군들의 옷을 세탁하고 구두를 닦기 위한 아이들이 몰려들었다. 이들은 미군들로부터 대가로 초콜릿과 얼마 되지 않는 달러를 받았다. 이들을 일명 '하우스보이'라고 불렀다. 미군부대에서 이러한 일이라도 하게 된다면 대단한 행운이기도 하였다. 최소한 먹을 문제와 잠잘 자리는 해결한 셈이기 때문이었다. 그렇다고 이들이 모두 부모가 없거나 기아는 아니었다. 이들 중에는 부모는 있으되 집안 형편이 어려워 하우스보이가 되기도 하였다. 이를 보면 이러한 문제는 비단 전쟁고아들의 문제만이 아니라 우리나라 국민 모두의 문제이기도 하였다. 우리의 삶은 이토록 비참하였다.

전쟁을 치르면서 수많은 전쟁고아들은 미군부대 주변에서 끈질기게 생명을 유지하였다. 다행히 미군부대에서 좋은 인연을 맺게 되는 경우도 있었다.

미군부대에서 하우스보이로 일하다 미국으로 입양되어 워싱턴주의 하원과 상원의원에 당선된 인물이 나오기도 하였다. 워싱턴주의 하원의원으로 당선된 신호범씨이다. 미군부대의 하우스보이였던 그의 인생은 고난의 연속이었다. 무엇보다도 어머니와 아버지를 차례로 잃게 된 것이 고난의 신호였다. 그는 파주시 금촌읍 대골이라는 동네에서 1935년 9월에 태어났다.[38] 소작을 하는 가난한 집안이었다. 그가 태어나자마자 병으로 자리에 눕게 된 어머니는 그를 외할머니에게 보냈다. 간간히 외할머니의 등에 업혀 어머니를 보러 다녔다. 그러던 어느 날 어머니가 돌아가셨다. 그의 나이 네 살이었다. 어머니가 돌아가시자 아버지는 어디론가 머슴살이를 떠났다. 아버지는 있으나 고아나 마찬가지가 된 것이다. 외가에는 외사촌 셋이 있었다. 그런데 외삼촌이 돌아가시자 농사일을 하면서 가정을 꾸려야 하는 것은 외숙모의 몫이 되었다. 당연히 그는 달갑지 않은 존재가 될 수밖에 없었다. 이처럼 편치 못한 상황에 처해 있던 어느 날 그는 외사촌 여동생의 엿을 빼앗아 먹다가 크게 혼나고 무작정 외가에서 나왔다. 그의 나이 6살이었다. 그는 무작정 상경하였다. 남대문시장에서 쓰레기통을 뒤지며 먹을 것을 찾아야 했다. 거지생활을 하게 된 것이다. 밤이면 이슬과 비를 피할 만한 데에 찾아 들어가 맨바닥에서 잠을 청해야 했다. 그러면서도 신문조각을 보면서 한글을 깨쳤다. 후에 아버지를 만나 함께 살게 되지만 어렵기는 마찬가지였다. 이러한 생활을 하는 동안 전쟁이 터졌다. 전쟁이 시작되자 미군이 참전하였다. 미군의 참전은 그에게 또 다른 인연의 끈을 던지고 있었다. 비록 현실은 너무나 고달프고 불쌍한 고아 못지않은 존재였으나 미국과의 새로운 인연이 시작되고 있었다. 전쟁 통에는 누구나 어려웠듯이 그도 먹을 것을 찾아 미군부대 주변

38) 신호범, 『공부도둑놈, 희망의 선생님』 (서울 : 웅진출판, 1999), pp.5~102에서 정리.

을 기웃거리고 있었다. 미국과의 인연의 끈이 만들어지려고 그랬는지 우연한 기회에 그는 미군들의 세탁, 청소, 다림질 등을 하기 시작하였다. 일명 하우스보이 생활을 시작한 것이다. 그는 타고난 성실성과 틈틈이 익힌 영어 실력으로 인해 미군들의 귀여움을 받게 되었다. 이때 군의관으로 참전한 레이 폴 박사(1966년 작고, 당시 대위)를 만나게 되었다. 그도 한국의 하우스보이 신호범이 성실해 보였는지 환자와의 통역을 부탁하였다. 폴 대위는 피난민 수용소에서 진료를 하고 있던 참이었다. 이것이 인연이 되어 그의 양자가 되었다. 양아버지와 함께 도미하게 된 것은 1955년이었다. 이때는 그의 아버지도 돌아가시고 그야말로 혈육은 이미 없는 혈혈단신 상태였다. 그의 나이는 이미 18살이었다. 드디어 미국으로 향하는 비행기에 몸을 실었다. 그의 기억 속에 있는 고향에서의 춥고 배고팠던 추억은 서서히 멀어져 가고 있었으며, 새로운 인연을 찾아 미지의 땅으로 향하고 있었다. 그의 양부모는 이미 아들이 셋이었다. 그러나 그들은 그를 혈육 이상으로 돌봐주었다. 무엇보다도 그는 학업을 계속하고 싶었다. 그렇지만 나이에 비해 학력이 없었다. 그 나이에 그가 갈 학교는 없었던 것이다. 그는 아르바이트 등을 하면서 검정고시에 합격하였고 워싱턴주립대에서 동양역사학을 공부하는 기회를 얻게 되었다. 그 결과 워싱턴 주립대에서 석 · 박사 학위를 취득할 수 있었다. 미국으로 입양된 후 첫 번째의 결실이었다. 이후에는 메릴랜드대 등에서 교수로 재직하게 되었다. 이어서 정계로 진출하였으며, 1992년에는 아시아계로서는 첫 하원의원에 당선되었고 2003년에는 워싱턴주에서 상원의원 3선에 성공하였다.

마스코트는 행운을 가져 온다고 믿어 간직하는 물건이나 사람을 이르는 말이다. '부대 마스코트(unit mascot)'는 미군부대에서 잔심부름을 하면서 부대에서 함께 생활하는 아이를 말한다. 미군들은 부대의 마스코트를 정하는 전통을 갖고 있다. 그들은 6·25전쟁 시기에 부모 잃은 전쟁고아들을 데려다

| 부대 마스코트, 1950년 출처 : 국사편찬위원회

부대의 마스코트로 삼기도 하였다. 하우스보이가 그러했듯이 마스코트도 미군들의 일상을 도우며 생활하였다. 그러나 하우스보이와는 달리 부대의 상징을 나타낸다는 의미를 갖고 있었다.

미군부대 주변에서 한 소년이 미군에게 양동이에서 국자를 이용하여 무언가를 떠서 건네주고 있다. 미군이 허리를 굽혔지만은 소년보다 오히려 더 크다. 미군의 키가 큰 것인지 소년이 지나치게 왜소한 어린나이인지 구분하기 힘들다. 하지만 분명한 것은 소년의 표정에서 웃음기는 느껴지지 않는다. 그는 아마도 전쟁의 상흔이 깊은 소년이었을 것으로 보인다.

전쟁고아들은 어린 나이에 감당할 만한 일을 찾게 되었고 전쟁의 영향으로 인해 조성된 주변의 환경은 군인들이라는 1차적인 고객이 있었다. 또한

▮ 이수억의 '구두닦이 소년'(1952년)

이들의 생활상은 전쟁 당시의 거리풍경을 그린 화가들의 작품에서도 발견할 수 있다. 이들이 전쟁 후에도 그 숫자가 많았다는 것은 〈슈사인 보이〉라는 대중가요에서도 이들의 흔적을 찾을 수 있다.[39]

미군들은 구두 닦는 아이를 '슈샤인 보이'로 신문팔이 아이를 '뉴쓰 보이'

39) 〈슈사인 보이〉는 박단마 가수에 의해 1954년에 '스타레코드'의 발매음반으로 나왔다. 노래의 배경은 해방 직후 또는 전쟁시기와 정전협정으로 전쟁이 끝난 직후로 추정해 볼 수 있다.

로 불렀다. 아이들은 왜소한 체격을 이끌고 골목골목을 돌면서 생계를 스스로 이어나가야 했다. 화가의 그림에 비친 아이는 피로에 지친 표정이 역력하다. 몸에 제대로 맞지 않는 허름한 옷과 발보다 커 보이는 검정 고무신은 해맑아야 할 아이의 이미지와는 전혀 맞지 않는다. 어깨에 메고 있는 구두통과 구두 솔을 한 손 든 모습이 당시의 안타까운 현실을 보여준다. 배를 움켜진 모습으로 보아 굶주림이 심했던 모양이다. 그리고 미군으로 보이는 외국군인 둘이 웃는 모습을 보이고 있다. 무척 여유롭게 보인다. 전쟁 중이지만 모처럼 휴식기간을 맞아 시내로 외출을 나온 모양이다. 미군의 구두를 열심히 닦는 아이는 치열한 생존의 대열에 끼여 있다는 것을 알게 해준다. 오늘도 한 끼의 밥을 해결하기 위한 삶의 현장에 나와 있는 것이다. 뒤쪽으로는 외국군 사이에 여성들의 모습이 보인다. 웃는 듯해 보이는 모습으로 담배를 피고 있지만 행복해 보이지는 않는다. 일명 '양공주'라 불리는 여성들로 추정된다. 우리들의 앞선 세대가 겪었던 슬프고 참담했던 전쟁의 일상과 가난한 시민의 생활을 알게 해준다. 미군의 여유 있는 태도와는 묘한 대조를 이루고 있다. 전쟁이 여성과 아이들에게 얼마나 더 가혹하게 다가왔는지 알게 하여 주는 장면을 그렸다.

05

전후(戰後)의 전쟁고아들

정전협정이 체결된 이후 1954년도 신문기사를 참고하면 전쟁고아와 부랑아를 혼용하면서 사용했음을 발견할 수 있다.[40] 이것은 시설에 수용되지 못하고 거리로 나온 전쟁고아들과 가정형편 등으로 숙식을 스스로 해결하고자 나온 아이들이 혼재된 상황이었음을 짐작할 수 있다. 이들에 대한 정확한 인원은 정부에서도 명확하게 파악하지 못하고 있었다. 대체적으로 정전협정이 체결된 직후 에는 1만여 명으로 추산했으며, 1955년에는 주요도시에 산재한 부랑아들을 보건사회부에서는 3천~4천여 명으로 보고 있었다.[41] 이들은

極度로不良해진孤兒
犯罪行爲도恣行

정부는 부랑아에 대한 문제 해결이 어려운 것을 예산의 부족으로 돌리고만 있었다. 이러한 경향은 서울시에서도 동일하였다. 신문에서는 '전쟁고아들은 부랑아화하여~'로 표현하고 있다. 즉, 전쟁고아와 부랑아를 혼용하여 사용하고 있었음을 알 수 있다.

극도로 불량해진 고아 출처 : 경향신문(1955.7.11.)

40) 1954년도의 경향신문, 동아일보, 조선일보에서 보도한 내용을 보면, 전쟁고아라는 제목으로는 39건, 부랑아라는 제목으로는 52건을 기록하고 있다. 이것은 이들에 대한 명확한 경계를 구분하기는 곤란했음을 짐작하게 해 주는 현황이다.

41) 조선일보, 「거리의 부랑아를 수용」, 1954.3.8.

전국의 도시에서 방황하면서 구걸을 하면서 살았다. 단순한 구걸이 아니라 행패를 동반한 방법을 자행하여 시민들이 피해를 입고 있었다. 이들이 구걸을 빙자하여 각종 범죄를 저지르는 방법은 다음과 같았다.[42)]

구체적인 방법을 보면 길을 가는 시민의 팔을 잡고 구걸을 강요하는 방법, 부녀자들에게 흙과 오물을 던지며 위협하는 행위 등이 있었다. 뿐만 아니라 소매치기, 절도 등의 범죄행위까지 일삼고 있었다. 버스 정류장에서 버스에 오르려는 순간 시민의 가방 등을 낚아채가는 일이 많았다. 특히 부녀자들의 소지품은 가장 쉬운 강탈 대상이 되었다. 이들은 점차 범죄단체화 되어 가고 있었다. 당시의 이러한 현상은 정부의 적극적인 대책 부재가 가장 큰 탓으로 보고 있었다. 보건사회부에서는 부랑아 근절에 턱없이 부족한 예산으로 수용시설을 증설할 수 없다는 입장이었으며, 서울시와 시경에서도

❙ 전쟁시기의 부산 모습 출처 : 전쟁기념관

42) 경향신문, 「극도로 불량해진 고아」, 1955.7.11.

역시 수용시설의 부재로 부랑아를 어찌할 수 없다는 입장이었다. 정부의 대책은 수용시설에 강제로 입소시키는 것만이 최선의 부랑아 대책이라는 입장에서 벗어나지 못하고 있었던 것이다. 정부의 무능이 보여 지는 대목이기도 하다. 거리를 떠도는 이들 중에는 정상적인 사고와 활동능력이 결여되어 돌봄이 없이는 생활하기 어려운 사람들도 많았다.

부랑아들은 주요도시에서 생활하면서 생계를 영위하여 나갔다. 도시의 특징은 보다 많은 사람들이 왕래하므로 구걸에 유리한 측면이 있었으며, 어린 나이의 약한 체력으로도 할 수 있는 업종이 상대적으로 많았다. 즉, 농촌의 경우에는 약한 신체 조건으로는 감당하기 힘든 일이 많은 반면에 도시에서는 그다지 크게 체력을 요구하지 않는 일이 있었다는 것이다. 앞에서도 언급했듯이 '구두닦이' 등이 대표적이었다. 그렇지만 이들은 곧장 범죄의 소굴로 유인되는 현상이 발생하기도 하였다. '구걸'을 넘어서서 '날치기' '절도' 등의 행위를 자행하기도 하였다. 전쟁 중에는 주로 부모가 없는 경우가 많았으나 전후에는 부모가 있는 경우가 30~40%가량을 차지하고 있었다.[43] 이들의 연령은 13~14세 가량을 차지하는 경우가 많았다. 이처럼 부모가 있는 경우에도 지속적으로 이러한 아동이 늘고 있다는 것은 국가의 대책이 부족하다는 것을 반증하는 결과이기도 하였다. 국가의 대책은 경제적인 문제 앞에서 더 이상의 진척을 보이지 못했다. 국민들은 너무나 빈곤하였으며 자녀들을 양육할 방법을 찾지 못하고 있었다. 그러한 빈곤함에서 벗어나고자 무작정 집을 떠나는 아이들이 많았으며, 국가에서도 이들을 관리하기에는 경제적 문제가 뒤따랐다. 집을 나온 그들은 삼삼오오 모여서 범죄와 연관되면서, 부랑아 처지를 면하기 어려운 환경으로 빠져들게 되었다.

43) 경향신문, 「날로 늘어가는 부랑아」, 1953.11.17.

'달동네'는 어렵게 사는 사람들이 모여 사는 동네를 지칭하는 말이었다. 보통 산등성이나 가파른 언덕 등에 가건물을 세우고 살기 시작하면서 형성되었다. 1970년대를 거치면서 고도의 경제성장을 이룩하였지만 달동네 인구는 줄지 않았다. 국민의 전체적인 소득은 늘었지만 소득 불균형이 가져 온 현상이었다.

❙ 1960년대 도시 빈민촌인 '달동네' 모습 출처 : 국사편찬위원회

방임(放任) 못할 불량소년들 뚜쟁이·소매치기 등으로 전락 일로

전란이 낳은 죄악의 하나로써 이 나라의 장래를 질머질 소년들이 구두닦이로 혹은 부랑아로 혹은 '펨푸뽀이' '뚜쟁이'로 거리를 방황하고 있는데 이들은 주로 유엔군을 상대로 집단적으로 물품을 강매하는가 하면 만년필을 비롯한 귀금속 지갑을 귀금속 지갑을 절취하여 범행의 소굴이라고 해도 아닐 정도의 실정에 놓여 있어 국가적으로 중요한 사회문제가 아닐 수 없다. 이들의 유엔군에 미치는 영향도 크거니와 교통 방해를 비롯한 범죄의 온상은 사회적인 물의와 더불어 국가적인 체면을 여지없이 손상시키고 있다. 그러나 이들에 대한 대책은 다남 제재의 강화만으로는 해결할 수 없는 문제로서 당국의 유효적절한 대책이 시급이 요청되고 있는데 더구나 휴전을 계기로 일선의 유엔군들의 후방 왕래가 빈번해 짐에 따라 국제적인 우의에도 크게 우려되는 바 있다.(후략)

날로 늘어가는 부랑아

6·25동란 이후 부모와 가정을 잃고 의지할 곳 없이 거리에서 헤매고 있는 전재 부랑아들의 수는 날로 증가되고 있거니와 사회부 당국의 조사에 의하면 현재 당국의 보호를 받지 못하고 거리에서 방황하고 있는 부랑아의 수만도 1만여 명에 달하고 있다는데 이들은 대부분이 '서울' '부산' '목포'를 비롯한 남한 각 중요도시에 집결해 있다고 하며 서울 시내가 1천여 명으로 가장 많은 수위를 차지하고 있다. 이들 부랑아들은 십삼사세 가량의 소년들이 가장 많고 과거는 부모도 형제도 없는 자들이 대부분이었는데 근래에 있어서는 부모 있는 소년들이 삼사할 이상 된다는 바 이는 허다한 시민들이 생활난에 허덕이고 있다는 사실을 여실히 말해 주고 있는 것이다. 이들 부랑아들은 당연히 국가의 보호를 받아야 할 것이며(중략) 관계 당국은 하루 속히 이들을 수용 보호하여 그들의 장래에 갱생의 길을 찾게 해달라는 국민의 소리는 날로 높아가고 있다.

「날로 늘어가는 부랑아」 출처 : 동아일보(1953.11.17.)

신문의 기사에서 보면 부랑아들이 주로 하는 생계수단이 엿보인다. '펨푸'는 '호객꾼'으로도 불린다. '뚜쟁이'는 직업적인 중매인을 낮추어 부르는 말이다. 이들의 일은 주로 매춘을 소개하는 일이었다. 그러므로 범죄와 연관이 깊은 생활을 하고 있음을 알 수 있다. 어린 나이의 부랑아들은 범죄의 길로 쉽게 빠져들고 있었다. 그들은 손 쉽게 돈 버는 일을 찾고자 했으며 유흥업소는 그중의 하나였다. 특히 유엔군을 상대로 한 범죄는 당국으로서는 대단히 곤혹스럽기도 하였을 것이다. 이것은 국가 간의 문제가 될 수도 있었다. 또한 '갱생의 길'을 언급하고 있음에 주목할 필요가 있다. 이것은 부랑아들이 범죄의 소굴에 이미 빠져 있거나 범죄를 저지르고 그에 합당한 처벌을 이미 받은 경우가 많다는 것을 말해 주고 있었음을 추정해 볼 수 있다. 포성이 멈추고 정전은 되었지만 일상의 생활은 크게 나아지지 않았음을 알게 해준다. 부랑아가 날로 늘어가는 것은 경제적으로 점점 더 어려워지고 있다는 의미로 보면 될 것이다. 부랑아들의 생활은 열악하였다. 그들은 법의 보호를 받기 곤란한 그들만의 조직에서 모여 살았다. 당연히 그들의 인권 상황은 열악할 수밖에 없었다. 가정으로 돌아갈 수 없는 부랑아들은 최소한의 기본권조차도 보장받지 못하는 곳에서 싫든 좋든 함께 어울려 살아야 하는 형편이었다.

현대화된 영유아 교육 모습 출처 : 국가기록원

영유아를 위한 교육은 1980년에 접어들면서 크게 변화를 보였다. 우리나라는 산업화와 경제활동구조의 변화를 겪으면서 여성의 사회진출이 활발해졌으며 이를 보장해 줄 대책이 필요해졌다. 따라서 과거의 '탁아' 개념에서 '교육'을 중점으로 패러다임의 전환을 가져왔다.

셋째 장

가슴이 따뜻했던 사람들의 이야기

셋째 장

01. 유엔을 중심으로 한 구호활동
02. 부산 행복산 보육원과 매킨 대위
03. 에티오피아의 강뉴부대와 보화고아원
04. 춘천 애민보육원 최병환·조수정 원장
05. 6·25전쟁영웅 김영옥 대령의 전쟁고아 사랑
06. '전쟁고아의 아버지' 러셀 블레이즈델 대령

01

유엔을 중심으로 한 구호활동

6·25전쟁은 세계대전 수준의 국제전쟁이었다. 수많은 국가의 군인들이 참여하여 전선에서는 국가와 민주주의를 수호하는 전쟁을 벌였다. 이들의 고초 못지않게 후방에서의 대다수 국민들은 이들을 지원하는 활동을 하면서 끊임없는 생존의 싸움에 내몰리고 있었다. 그중에는 전쟁으로 인해 부모를 잃은 고아들과 가족과 헤어진 수많은 노약자들로 거리는 넘쳐났으며, 이들은 생존에 취약한 존재들이었다. 전쟁의 피해와 고통은 그중에서도 자립할 능력이 없는 아이들에게 고스란히 전가되었다. 어른들이 죽거나 다쳤다는 것은 아이를 양육할 보호자가 사라졌다는 의미였다. 딱한 처지에 몰린 아이들은 구두통과 심문뭉치를 들고 거리에 나서야 했다. 이마저도 할 수 없는 아이들은 깡통 하나를 들고 생계를 이어가야 했다. 그렇지만 이들에게 온정을 내밀 사림들은 많지 않았다. 대다수의 시민들도 하루를 버티기 버거운 처지였기 때문이다. 전 국토는 전쟁으로 폐허가 되었으며 이로 인해 온전히 식량을 거두어들일 농토마저 파괴되었다. 이제는 누군가의 구호에 기댈 수밖에 없는 상황이 되었다. 국제사회로부터의 구호의 손길만이 생존을 위해 절대적으로 필요한 처지였다.

고맙게도 유엔의 승인을 받아 태어난 신생 독립국을 세계인은 버리지 않았다. 피해복구에 필요한 물자와 의약품은 물론이고 생활용품 등을 보내왔다. 이러한 도움이 모여 국민의 허기진 배를 채워주었고 다시 재기할 동력을 제공해 주었다. 전세가 역전되어 북진한 국군과 유엔군은 한만국경까지 진출했으나 중공군의 참전으로 다시 남으로 내려와야 했다. 이때 다시 한번

❙ 대통령의 유엔한국재건단 개소식 참석(1951년) 출처 : 국가기록원

대규모의 피난민이 발생하였으며, 이들을 구호하기 위한 대책 마련이 시급하게 요구되었다. 중공군 참전 이후의 전황은 전쟁을 이전의 상태로 돌려놓았다. 그러나 전쟁으로 인해 경제적, 사회적 기반의 상당 부분을 이미 상실한 상태였다. 그나마 근근이 지탱하던 삶의 터전마저 없어지게 되자 실상은 전쟁 이전보다 어려워진 것이다. 전쟁 이전에도 열악한 수준의 경제에 불과하였는데, 전쟁은 이를 더욱 열악하게 만든 것이다. 이제는 거처할 공간과 먹고 살아가야 할 식량마저 여의치 않았다. 전쟁 중에 발생하는 전재민에 대한 관리는 후방지역의 안정을 위하여 중요하게 다루어야 할 문제이다. 후방지역은 전방으로 전개시킬 각종 중요물자와 전투물자 등이 산재되어 있다. 또한 주요 사령부가 위치하기도 한다. 따라서 적은 이러한 시설 등을 파괴하거나 각종 첩보를 탐지할 목적으로 오열[1]을 침투시켜 교란을 획책하고

자 한다. 그러므로 후방지역의 안정적인 관리는 전방지역의 전투 못지않게 중요하다. 그중의 하나가 피난민의 안정적인 관리이다. 이를 위하여 6·25전쟁 당시에 미국은 우리나라의 전재민에 대한 구호활동을 위한 전담부대를 보유하고 있었다. 이 부대가 주한유엔민간원조사령부(UNCACK)이다. 이 기구가 설치된 배경을 잠시 살펴보기로 하겠다.

6·25전쟁이 발발하자 곧 바로 유엔에서는 북한의 불법 남침에 대해 우려를 나타내며 결의문을 발표하였다. 결의문 제82호는 전쟁 당일인 1950년 6월 25일에 발표되었다. 주된 내용은 '북한의 38선 이북으로의 철군과 적대

I 유엔한국재건단 양곡도입 관계자의 연설(1953) 출처 : 국가기록원

---

1) 오열(五列)이란 적을 이롭게 하거나 적과 내통하는 자를 말한다.

행위를 중지해야 하며, 모든 회원국들에게 결의 이행과 관련하여 유엔에 대한 지원 제공을 촉구한다'라는 내용이었다. 결의안은 찬성 9, 반대 0, 기권 1(유고)으로 가결되었다. 결의문 제83호는 1950년 6월 27일에 발표하였다. 주된 내용은 '북한의 대남 무력침략 격퇴를 위해 한국에 대한 각국의 지원을 권고 한다'였으며, 이는 찬성 7, 반대 1(유고), 표결 불참 2(이집트, 인도), 회의불참 1(소련)로 가결되었다. 결의문 제84호는 1950년 7월 7일에 발표되었다. 주된 내용은 '안보리 결의에 따라 한국에 병력 및 여타 지원을 제공한 국가들에 대해 미국 지휘하의 통합사령부에 대한 병력 및 여타 지원 제공 권고 및 통합사령부의 유엔기 사용을 승인 한다'였다. 결의안은 찬성 7, 반대 0, 기권 3(이집트, 인도, 유고)으로 가결되었다. 이와 같이 유엔에서는 군사지원과 함께 경제적으로도 지원할 것을 결의하였다. 이에 따라 유엔의 한국에서의 전쟁에 대한 책임은 군사작전과 함께 전쟁으로 인한 전재민 구호 등에 이르기까지의 활동이 포함되었다. 안전보장이사회 결의에 따라 우리나라에 대한 원조를 제공하는 회원국들은 미국의 지휘 아래 모든 활동을 전개하기로 하였다. 이제부터는 유엔 주도의 우리나라에 대한 모든 활동은 미국에 의해 주도되게 되었다. 유엔은 이를 수행할 미국 중심의 기구 설치가 필요하였다. 군사작전을 위해서는 유엔군사령부가 7월 24일에 창설되었다. 군사작전 수행을 위한 통합사령부의 구성을 마치게 되었으며 미군을 총사령관에 임명하게 되었다. 이어서 유엔안전보장이사회는 1950년 7월 31일에 한국의 전재민 구호와 지원을 담당할 기구 설치를 미국에 요청하였다. 이에 따라 1950년 9월 29일 트루먼 대통령은 미 육군이 군사 및 민간분야의 구호원조와 군사원조를 책임지도록 하였다.

이처럼 유엔에서는 전쟁이 발발하면서부터 군사작전 뿐 아니라 전재민 구호활동에도 깊은 관심을 보이고 있었다. 한편 유엔에서도 대한(對韓) 원조를 위한 기구를 설치하기 시작하였다. 유엔 경제사회이사회(ECOSCO)는 유엔이

승인한 대한민국이 전쟁의 피해로 인해 극심한 고통과 빈곤에 직면한 것에 깊은 우려를 갖고 유엔 회원국과 민간기관에 구호원조활동을 호소하였으며, 유엔군사령부가 요구하는 한국의 전재민 구호 등을 위해 원조를 제공할 것을 선언하였다. 1950년 10월 7일에는 유엔 제5차 총회에서 유엔한국통일부흥위원회(UNCURK, United Nations Commission for the Unification and Rehabilitation of Korea)의 설치를 결의하였다. 이는 한반도에 통일된 독립민주정부를 수립하고 전쟁으로 폐허가 된 경제를 부흥시키겠다는 목적으로 설치되었다. 여기에는 오스트레일리아·칠레·네덜란드·파키스탄·필리핀·태국·터키 등 7개국이 참가하였다. 이어서 1950년 12월에는 유엔한국재건단(UNKRA, United Nations Korean Reconstruction Agency)이 설치되었다. 유엔한국재건단(UNKRA)은 1950년 12월에 열린 유엔총회의 결의에 따라 세워졌다.

❙ 트루먼 대통령 구호사업에 서명 모습 출처 : 국가기록원

유엔한국재건단(UNKRA)은 기존의 유엔한국통일부흥위원단(UNCURK)과 함께 전후 한국의 복구를 도운 대표적인 유엔 기구였다. 이 기구는 6.25전쟁 중 파괴된 한국의 재건을 목표로 세워졌다. 한국의 경제를 전쟁 이전의 상황으로 재건시키겠다는 것이었다. 그렇지만 경제재건보다도 우선적으로 급한 것은 전쟁 상황에서의 긴급구호였다. 당시에 우리나라의 대다수 국민은 굶어 죽지 않으면 다행일 정도로 어려운 상황이었다. 따라서 본래의 경제재건에 앞서 긴급구호에 주력해야 할 처지였다. 그 정도로 우리나라의 상황은 어려움을 넘어 죽고 사는 문제였다. 유엔한국재건단(UNKRA)은 유엔한국통일부흥위원단(UNCURK)과 함께 전후에도 한국의 복구를 도운 대표적인 유엔기구이기도 하다. 이러한 활동으로 재건을 위한 많은 도움을 받았으며, 전재민들은 가뭄의 단비와 같은 구호를 받을 수 있었다. 유엔의 결의에 따라 유엔군사령부 주도의 한국민간구호처(CRIK, Civil Relief in Korea)가 설치되었다. 유엔군사령부는 한국 민간구호처를 통하여 전재민을 위한 활동을 시작하기로 하였다. 전쟁을 피해 남하하는 수많은 피난민의 입장에서는 무엇보다도 구호활동은 가장 절실했으며 중요한 것이었다. 그러나 전쟁을 수행하는 유엔군사령부의 입장은 이러한 모든 것의 활동은 전쟁 수행의 목적에 지장을 받지 않는 범위에서 처리해야 할 문제였으며, 관리해야 하는 대민사업이었다. 전쟁을 실질적으로 통제하는 미 제8군사령부는 이를 전문적으로 수행할 부서를 필요로 하였다. 이에 따라 미 제8군의 민사처에서는 이러한 민간구호업무를 전담하면서 전쟁 중에 전재민 구호를 총괄하는 기구를 설치하게 되었는데, 이 기구가 주한유엔민간원조사령부(UNCACK)였다. 미 제8군은 유엔군사령부 예하의 보건복지담당관으로 구성된 8201부대, 유엔사령부 복지파견대 등을 포함하여 1950년 10월 30일에 민간원조사령부(Civil Assistance Command)를 창설하였다. 민간원조사령부는 1950년 10월 30일 미 제8군 일반명령 190호에 의해 주한유엔민간원조사령부(8201부대, UNCACK, United Nations Civil Assistance Corps Korea)로 명칭을 변경하였다.

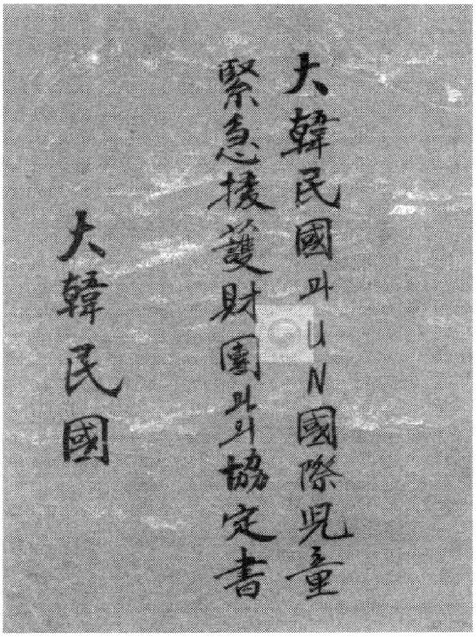

I 유엔국제아동긴급원호재단과의 원조협정 비준 문서 출처 : 국가기록원

우리나라에 대한 미국의 원조는 전쟁 이전으로 거슬러 올라간다. 1945년 한국에 상륙한 미군은 미군 점령지구 구호대책위원회(GARIOA, Government and Relief in Occupied Areas)를 통하여 원조하였다. GARIOA에 의한 원조는 1950년까지로 볼 수 있다. 해방 직후부터 시작되었던 GARIOA에 의한 원조는 점령지역 주민들에 대한 식량문제 해결과 질병으로부터의 긴급구호에 대한 물자를 제공에 중점을 두었다. 이것은 점령지역 주민들의 안정을 위한 것이었다. 식량이 부족하게 되면 폭동으로 발전하게 되며 굶주림은 민심을 흉흉하게 만든다. 또한 전염병의 만연은 자칫 수많은 주민들의 희생으로 이어질 수 있으며, 이 또한 심각한 민심의 이반으로 나타날 수 있는 것이다. 그러므로 미국은 점령지의 안정이라는 최우선 과제를 달성하기 위하여 GARIOA에 의한 원조를 시작한 것이다. 우리나의 경우 미군정 초기에 식량문제가 발생하였는데, 이로인해 대구에서는 10월 항쟁이 발생하기도 하였다.

예방접종하는 장면 출처 : 국사편찬위원회

10월 항쟁은 사회경제적인 상황과 식량문제가 그 중심이었다. 해방이 되고 나서 대구지역은 일제 치하의 징용과 징병 그리고 이주해 있던 주민들이 일시에 귀국함에 따라 인구가 급증한 상태였다. 경북지역은 귀환한 이재민이 전국에서 3번째로 많은 312,000여 명 가량이었다.[2] 당연히 먹는 문제가 대두될 상황이었다. 이것은 전국적인 현상이기도 하였다. 식량문제가 대두되자 미군정은 1946년 2월에 쌀의 강제매입을 시행하였다. 쌀의 자유매매를 금지시키면서 배급제를 시행하였다. 그렇지만 미군정의 일방적인 정책은 농촌이나 도시를 막론하고 심각한 식량부족문제를 해결하지 못하였다. 여기에 1946년에 콜레라가 창궐하여 수많은 주민들이 죽어나가는 악재가 겹쳤다. 점령지에서 전형적인 식량과 질병문제가 발생한 것이다. 이러한 식량부족과 사회경제적인 상황 등이 맞물리면서 대구에서는 소요사태가 발생하였고 이를 진압하는 과정에서 더욱 크게 문제화되었던 것이다.

2) 국사편찬위원회 우리역사 '신편한국사' 중에서 발췌.

미국의 GARIOA에 의한 원조는 우리나라 뿐 아니라 패전국 일본에 대해서도 시행한 원조이다. 당시에 일본 역시 미국의 점령지에 해당되었으므로 원조 대상국이었다. 이후에 미국의 대한원조는 경제협조처(ECA, Economic Cooperation Administration)에 의해 주관되었다. ECA는 미국의 대외 원조기구이다. 이는 미국의 경제협력법에 의해 대통령 직속기관으로 마셜플랜[3]의 실시를 위해 설치된 기구이다. 미국은 ECA를 통하여 유럽에 원조를 제공하였다. 미국은 유럽의 국가를 대상으로 마셜플랜을 적극 가동하여 소기의 성과

❙ 국제재건단의 구호물품 출처 : 국가기록원

3) 제2차 세계대전 직후 세계의 질서는 미국과 소련에 의해 주도되었다. 미국은 소련의 팽창정책에 맞서 공산주의의 확산을 저지하고자 하였다. 이에 따라 서구 각국을 미국의 영향력 아래 두면서 이들 국가에 대한 경제를 발전시키고자 하였다. 당시에 소련은 유럽의 동구권을 위성국화 하면서 점차 세력을 확장하고 있었다. 이를 막기 위해서 유럽의 경제를 부흥시키고자 하였다. 경제적 부흥을 통하여 소련의 팽창을 저지하여 힘의 균형을 유지하고자 한 것이다. 경제부흥은 막대한 재원을 필요로 하였는데, 미국은 이에 대한 역할을 담당하였다. 미국은 전쟁으로 황폐화 된 유럽지역의 회생을 도모하면서 소련의 팽창을 저지하는 정책을 추진하고자 한 것이다. 이를 위한 계획을 당시 국무장관이었던 마셜(Marshall, G. C.)이 1947년에 제안하였는데, 이후부터는 그의 이름을 따서 마셜플랜으로 부르게 되었다. 정식명칭은 유럽부흥계획(European Recovery Program)이다. 이는 유럽에서의 북대서양조약기구를 출범시키는 경제적 기반이 되었다는 평가를 받는다.

를 거두었다. 원조를 받은 유럽의 국가들은 경제가 회복되었으며 반면에 미국은 잉여농산물과 생산품 등을 수출할 수 있었다. 당시의 미국 대통령 트루먼은 유럽에 대한 경제원조가 성공하자 이를 전세계의 저개발 국가까지 확대하였다.[4] ECA원조는 전쟁이 발발하자 중단되었으며 이를 유엔사령부에서 주관하였다. 후에 미 제8군(EUSAK)으로 그 책임이 이양되었다.

전쟁 시기의 전재민은 100만에 이르는 것으로 추산되었다. 이들은 부모를 잃었거나 기아가 된 전쟁고아, 전쟁미망인, 노약자들이 주를 이루었다. 전쟁이 지속되면서 양곡의 재고가 감소되기 시작하였고 경지는 황폐화되어 이러한 현상은 더욱 심화되었다. 또한 이북에서의 피난민 남하 등에 따른 소비인구의 상대적 증가와 군대에 대한 양곡 조달 등은 더욱 식량에 대한 문제를 더욱 크게 만드는 요인이 되었다. 전재민에 대한 적절한 구호활동의 목표는 군대의 작전활동 보장에 궁극적인 목적을 둘 수밖에 없다. 이는 6·25전쟁 기간에 설치된 주한유엔민간원조사령부(UNCACK)도 예외는 아니었다. 그러므로 넘쳐나는 전재민을 충분히 구호한다는 것은 대단히 제한적일 수밖에 없었다. 그렇지만 전담조직을 구성하여 전재민에 대한 구호에 집중할 수 있게 한 것은 대단히 큰 의미를 갖고 있다. 전쟁 중에 대규모의 전쟁고아를 돌 본 주역에는 미군들이 많이 있었다. 이러한 이유는 앞에서 살펴본 바와 같이 미군의 조직에 전재민 구호를 전문으로 하는 기구가 있었기에 가능하기도 한 것이었다. 또한 미군의 물자는 세계 어느 국가보다도 풍부하였다. 그러므로 미군들의 역할은 전투에서나 민간인 구호에서나 절대적이었다. 전쟁이 계속되면서 미군의 존재는 반가운 대상이었다. 우리 속담에 '곳간에서 인심난다'는 말과도 맞아 떨어지는 부분이다. 경제적인 풍요로움이 있어야 주변을 살필 여유도 생기는 것이다. 당시의 여건을 보면 미국은 주변을 살필 여력이 가장 우수한 국가였음은 누구도 부인할 수 없을 것이다.

---

4) 김학재, 『전쟁과 사람들』, (서울 : 선인, 2010), p.286.

주한유엔민간원조사령부(UNCACK)의 조직은 행정, 보건, 복지, 위생, 보급, 공보/교육, 경제 등이었으며, 각 도를 담당하는 지역팀을 편성하여 운영하였다. 기본임무는 군사작전의 원활한 보장을 위한 미 제8군을 지원하는 것이었다. 주된 지원사업으로는 구호물자에 대한 도입과 분배, 전재민에 대한 구호 및 관리, 보건 및 의료지원 등을 실시하는 것이었다.

전쟁을 피해 부산으로 밀려든 피난민으로 임시수도 부산은 북적이는 인파로 넘쳐났다. 많은 사람들이 밀집되어 생활하다 보니 당연히 위생이 취약했다. 특히 어린아이들에 대한 위생문제는 중요하였다. 그렇지만 피난지에서의 위생은 열악하여 유아와 결핵환자들의 사망이 증가하였다. 이를 해결하기 위하여 '유엔국제아동긴급재단'의 구호를 요청하기로 하였다. 이에 따라 1951년 3월 25일 재단의 주한사절단장 C. W 맥찰스 박사와 「대한민국과 유엔국제아동긴급원호재단과의 협정」을 체결하였다. 국무회의 의결을 거쳐 1951년 3월 30일 국회 본회의에서 비준에 대한 동의를 얻은 후, 1951년 4월 10일 공포하기에 이르렀다. 아울러 정부에서는 위생문제를 해결하기 위하여 대통령은 담화문을 발표하였다. 당시의 세계 각국은 유엔의 승인을 받아 탄생한 대한민국의 전쟁에 대하여 많은 관심을 가지고 있었다. 따라서 전황을 보도하기 위하여 각국의 기자들은 취재에 열중하고 있었다. 세계의 많은 신문들은 한국의 생활상에 대하여 '심한 냄새와 추잡한 환경으로 생활이 힘들다'는 부정적인 견해를 보이고 있었다. 이에 따라 대통령은, '전쟁을 하는 동시에 관민과 남녀노소가 합심하여 생활개선에 힘쓸 것이며, ECA와 유엔의 구호로 DDT[5]가 들어오니 의복, 신체, 침구, 변소 등에 뿌려 각종 벌레를 없애고, 인분냄새와 벼룩, 빈대를 없애자는 전 국민 궐기운동을 전

5) 살충제의 한 종류이다. DDT(Dichloro–Diphenyl–Trichloroethane)의 유해성은 처음에는 알지 못했다. 이로 인해 처음에는 모기와 파리 등의 유해곤충 박멸에 널리 사용되었으며, 인체에도 살포하여 질병을 일으키는 곤충을 제거하였다. 그러나 1960년대 중반부터 유해물질이 있는 것으로 거론되기 시작하다가 결국 발암물질이 함유된 것으로 판명이 났다. 이에 따라 미국에서는 1972년부터 사용을 중단하였다.

당시에는 DDT가 위생을 지켜주는 고마운 존재였다. 인체에 유해하다는 것을 알지도 못하던 시절이었다. DDT를 뒤집어 쓰면서도 꿋꿋하게 자란 그 시절의 피난촌 어린아이들이 훗날 우리나라를 이끄는 산업발전의 주역으로 성장하였다.

▎피난민 수용소의 DDT살포 장면 출처 : 국사편찬위원회

개하여 자손들이 깨끗한 나라에서 살 수 있도록 힘쓰자. 이제부터는 우리가 구호로 방방곡곡에 써 붙여야 할 것은 인분과 악취와 이와 벼룩과 빈대를 다 없이 하고 살자는 것이니, 우리 전 민족이 대궐기해서 더러운 것과 일대 전쟁을 개시함으로써 이를 극복하도록 결심해야 할 것이다'는 내용을 담은 담화문을 발표하기도 하였다.[6]

전쟁 못지않게 얼마만큼이나 위생환경이 열악했는지를 보여주는 대목이기도 하다. 1960년대와 1970년대까지만 하여도 우리나라 위생환경은 대단히 열악하였다. 빈대, 벼룩, 이 등의 해충은 모기나 파리만큼 많았다. 가정집의 안팎을 가리지 않고 빈대와 벼룩이 있었고, 머릿속에는 이가 돌아다니며 피를 빨았다. 그러니 1950년대의 전쟁 상황에서는 더욱 심했을 것이다. 따라서 이를 해결하기 위하여 원조 받은 DDT를 대대적으로 살포하였다.

6) 대통령 기록관 홈페이지, 이승만 대통령 연설기록(1950.8.28.), '전 민족적으로 청소운동 일으키자'(검색일 : 2020.7.9.)

02

부산의 행복산 보육원과 매킨대위

행복산 보육원은 1950년 10월 메킨 대위에 의해 세워진 전쟁고아의 보금자리이자 행복의 터전이었다. '행복산 보육원'은 '해피 마운틴'을 우리말로 직역한 것이다. 메킨 대위는 미 제2병참기지사령부가 있는 부산의 아미동 동산 기슭에 보육원을 만들었다. 부산은 임시수도이면서 유엔군의 병참기지 역할을 한 도시였다. 또한 대한민국의 마지막 보루였으며, 이를 지키기 위하여 낙동강선에서는 혈전을 펼쳐야만 하였다. 부산은 무려 1023일 동안 수도의 역할을 하였다. 인천상륙작전으로 서울을 수복하면서 정부는 서울로 갈수 있었다. 하지만 중공군의 참전으로 전세가 역전되면서 1951년 1월 3일 정부는 다시 부산으로 옮겨졌다. 임시수도 부산에는 전국의 피란민이 모여들면서 가장 많은 인구로 번잡하였다. 전국의 피난민들은 해상과 육상을 통하여 부산을 목표로 향하였다. 자연스럽게 전쟁고아도 넘쳐날 수밖에 없었다. 부산의 역할 중의 또 다른 하나는 유엔군의 병참기지 역할이었다. 부산은 우리나라를 대표하는 최대의 항구였으며 이을 통하여 유엔군의 모든 군수물자가 몰려들었다.

전쟁 중에 국내에서 활동한 대표적인 전쟁지원과 전재민 구호 등을 위한 기구로는 다음과 같은 기관이 있었다. 유엔통일부흥위원회(UNCURK), 유엔한국재건단(UNKRA)의 본부, 후방기지사령부(KCOMZ), 유엔한국민간원조사령부(UNCACK), 유엔군훈련소 등 다양한 역할과 임무를 수행하는 유엔 관련 기구들이 부산에 위치하였다. 부산은 6·25전쟁과 관련된 유엔의 군사작전의 지원을 맡은 병참부대 이외에도 정치, 경제 등과 관련된 다양한 기관들이 함께 주둔한 복합기지였다. 부산은 전쟁을 맞아 인구가 급증하였고 군수품도 범람하면서 거대한 시장을 형성하고 있었다. 메킨은 주한유엔민간원조사

❙ 부산항으로 전투장비를 운반하는 선박의 모습

령부(UNCACK)의 부산팀 소속이었다. 그가 속한 부대의 임무 중의 하나가 전쟁으로 인해 발생한 전재민에 대한 구호와 관리에 대한 것이었다. 그러므로 그는 임무 수행을 하면서 한국의 전재민을 바라볼 수 있었으며 이들에 대한 체계적인 구호와 관리를 강구하고자 하였을 것이다. 이러한 사실은 당시의 신문기사 등을 참조해 보면 충분히 알 수 있는 내용이기도 하다. 그는 거리에서 방랑하는 전쟁고아들을 그의 부대로 데려와서 음식물을 제공하면서 이들을 보호할 시설을 만들었다. 그리고 이들을 교육할 학교를 만들고자 하였다. 교육을 위한 학교까지도 마련하게 되면서 주변의 지원도 잇따랐다. 학교운영을 지원하고자 부산의 '조선산소'에서는 국정교과서 1,600여부를 기증하기도 하였다.[7] 그러므로 그는 단순한 구호활동이 아닌 보다 체계적인 전쟁고아 관리를 위하여 노력하였으며 이에 대한 기초를 만든 것으로 평가할 수 있다. 그가 구호하고 있는 전쟁고아들 가운데는 부모를 잃은 것에서

7) 경향신문, 「행복산보육원에 국정교과서 기증」, 1952.2.8.

그치지 않고 신체 불구의 처지가 된 고아들도 상당수 수용되어 있었다. 총 800여 명에 달하는 전쟁고아 중에는 약 50명에 달하는 신체가 불편한 전쟁고아들이 있었다. 그들은 총탄에 의해 신체의 일부가 다친 아이들이었다. 전쟁의 상흔은 어린아이라도 예외로 인정하지 않았음을 알 수 있다. 메킨(Clifford G. McKeon) 대위는 이러한 아이들에게 보다 희망을 갖게 하기 위해서는 배움의 기회를 열어주는 것이 하나의 방법이라고 생각하였다. 따라서 그는 인근의 능력 있는 교사를 초빙하는 열의를 보이기도 하였다. 그의 이러한 보살핌은 보다 먼 미래를 향한 안목에서 출발하였다. 배움을 통하여 마음과 육체의 상흔을 씻어내고자 하였다. 행복산 보육원에는 총 13명의 교사와 7명의 직원 그리고 60여 명의 교도원들이 재직하였다. 또한 해피마운틴은 부산 최초의 소아과 병원을 열게 하였다. 메킨 대위는 보육원에 의무실을 만들어 운영하였다. 이것이 시간이 지남에 따라 소아과 병원으로 확장

정치적 목적을 갖고 있는 전쟁은 정치가 무엇인지도 모르는 아이들마저 내버려 두고 지나가지 않았다. 사진은 전쟁으로 다리를 잃은 어린아이들이 비록 목발을 짚고 있지만 웃고 있는 모습이다. 그러나 이들 앞에 펼쳐졌을 냉정한 현실을 생각해 보면 오히려 무겁고 힘든 마음을 느끼게 한다.

I 목발을 했지만 웃고 있는 고아원 아이들 출처 : 국사편찬위원회

되었고, 1951년에는 '부산소아무료병원'으로 이름을 바꾸었다. 1952년에는 '부산아동자선병원'으로 바꾸었으며, 이후 1955년에 부산대학교병원 구내에 100병상 규모로 새로 병원을 건립해 진료하기도 했다.[8] 이와 같은 내용을 살펴보면 개인 차원에서 숭고한 정신과 먼 안목을 가지고 전쟁고아를 위해 지대한 노력을 했음을 알 수 있다.

메킨 대위의 선행과 전쟁고아의 장래까지 생각해 주는 의식에 대하여 무한한 경의를 표해야 할 것이다. 또한 이들을 위하여 병원까지도 함께 운영했다는 것은 실로 대단한 일이었다. 이를 추진하기 위하여 그가 흘린 노력의 흔적을 세월이 흐르면서 자료의 한계 등으로 찾기는 어렵게 되었지만 충분히 그의 노고를 짐작하게 하여 준다. 그가 속한 부대가 병참기지 사령부였고 부대의 임무가 전쟁의 피해를 입고 있는 한국의 전재민을 지원하는 것이었으므로 물자를 공급하기에 유리한 점은 있었을 것으로 보인다. 하지만 거리에 넘쳐나는 수많은 전쟁고아를 위하여 수용시설은 물론이고 학교와 병원시설까지 연계하여 아이들을 돌보았다는 것은 대단한 노력이 필요했을 것이다. 그가 지니고 있는 아이들에 대한 진심에서 우러나는 사랑과 헌신이 없이는 불가능한 일이었을 것이다. 그는 1952년에 미국으로 귀국하게 되었으며, 1951년 11월부터는 시설이 사회부로 이관되었다. 그의 귀국을 아쉬워하여 '메킨 소령 환국기념연예회'를 부산의 동아극장에서 사회부의 후원으로 개최하기도 하였다.[9] 주변에서 깊은 애정과 많은 관심을 갖고 이러한 시설을 운영하고 있었으나 아직도 많은 전쟁고아들이 거리를 떠돌고 있었다. 시설의 한계는 그들을 모두 수용하기에는 턱없이 부족하였고 이로 인해 수많은 아이들이 거리에 방치되고 있는 실정이었다.

---

8) 부산일보, 「해피마운틴(부산 최초 소아과병원)은 아미동 '행복산 육아원'」, 2020.6.18.

9) 동아일보, 「메킨 소령을 보내는 모임, 고아들이 작별연예회 개최」, 1952.3.28.

행복산의 천사들 전재고아보육원 탐방기(1)

(전략) 아미동산 봉우리에 '행복산'이 탄생하였다. 행복산은 쉴 사이 없이 그의 아들 딸을 낳고 아들 딸들은 무럭무럭 자라고 있다. 행복산(HAPPY MOUNTIN)에는 싸늘한 봄바람이 어버이 없는 서름픈 정서에 그윽한 수많은 어린 천사들의 옷깃을 스치고 있다.(중략) 어버이 아닌 어버이 밑에서 자라나는 전재고아들의 보금자리 행복산의 유래를 더듬으면 이러하다. 재작년 가을 1950년 10월이다.(중략) 백인 캡틴은 캐캐 묵은 부산역의 담 밑에 쓰러져 신음하고 있는 유랑의 한 아이를 발견했다. 옆에 놓여져 있는 깡통이 그의 걸식 방랑의 생활을 말하는 듯 발버둥치는(중략) 가슴에 타오르는 어떠한 정을 억누를 길 없이 방랑아의 손을 만졌다. 방랑아는 흙투성이가 된 커무 칙칙한 얼굴 속에 하얀 잇빨만을 내보이며서 내처 울었다.(중략) 이리하여 집 없는 유랑의 천사는 아미동 산기슭에 서 있는 캡틴의 캠프로 가게 된 것이다. (중략) 이리하여 무명의 백인 캡틴은 매일 같이 눈에 띄는 거리의 천사를 그의 막사에 실어 왔다.(중략) 천사의 수가 늘어남에 따라 캡틴은 그 막사의 이웃에 있는 헐어진 절간을 수리하고 CAC당국에 교섭하여 이 애들의 의식물을 주선해 주고 이 애들의 교육을 염려하여 한국인 교사들을 초빙하고 현재 청운중학 전(前)경기상업의 교장인 김종무씨를 교장으로 세우고 의지할 곳 없는 애들의 장래에 희망과 열매가 맺어지도록 성스러운 고아보육원의 사업을 일으키게 되었다. 그리하여 고아들의 수효는 백명 2백명 5백명 8백명으로 늘어가고 이들에 대한 사업은 차츰 본궤도에 오르게 되어 작년 11월에 정식으로 사회부에 의관되어 캡틴이 명명한 행복산 보육원이 처음으로 이 세상에 알려지게 되었던 것이다.(중략) 갈 곳 없이 홀로된 사회의 버림받은 거리의 고아의 집합장소 국민교 아동이 4백명, 중학 아동이 5십명, 총탄으로 팔다리가 부러진 불구자가 5십명, 유치원 아동이 47명 총 수 650명이 수용되어 있는 곳. 무명의 캡틴! 그는 십개월전 유엔의 십자군으로 한국에 파견되어 부산부두에 있는 미 제2병참기지 사령부 인사처에 근무하는 당시의 대위인 지금은 승진한 메킨(MCKEON) 소령의 온정과 희생으로 세워진 전재고아의 보금자리 행복의 터전이다. 「행복산의 천사들... 탐방기」 출처 : 동아일보(1952.3.4.)

행복산 보육원의 원생들은 하루에 1인당 3홉(약 0.54 리터)의 식량과 부식비 300원으로 운영하였다. 부산에는 전쟁 시기에 수도가 이전하는 등으로 인해 인구가 밀집되었다. 또한 전쟁고아들도 많이 몰려들었다. 부산에서도 수십 개의 보육시설이 설립되었으나 인구가 밀집되는 현상으로 인해 수용에는 한계가 있었다. 이러한 안타까운 현상을 보게 되자 지역의 독지가들은 보육원을 설립하기도 하였다. 그렇지만 수용 위주의 관리로 인해 시설에 수용된 후에 탈출하는 경우도 많이 발생하였다.

임시수도 부산에서의 전쟁고아와 관련된 대통령 일정중의 한 장면을 소개하는 신문 기사에 행복산 보육원을 찾았다는 내용이 나온다. 대통령이 행복산 보육원 방문과 관련한 기사의 내용은 1951년 8월 15일이었다. 1951년은 후방지역에서의 안정을 찾아가는 시기이기도 하였다. 대통령이 전쟁 중에 고아원을 방문했다는 것은 전쟁고아 문제의 심각성을 알고 있었다는 것이다. 행복산 보육원은 참전한 미군 장교에 의해 운영되고 있었으므로 양국의 우호관계를 고려하여 각별한 관심을 표현할 필요성도 있었을 것이다. 전국적으로 상당한 수의 시설이 산재해 있었던 것을 고려하면 행복산 보육원은 상징성을 갖고 있었다고 볼 수 있다. 이 시기는 정전협정에 대한 논의가 시작된 초기였다. 정전협정은 1951년 7월부터 시작되고 있었다. 대통령은 정전협정에 반대하는 입장이었으며, 미국은 이러한 한국의 대통령에 대하여 매우 곤혹스러운 입장을 보이고 있었다. 우리나라의 국민들과 대통령은 전쟁의 종결은 통일을 전제로 해야 한다는 입장이었다. 그러니 1951년에 본격화되기 시작한 정전회담에 호의적일 수 없는 입장이었다. 1953년 3월에 스탈린이 사망하자 정전에 대한 논의는 더욱 활기를 띄게 되었다. 미국의 제34대 대통령에 당선된 아이젠하워 역시 전쟁종결을 선거공약으로 내걸은 바 있었다.[10] 양측의 강대국이 정전을 원하고 있으므로 그 자체를 원점으로

10) 아이젠하워는 "당선되면 한국을 방문하겠으며, 한국전쟁을 종식시키겠다."는 선거 공약을 내

돌리기는 사실상 불가능 하였다. 그러나 여전히 한국의 대통령은 이에 대하여 부정적이었으며 급기야는 반공포로 석방[11]이라는 강수를 던지기도 하였다. 이러한 상황에서 유엔군사령부는 하나의 작전계획을 수립하였다. 1953년 5월에 유엔군사령부에서는 대한민국 이승만 대통령을 권좌에서 물러나게 만드는 계획을 수립하였다. 미국은 이승만을 제거해야만 정전협정을 체결할 수 있다는 결론에 도달한 것이다. 이를 에버레디(Ever ready)계획이라 한다. 이처럼 우리나라와 미국의 관계는 전쟁 후반에 안정을 찾아가고 있었던 반면, 막후에서는 실로 엄청난 현실적인 문제에 봉착해 있기도 하였다.

이대통령 행복산 보육원 방문

이대통령은 지난 12일 상오 11시 부산시 아미동에 있는 행복산 고아원을 방문하였다. 이 고아원은 미군대위 매킨 씨가 경영하는 고아원인데 이곳에는 고아 463명을 수용하고 있다. 대부분이 서울 경기도 및 강원도 등지에서 이번 전쟁으로 인하여 양친을 잃은 고아들이며 그 중에는 80여 명의 유아가 포함되어 있다. 이대통령은 한 시간에 걸쳐 이 고아들의 상황을 자세히 시찰하고 한국을 위하여 장래 훌륭한 국민이 되라고 격려한 후 임시관저로 돌아왔다.

「이대통령 행복산 보육원 방문」 출처 : 동아일보(1951.8.15.)

걸었다. 그는 1952년 12월 당선자 자격으로 우리나라를 방문하였다. 그리고 마침내 1953년 북한과 정전협정을 체결하였다. 그가 말한 '한국방문과 전쟁종결' 모두를 지키게 되었다.

11) 이승만 대통령은 정전협상이 한창 진행되고 있을 무렵인 1953년 6월 18일에 전국 5개 지역의 포로수용소에 수용된 2만 7천명의 반공포로들을 석방하였다. 사전에 미국과의 협의 없이 단행된 이 사건에 국제사회는 놀랐으며, 공산측은 이에 항의하여 정전회담을 중단한다고 선언하기도 하였다.

03

에티오피아의 강뉴부대와 보화고아원

에티오피아는 아프리카 대륙에서 지상군을 보내준 유일한 국가였다. 우리나라와는 약 1만km나 떨어진 나라이며 면적은 한반도의 약 5배에 해당한다. 에티오피아는 국토의 1/4 가량이 해발고도 2,000m 이상의 고산지역에 위치하고 있는 관계로 일반적인 아프리카의 기후와는 다른 선선함을 유지하는 특징을 갖고 있다. 1950년대 당시의 에티오피아는 우리나라와는 비교가 안 될 정도의 부국이었다. 우리나라의 1인당 국민소득은 70달러에도 미치지 못하고 있었으나 에티오피아는 3,000달러를 넘어서고 있었다. 우리보다는 잘 사는 나라였으며 아프리카에서도 중진국 이상의 지위를 갖고 있었다. 전쟁이 발발하자 유엔 안전보장이사회에서는 이를 규탄하는 결의문을 발표하였고, 에티오피아 정부는 이를 지지하는 성명을 공식적으로 발표하기에 이르렀다. 유엔에서는 회원국에게 병력과 물자지원을 요청하게 되었고 에티오피아는 지상군 파병을 결정하였다. 에티오피아는 1935년에 이탈리아의 침공으로 나라를 빼앗긴 경험이 있었다. 이탈리아의 무솔리니는 주변으로 세력을 확장하고자 하던 중, 1934년 12월 에티오피아와의 접경지대에서 충돌이 발생하자 이를 빌미로 에티오피아를 침공하였다.

이탈리아군은 빈약한 장비로 무장한 에티오피아군을 쉽게 제압하였다. 에티오피아는 국제연맹에 지원을 호소했으나 어느 나라도 도움을 주지 않았다.[12] 이로 인해 에티오피아는 이탈리아의 지배를 받게 되었다. 후에 황제가 된 셀라시에가 영국으로 망명하여 망명군을 조직하였다. 그러던 중 제2

12) 국가보훈처, 『영원한 동반자, 한국과 에티오피아(에티오피아군 6·25전쟁 참전사)』 (서울 : 국가보훈처, 2012), p.52.

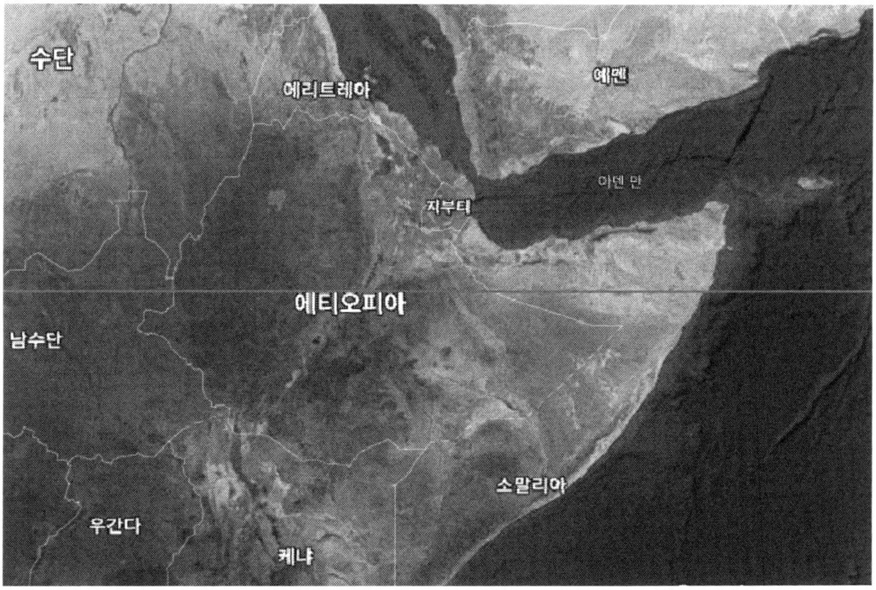

❙ 에티오피아와 주변국 출처 : 구글지도에서 캡처(2020.8.1.)

차 세계대전이 발생했으며 영국군의 도움을 받아 이탈리아군을 물리칠 수 있었다. 이러한 역사를 갖고 있는 에티오피아는 나라 잃은 설움과 침략을 당한 아픔을 아는 나라였다. 그렇지만 파병 당시의 분위기는 반대하는 여론이 높았다. 그러나 황제 셀라시에는 이러한 반대를 물리치고 파병을 결행하였다. 파병 규모는 1,200명 수준의 보병이었다. 연인원 6,037명이 참전하여 124명이 전사했으며 536명이 부상을 당했다. 강뉴부대는 정전협정 이후에도 계속하여 휴전선 방어에 투입된 부대이기도 하다. 제1진 1122명의 파병에 이어 휴전협정이 체결된 후인 1956년 3월까지 5차에 걸쳐 부대 교대를 하였다. 이중에서 마지막 5차는 대대에서 중대로 규모가 축소되기도 하였다. 에티오피아는 파병을 위한 부대 창설을 1950년 8월에 하였으며, 이를 구성하는 부대원은 황실근위대원[13) 중에서 지원자를 받아 엄선하였다. 1951년 4월 13일 출정신고식을 마친 파병부대는 황제로부터 '강뉴(Kagnew)'

라는 명칭을 부여받았다. '강뉴'는 에티오피아어로 '적을 궤멸 시킨다, 혼돈에서 질서를 확립하다'는 의미를 갖고 있다.[14] 하일레 셀라시에 황제는 출정식에서 "영웅적인 군인정신과 닦은 기량으로 큰 공을 세워 당당히 돌아오라!"라는 결연한 연설을 하였다.[15] 부대는 미국에서 제공한 미군 수송선 제너럴 메크리어를 이용하여 4월 16일 지부티항을 떠나 5월 6일에 부산항에 도착하였다. 20일간의 항해를 마치고 마침내 유엔군의 일원으로 합류하게 된 것이다. 현지 적응 훈련을 마친 부대는 7월 11일 가평으로 이동하여 미 제7사단 제32연대로 소속이 결정되었다.[16] 주요전투로는 적근산-삼현전투, 삼각고지 부근 전투, 요크·엉클고지전투 등이 있다. 적근산-삼현전투에서는 중공군과의 2차례에 걸치는 격전을 치러 고지를 점령한 전투였다. 에티오피군은 용맹하기로 타의 추종을 불허한다는 이름을 날렸다. 따라서 모든 전투에서 항상 돋보이는 역할을 한 부대였다는 평가를 받았다. 대대의 공적을 기리는 전적비가 강원도 화천군에 설치되어 있다. 대대의 이러한 공로로 미국 대통령 부대표장을 수여받았으며 많은 장병들이 미 은성무공훈장을 받기도 하였다. 강뉴부대는 전공을 인정받아 우리나라에서도 표창을 수여하였다. 참전 기간에 대통령의 부대표창을 2회 받기도 하였다.

강뉴부대원은 황실근위대 출신으로 이루어졌기 때문에 그 어느 나라의 부대보다도 용감하였고 명예심이 대단하였다. 그들은 황제의 결연한 의지에 보답이라도 하듯이 가장 잘 싸운 부대 중의 하나로 손꼽힌다. 특히 무패의

---

13) 황실근위대원 중에서 마라톤 선수로 세계적으로 이름을 날린 사람이 있었다. 아베베라는 인물인데, 그는 6·25전쟁에 1년간 참전하기도 하였다. 아베베는 마라톤에서 최초로 올림픽 2연패를 달성하였다. 1960년 로마 올림픽에서는 2시간 15분 16초2의 기록으로 세계 기록을 세웠으며, 1964년 도쿄 올림픽에서 2시간 12분 11초 2라는 신기록을 세우면서 연거푸 우승하였다. 로마 올림픽에서는 맨발로 골인지점으로 들어섰다. 뛰는 도중에 마라톤화가 찢어져서 맨발로 뛰었던 것이다.

14) 국가보훈처, 앞의 책(2012), p.57.

15) 국가보훈처, 앞의 책(2012), p.54.

16) 국가보훈처, 앞의 책(2012), p.59.

▎전선에서의 강뉴부대원들

신화를 간직한 부대이기도 하면서 포로는 단 한명도 발생하지 않은 부대로 유명하다. 참여한 전투는 총 253회였으며 모든 전투에서 승리하였다. 이 과정에서 121명이 전사하고 536명이 부상을 당했다.[17] 모든 전투에서 승리했다는 것이 이 부대만이 갖고 있는 자랑이자 긍지이기도 하다. 한국의 한겨울 기후는 아프리카에서 온 그들에게 혹독했지만 그들은 이러한 불리점을 물리치고 모든 전투를 승리로 이끌었다. 눈보라와 영하로 떨어지는 혹독한 낯선 추위도 그들의 용맹을 막지는 못했다. 강뉴부대는 어느 나라보다도 우리나라와의 인연이 깊다. 정전협정이 체결된 이후에도 연천과 동두천 일대에 주둔하면서 휴전선의 경비를 담당하기도 하였다. 특히 대민관계에도 많은 관심을 갖고 있었다. 동두천 지역에 전쟁고아를 위한 '보화고아원'을 동두천에 설립하여 아이들을 돌보기도 하였다. 1953년 4월경에 설립된 고아

17) 국가보훈처, 앞의 책(2012), p.128.

원은 강뉴부대가 완전히 철수하던 1956년 8월까지 운영되었다. 강뉴부대원들이 자발적으로 조금씩 재원을 마련하여 고아원을 설립하였다. 비록 충분한 급여가 아니었음에도 그들은 우리나라의 어린아이가 부모도 없이 떠도는 것을 못 본 체 할 수는 없었다. 그들은 전쟁고아들에게 먹을 것을 나누어 먹으면서 최선을 다하여 보살펴 주었다. 전쟁고아들에게 강뉴부대원이 설립한 보화고아원은 구세주와 다름없었다. '보화'(Bowha)란 에티오피아어로 '하느님의 은혜'란 의미를 갖고 있다. 전쟁 중에 강뉴부대원이 고아를 돌보게 된 것은 1951년 어느 겨울이었다.[18] 강뉴 제1차 참전용사 불차 올레카는 영등포 길거리를 지나고 있는 중이었다. 이때 어린아이가 총탄에 희생된 어머니의 시체에서 주린 배를 채우려고 어미젖을 빨고 있는 현장을 목도하게 되었다. 전쟁의 참상을 목도한 것이다. 불차 올레카의 눈에 처참한 장면이 다가오면서 아이에 대한 애처로움이 밀려왔다. 불차 올레카는 아이를 그냥 두고 올 수가 없었다. 그는 아이를 데리고 가평에 주둔해 있던 부대로 데려왔다. 그는 동료 대원들과 함께 막사에서 군복을 줄여 입혀가며 손수 아이를 키우기 시작하였다. 그의 이름은 박동화였다. 불차 올레카에 의해 박동화를 부대로 데리고 오면서 부대 내에 전쟁고아 숫자가 점차로 늘어나게 되었다. 그렇지만 부대 내의 제약과 한계 때문에 후일 보화 고아원이 설립되는 계기가 되었다. 불차 올레카는 1차 강뉴 부대원으로 가장 먼저 참전해 3년 가까이 복무하였다. 1954년에 강뉴부대의 교대식이 있었고 이전에 주둔하고 있었던 부대는 인천항에서 귀국길에 오르게 되었다. 여기에서 그들은 보화고아원생들과 이별을 고해야 했다. 한국 땅에 고아원을 설립했던 강뉴부대원들은 교대식을 마치고 아쉬운 작별을 하였다. 2016년 2월 중순 에티오피아 아디스아바바의 한국전참전용사협회와 참전용사촌으로 그의 이러한 사연은 후에 밝혀졌다. 유엔 참전국의 노력으로 나라를 지킨 우리나라는 경제대국의 위

18) 이서울포스트, 「시인 가재모 중편연재소설, 에티오피아 용사와 보화고아원 제3편」, 2019.6.24.

❙ 강뉴부대원과 전쟁고아 박동화 출처 : 한겨레신문(2016.4.5.)

상을 갖게 되었다. 이에 따라 우리나라의 많은 단체에서는 참전국들의 노고에 보답하는 행사를 많이 진행하고 있다. '따뜻한하루'[19]에서도 그들의 은혜에 보답하기 위한 후원금을 전달하기 위하여 에티오피아를 방문하였다. 2016년 2월 중순 에티오피아의 아디스아바바의 한국전참전용사협회와 참전용사촌을 찾았다. 여기에서 그들은 참전용사 불차라는 이름의 노병을 만났으며, 그는 뜻밖의 부탁을 했던 것이다. 에티오피아군에 의해 설립된 보화고아원에서 살게 된 박동화군을 찾고 싶다는 것이 참전노병의 사연이었다. 노병의 나이는 84세였다.[20]

그는 다음과 같이 부탁하였다. "어느덧 70살쯤 되었을 그 아이, 성이 박

19) 국내해외아동결연, 해외 무료 급식, 국내 도시락 지원, 강뉴부대원지원, 국내외 저소득 가정 지원 등의 자원봉사를 하는 국제구호단체이다. 특히 이 단체에서는 강뉴부대 참전 노병과 미망인들을 돕고 있다. 이제는 노인이 된 참전용사들에게 필요한 '보청기, 안경, 침대, 생계비'등을 지원하고 있다.

20) 한겨레신문, 「한국전쟁 때 막사에서 키웠던 아이 '박동화'를 찾습니다」, 2016.4.5.

씨였던 그 소년을 다시 만나는 것이 마지막 소원"이라며 평생토록 고이 간직해온 사진 몇 장을 꺼내 보였다. 헤어질 때 찍었다는 빛바랜 흑백사진에는 '20살 꽃미남' 불차와 동료들이 막사 안에서 아이와 함께 찍은 모습, 막사 밖에서 허리에 두 손을 얹은 채 선 소년의 모습 등이 담겨 있었다. 사진 속의 아이의 모습이 몹시 깔끔하게 보인다. 그만큼 부대원들이 정성을 다하여 보살폈음을 알 수 있게 해 주는 장면이기도 하다. 1955년에 강뉴부대는 규모가 축소된 상태로 교대하였다. 대대에서 중대로 병력의 규모가 축소되었다. 비록 중대로 규모는 축소되었으나 그들은 보화고아원을 계속하여 운영하면서 전쟁고아들을 돌보았다. 강뉴부대는 1956년에 연락단을 남기고 우리나라에서 완전히 철수하였다. 이후에 에티오피아는 큰 변화를 맞았다. 아프리카의 경제부국이었던 에티오피아는 오랜 가뭄으로 인해 경제가 파탄나기 시작하면서 정치적으로 큰 변혁을 맞았다. 1974년에 군부에 의한 쿠데타가 발생하여 황제는 축출되고 1975년에 사회주의 체제로 전환되었다. 에티오피아와 대한민국은 혈맹의 관계에 있었으나 사회주의로 전환되면서 친북 성향으로 변화하였다. 이러한 소용돌이 속에서 고초를 겪은 이들이 있었다. 그들은 6·25전쟁에 참여한 강뉴부대원들이었다. 북한과 이념을 함께 하는 새로운 정부의 핍박이 그들을 기다리고 있었다. 강뉴부대원들은 공산주의와 싸웠다는 이유만으로 환영받지 못하는 처지로 전락하였다. 대한민국의 자유와 평화를 수호하기 위해 참전한 그들의 존재는 사회주의 체제로 들어선 에티오피아에게 그다지 중요하지 않았다. 오히려 참전 사실이 박해의 구실로 다가왔던 것이다. 그들은 직업까지도 위협받으면서 극심한 생활고에 빠지기도 하였다. 참으로 안타까운 일이었다. 1991년에 독재정권이 붕괴하고 친서방정권이 들어섰으나 오랫동안의 내전 후유증 등으로 여전히 경제는 어려운 실정이다. 참전용사들의 상황도 크게 나아지지는 않았다. 한 달에 15,000원에 불과한 연금으로 생활하고 있으며, 후손들도 제대로 된 일자리를 찾지 못하고 일용직 등으로 생활하는 이들이 많다고 전해진다.

Ⅰ 에티오피아 참전 노병을 찾은 자원봉사단원들의 모습
출처 : '행복한하루' 홈페이지(2020.7.7.)

코로나 19사태는 에티오피아도 예외가 아니었다. 2020년 3월에 에티오피아의 총리는 우리나라의 문재인 대통령과 전화통화를 요청하였고, 여기에서 코로나 사태의 대응에 관해 의견을 교환하기도 하였다. 우리나라에서는 6·25전쟁 파병의 고마움을 표시하면서 에티오피아에 코로나19 진단키트 2만 5,000회분 가량을 지원하였으며, 참전용사들에게는 마스크 4만장을 전달하기도 하였다. 경북 칠곡군에서도 마스크 3만장과 손소독제 250병 등을 주한 에티오피아 대사관을 방문해 전달하기도 하였다. 우리나라의 에티오피아에 대한 지원은 2000년대부터 시작되고 있다. 지방자치단체와 진출기업 등에서 의료시설, 학교 등을 지어주고 있으며 참전용사와 그 후손들에 대한 장학금 지원 사업 등을 하고 있다. 전쟁이 남긴 전쟁고아들을 에티오피아군들이 도왔듯이 우리도 이제는 그들의 삶에 도움을 주어야 할 것이다.

04

춘천 애민보육원 최병환·조수정 원장

춘천시 우두동에 있는 애민보육원은 1951년 6월 28일에 설립되었다. 현재는 춘천에서 소양강 댐 방향으로 가는 길에 위치한 우두동에 위치하고 있다. 애초부터 이곳에서 시작한 것은 아니었다. 현재의 위치인 우두동으로의 이전은 1962년이었다. 최초의 시작은 춘천시 옥천동에서였다. 여기에서 전쟁고아 8명을 보호하기 위해 처음으로 문을 열었다. 조수정 원장은 대학에 갓 입학한 1940년대 초반부터 고아들을 위하여 헌신할 것을 결심하였다. 이러한 결심을 하게 된 것은 타고난 성품과 주변에서 의료를 통하여 어려운 이웃들에게 인술을 베풀고 있는 훈훈한 인정을 가진 분들의 영향이 컸던 것으로 보인다. 오수정 원장은 어려서부터 불쌍한 이웃을 보면, 많든 적든 간에 자신이 갖고 있던 것을 나누어 주는 성격이었다. 이러한 성격으로 집안에서는 언니나 오빠들로부터 '이상한 아이' '바보'라고 핀잔을 들으며 눈총 아닌 눈총을 받기도 했다고 한다.[21] 오수정 원장의 타고난 성품을 알게 해 주는 일화이기도 하다. 고등학교를 졸업한 1940년대 초에 우연히 경기도 안양에 있던 경성보육원에 들렀다가 사회봉사의 길을 걷기로 결심하는 계기가 되었다. 이곳에서는 양모 박사라는 분이 보육원생을 대상으로 봉사활동을 하고 있었다. 타고난 성품으로 베풀기를 좋아했던 오수정 원장은 주변에서 묵묵히 봉사하는 분들의 헌신적인 봉사에 많은 감명을 받았고, 본인도 의술을 배워 주변에 봉사하고자 하는 꿈을 키워가고 있었다. 이에 따라 고등학교를 졸업하고 서울여자의과대학(현 고려대 의대의 전신)에서 공부하면서 오긍선 박사로부터 또 한번 많은 영향을 받았다고 한다. 오박사는 당시에 명성 높은 의사였는데, 그는 의사일을

21) 동아일보, 「고아 600명 기른 '사랑의 여의사'」, 1991.5.28.

하면서 고아들을 돌보고 있었다. 오박사가 운영하는 경기도 안양의 경성보육원을 찾아간 조수정 학생은 오박사의 고아에 대한 헌신적인 모습에 감동을 받았다.[22] 이러한 현장을 목격하고 자신도 의사가 되면 고아들을 키우며 살아가겠다는 결심을 굳히게 되었다. 의대를 1950년에 졸업하고 1951년에 춘천으로 이사를 하게 되면서 본격적으로 고아를 돌보는 일에 뛰어 들었다. 다행히 일본의 와세다대학에서 건축학을 공부하고 졸업한 최병환씨가 뜻을 이해하고 결혼을 하면서 함께 전쟁고아를 돌보는 길을 걷기로 하였다. 이로써 부부는 전쟁고아를 보살피기로 결심하고 이를 실행에 옮겼다. 조수정 원장은 결혼 후에 전쟁고아를 돌보는 일은 남편에게 맡기고 자신은 서울의 병원을 오가며 수련의 과정을 마치고자 하였다. 이렇게 해서 초대원장은 남편 최병환씨가 자연스럽게 맡게 되었다. 보육원을 운영하기 위해서는 이에 필요한 재원조달이 필요했기 때문이기도 하였다. 마침내 수련의 과정을 마치고 춘천시 중앙로에 '서울산부인과'를 개원할 수 있었다. 남편 최씨는 보육원 운영에 전념하고 조수정 원장은 병원일에 전념하였다. 그들이 우선적으로 해결할 일은 전쟁고아들이 거주할 공간이었다. 그렇지만 처음 시작할 때만 하여도 마땅히 이를 준비할 자원이 충분한 것도 아니었고 주변의 지원이 있던 것도 아니었다. 어렵고 어려운 형편이었지만 무모하리만큼 열정 하나를 가지고 시작한 것이다. 무엇보다도 거처할 공간을 마련하겠다는 생각으로 부부는 춘천의 옥천동 개인집을 빌렸다. 여기가 애민보육원의 첫 출발을 알린 것이다.

보육원 문을 처음으로 열게 되었을 때는 어려움이 말도 없이 많았다고 한다. 당장 거처할 방 한 칸도 변변하지 못한 정도였지만 무엇보다도 먹는 문제를 해결하는 것이 큰 문제였다. 당연히 고아들과 함께 굶는 일도 많아질 수밖에 없었다. 보살피고자 데려온 아이들과 함께 밥을 굶는 경우도 있을 정도로 어려운 생활의 연속이었다. 이러한 고생으로 인해 하늘을 원망한 적

22) 한겨레신문, 「고아에 '어머니 품' 40년」, 1993.9.24.

도 많았다고 한다. 그렇지만 중도에 그만두지 않고 어렵고 힘든 보육원을 꾸려나갔다. 전쟁고아를 돌보겠다는 처음에 마음먹었던 순수한 목표 하나를 가지고 운영해 나간 것이다. 어려운 과정을 겪고 있었지만 하루하루 세월은 흘렀으며, 돌보고 있던 전쟁고아들은 잘 자라주고 있었다. 마침내 정전협정이 체결되면서 전쟁의 포성은 멎었다. 정전협정이 체결되면서 사회적 분위기도 점점 안정되기 시작하였다. 보육원 형편도 좀 더 나아지지 않을까 희망을 가져보기도 하였다. 그러나 전국적으로 전쟁고아들은 오히려 더 늘어나고 있었다. 당연히 보육원으로 모여드는 아이들이 많아졌으며, 이들을 더 많이 수용해야만 했다. 이러한 현상은 전국적인 현상이었으며 애민보육원도 예외는 아니었다. 전쟁고아의 증가에 따라 공간의 문제가 나타났다. 좁은 시설에서 도저히 전쟁고아들을 키우기가 어려워 춘천의 변두리 우두동에서 거처를 마련하였다. 공간은 좀 더 커졌지만 계속하여 입소하는 전쟁고아들은 많아지고 있었다. 자연스럽게 더 많은 예산이 필요하였지만 이를 장만한다는 것은 대단히 어려웠다. 전쟁이 끝나면 형편이 좋아질 줄 알았던 보육

애민보육원 전경 출처 : 애민보육원 홈페이지(2020.7.7.)

원 형편은 쉽게 펴지지 않았다. 아이들을 제대로 입히고 먹이고 잠재우는 문제가 여간 버거운 것이 아니었다. 더군다나 전쟁고아들은 대체로 감수성이 예민한 어린나이였다. 이들의 마음의 상처를 보듬어 주는 것이 필요하였지만, 이것은 정성 하나만으로는 되는 것이 아니었다. 그렇지만 조수정 원장은 물질적으로는 어렵다 하여도 정성을 다하는 것에는 모든 아이디어를 동원하여 이들을 관리하였다. 조수정 원장은 전쟁고아라는 아이들의 특성을 고려하여 보육원 간판도 달지 않았다. '감수성이 예민한 아이들의 마음을 다치게 해서는 안 된다'는 생각에서였다. 이런 이유로 보육원을 찾지 못하는 이들도 있었다고 한다. 조수정 원장의 교육과 전쟁고아에 대한 돌봄의 철학을 알게 해 주는 대목이기도 하다. 이러한 역경 속에서 어느 날 강원도로부터 보육원 건물을 도청 건물로 사용할 수 없느냐는 요청을 받게 되었다. 당시에 강원도청은 전쟁의 폐허로 인해 사용할 수가 없는 상태였다. 이를 거절하지 못하고 도에 보육원을 내주게 되었다. 도민 전체를 위한 행정이 우선적으로 필요하다는 판단에 따라 그동안 가꾸어 둔 보금자리를 선뜻 양보한 것이다. 보육원은 도에서 받은 약간의 보상금으로 인근으로 옮겨 다시 터전을 마련해야 했다. 이때 터전을 잡은 곳이 현재의 위치이다. 조수정 원장은 이러한 공로를 인정받아 1991년 5월 18일 한국여자의사회에서 주최하는 제1회 여의대상길의료봉사상[23]을 수상하기도 하였다. 당시까지 전쟁고아 600여 명을 친자식처럼 길러낸 공로였다. 1951년부터 전재산을 쏟아 40여 년을 이어 오면서 사회를 위해 헌신해온 공로를 인정받은 것이다. 현재의 애민보육원은 현대식 건물을 보유하고 있으며, 2016년에는 아동 숙소를 3층 건물로 증축하는 등의 발전을 가져왔다. 아이들의 정서를 위하여 '무

23) '길의료봉사상'은 현재까지도 시행되고 있는 상이다. 이 상은 1991년 가천길재단(회장 이길여)의 후원으로 제정됐다. 취지는 의료봉사 또는 사회봉사 등으로 소외된 이웃을 위해 헌신한 숨은 공로자를 발굴하기 위해 제정하였다. 처음에는 '여의대상 길의료봉사상'으로 시상하였으나 사회성 있는 봉사상으로 저변을 확대하고자 하는 취지로 11회 때부터 '여의대상 길봉사상'으로 변경하였다

궁화 길' 조성 등 주변의 풍경을 잘 가꾸어 놓아 편안함을 느끼게 하여 주고 있다. 또한 다양한 기관과의 결연을 통하여 아이들과 사회가 항상 교감하는 통로를 만들어가고 있기도 하다.

05

6·25전쟁영웅 김영옥 대령의 전쟁고아 사랑

김영옥 대령은 한국계 미군이다. 그는 독립운동가의 집안에서 태어나서 제2차 세계대전에 참전하여 군인으로서의 면모를 과시하였다. 그가 수상한 훈장만 보더라도 그의 군인으로서인 자질을 짐작할 수 있다. 우리나라의 최고 훈격인 태극무공훈장, 이탈리아의 최고 훈격인 십자무공훈장을 받았으며 동성무공훈장을 받았다. 프랑스의 최고 훈격인 레지옹도뇌르 훈장과 십자무공훈장, 미국의 특별무공훈장, 은성무공훈장 2개, 리전 오브 메릿 훈장 2개, 동성무공훈장 2개 등을 수상한 군인이다. 김영옥은 제2차 세계대전에서 미군장교로 프랑스와 이탈리아전선에서 활약하였다. 그 후 전역하여 사업가로 활동하고 있었다. 그러던 중 부모님의 고국 대한민국에서 전쟁이 발발했다는 소식을 듣고 재입대를 망설이지 않았다. 그는 대위로 전선에 투입되어 많은 전공을 세웠다. 그는 한국인으로 조직된 유격대를 지휘하여 정보를 수집하였으며 미 제7사단 31연대에서 정보참모로 활약하였다. 그는 미군 역사상 아시아계로서는 최초로 전투대대장을 맡기도 하였다. 1951년 3월이었다. 그가 최초의 유색인으로 전투대대장이 되었다는 사실은 그의 리더십이 인정을 받았다는 것을 의미한다. 그는 항상 선두에서 헌신적으로 임했으며 사람 중심의 지휘를 했으며, 무엇보다도 그의 전술적인 능력은 인종 차별을 극복했다는 평가를 받는다.

1951년 4월 중공군의 춘계공세로 소양강 지역을 방어하던 제31연대가 철수를 단행하자 김영옥은 미군과 한국군을 엄호하라는 명령을 받았다. 전차소대를 다리 남쪽에 세워놓고 후퇴하는 중대급 한국군 병력을 집결시켜 방어선을 구축하고 작전을 수행하였다. 1951년 5월 중공군의 제2차 춘계공

6·25전쟁 당시 대대장 시절의 김영옥 출처 : 국방부 정책브리핑(2017.1.13.)

세 때에는 구만산·탑골 전투와 금병산 전투에서 직접 부대를 진두지휘하며 사기가 떨어진 부대원들을 독려해 승리로 이끌었다. 특히 그는 부하들이 중공군에 대한 공포심을 제거하기 위해 노력했으며 선두에서 부대원을 이끌었다. 그 결과 중부전선에서 그는 교착상태에 빠진 전선을 60㎞나 북상시켰다. 철원·평강·김화의 일명 '철의 삼각지대'를 중심으로 전선을 북상시킨 것이다. 전선이 북상함에 따라 공산군 측에서 볼 때는 보급에 어려움을 겪게 되는 전투결과를 낳게 되었으며, 유엔군 측에서는 보다 유리한 여건을 조성하는 결과를 가져 왔다. 결과론적으로는 그의 활약으로 현재의 휴전선을 북상시켰다고 보아도 무방할 것이다. 그의 부대는 유엔군 부대 중 가장 빠르게 진격하여 캔자스선[24]에 도달하였다.

24) 중공군의 침략으로 전세는 다시 역전되었다. 유엔군은 후퇴하였으며 이때 서울은 다시 적의 수중에 들어갔다. 1951년에 서울을 재탈환하였으며 이때 유엔군사령부에서는 캔자스선을 설정하여 38선을 전술적으로 방어하고자 하였다. 캔자스선은 임진강–연천–화천저수지–양구–양양을 잇는 유엔군의 방어선이었다.

▎전쟁영웅 김영옥 포스터 출처 : 국가보훈처

김영옥 대령은 2019년 1월에 '이달의 전쟁 영웅'으로 소개되기도 하였다. 2005년에 우리나라 무공훈장 중 최고의 훈격인 태극무공훈장을 수여받았다.

1951년 6월 철의 삼각지대에서 전투를 수행하던 중 중상을 입고 일본 오사카로 후송되어 치료를 받은 후 전선에 복귀하여 제1대대장에 임명되었다. 1952년 9월 미국으로 복귀할 때까지 한국 전선에서 수많은 전공을 세웠으며 그 공로를 인정받아 미국 정부로부터 은성무공훈장을, 2005년에는 대한민국 정부로부터 태극무공훈장을 수여받았다.[25] 미국 캘리포니아주에는 그의 이름을 딴 고속도로 이름이 있다. 5번 고속도로 일부 구간의 이름이 '김영옥 고속도로(Colonel Young Oak Kim Memorial Highway)'로 명명되어 있다.[26] 이것은 대단히 이례적인 일이었다. 고속도로에 개인의 이름이 붙은 것도 이

25) 국가보훈처, '아름다운 영웅, 부모님의 나라를 지키다'에서 발췌하여 정리(검색일 : 2019.1.2.)
26) 국방일보, 「미국에 '김영옥대령 고속도로' 생긴다」, 2018.7.8.

❙ 6·25전쟁 당시의 경천애인사 원생들의 모습 출처 : 국방일보(2003.1.14.)

례적이었지만 외국계의 이름이었으니 크게 화제가 되기도 하였다. 2009년에는 로스앤젤레스(LA)에 그의 이름을 딴 '김영옥중학교'가 문을 열기도 하였다. 또한 캘리포니아주립대학교 부설 '김영옥 재미동포연구소'가 있기도 하다.[27] 이는 한인의 이름이 붙은 최초의 대학기구이다. 김영옥 대령이 수여 받은 훈장과 그의 사후에 그를 기리는 각종 기념물만 보더라도 그가 손색없는 군인이었다는 것을 알게 해준다.

그렇지만 그가 더욱 존경받는 것은 전쟁 중에 수백 명의 전쟁고아를 보살폈다는 사실이다. 그는 군 생활을 마친 후에도 사회적 약자를 위해 많은 노력을 기울이면서 그의 리더십이 새롭게 조명되기도 하였다.[28] 6·25전쟁에 자진하여 지원한 김영옥은 제7사단을 향한 열차를 타기 위해 부산역에 갔

27) 국방일보, 「전쟁영웅 고(故) 김영옥 연구소 생긴다」, 2007.11.1.

28) 그는 1972년 전역 후에도 인도주의 차원의 활동을 계속하였다. 가정폭력 피해 여성·일본군 위안부 피해자·입양아 등 사회적 약자를 돌보는 데 전념한 인도주의자이기도 하다.

다. 이 때 5~10살 되는 아이들이 천명도 넘는 것 같은데 사내아이, 여자아이 가릴 것 없이 혹독한 추위에 옷이라곤 러닝셔츠나 걸쳤을 정도로 온 몸에 누추함이 흘렀다. 이들은 기차를 향해 손을 내민 채 서 있거나 이리 저리 뛰며 기차 밑을 기어 다녔다. 그러다가 새로 도착한 미군이 역 안으로 들어서면 떼를 지어 쫓아와 먹을 것을 구걸하였다. 이를 보고 김영옥은 다음과 같이 소리쳤다.

> "여러분, 나는 육군 17연대로 가는 대위 김영옥입니다. 미국에서 태어난 한국인 2세지요. 지금 저 밖에 헐벗고 굶주린 아이들이 우리만 쳐다보고 있습니다. 여러분, 우리는 미 육군 장교입니다. 군은 절대 우리를 굶겨 죽이지 않습니다. 여기 쌓여 있는 C레이션은 여러분 것입니다. 한두 끼쯤 배불리 먹지 않아도 죽지 않습니다. 한 사람 앞에 깡통 한 두 개씩만 빼시고 나머지를 내게 주십시오. 아이들에게 주겠습니다. 여정이 길어지면 군이 또 공급해 줄 것입니다. '오케이- 오케이-'"[29]

경천애인사 아동원(敬天愛人社兒童園)에는 500명 가량의 전쟁고아를 수용했다고 한다.[30] 그곳에서 김영옥은 침례교회 샘 닐 군목이 데려온 전쟁고아들을 돌봤다. 경천애인사 아동원은 전쟁 시기에 세워진 서울에서 가장 큰 규모의 고아원이었다. 1951년 고(故) 장시화 용산교회 목사가 삼각지에 있던 병원, 인근 건물을 활용하여 아동원을 차렸다. 김영옥은 여기에 적극적인 후원을 하면서 4년 간 전쟁고아 500여 명을 돌본 주역이었다. 전쟁 중 생겨난 고아들을 위하여 김영옥은 장병 1인당 50센트씩 모금하여 첫 지원금 145달러를 '경천애인사'라는 고아원에 지원하였다. 뿐만 아니라 김영옥은 장병들이 자발적으로 고아원을 돕는 것을 보면서 보다 지속적인 재정지원 방법을

29) 한우성, 『아름다운 영웅 김영옥』(부천 : 북스토리, 2016), pp.328~329.

30) 한우성, 앞의 책(2016), pp.526~527.

생각했다. 현금, 캔맥주, 담배 같은 것을 감리교단을 통해서 지원하도록 하고, 초콜릿이나 캔디는 직접 고아원에 전달했다. 그는 대대 차원에서 맥주 등을 비롯한 잉여 보급품들을 시장에 내다 팔아 전쟁고아들에게 먹일 음식을 마련하기도 하였다.[31] 입힐 옷은 장병 가족들이 보내주는 의류를 이용하였다. 6·25전쟁에서 일선 전투부대로서 고아원 한 곳을 특정해 재정지원을 했던 유엔군 부대는 김영옥 부대가 유일하였다. 대대장이 헌신적으로 전쟁고아들을 돌보게 되자 소문이 퍼지기 시작하였다. 대대 장병들은 자발적으로 성금을 모금하기 시작하였고 모금액을 지원하기 시작하였다. 그러자 인근의 미군들이 경천애인사에 대한 지원에 동참하기 시작하였다. 미 해병제1사단의 제6자동차대대에서 장병들이 150불에 달하는 의류, 식료품 등을 기탁하였는데, 이는 1차분이었으며 계속하여 지원하기로 하였다. 또한 이 부대의 군종목사 로렌드 중위와 군의관 존 브로조 중위가 매월 300불에 해당하는 구제품을 기탁하기로 하였다.[32] 이후 부지 소유권 문제가 불거지면서 아쉽게도 아동원은 해체됐고 아이들은 다른 보호시설로 옮겨지게 되었다.

2019년 6월 19일에 경천애인사 아동원(敬天愛人社兒童園) 터 안내판 제막식이 거생되었다. 안내판은 가로 48㎝, 세로 170㎝ 크기다. 19일 오전 11시 삼각지성당 앞에서 열린 안내판 제막식에는 지역주민을 비롯하여 경청애인사 출신도 참여하였다.[33]

---

31) 국방일보, 「한국전 때 돌보던 고아를 찾습니다」, 2013.1.14.

32) 동아일보, 「고아에 매월 300불」, 1953.4.6.

33) 용산구청 홈페이지, 「구정소식」 '용산구, 경천애인사 아동원 터 안내판 제작·설치' 보도자료(2019.6.20.)에서 발췌하여 정리.

06

'전쟁고아의 아버지' 러셀 블레이즈델 대령

6·25전쟁이 발발하자 전차를 앞세운 북한군의 기세는 순식간에 전장의 주도권을 장악하였다. 북한군은 여세를 몰아 부산을 목표로 진군하였고 낙동강을 사이에 두고 나라의 존망을 건 치열한 전투는 계속 되었다. 인천상륙작전이 성공하자 허리를 잘린 북한군은 북을 향하여 도주하는 신세로 전락하면서 전장의 주도권은 유엔군이 장악하였다. 그동안 서울에서는 계속된 전쟁에서 수많은 인명이 살상되었고 전쟁고아는 넘쳐났다. 이러한 현상은 전국적인 현상이기도 하였다. 북진을 거듭한 국군과 유엔군은 드디어 통일을 눈앞에 보고 있었으나 중공군의 참전은 전세를 다시 한번 역전시켰다. 중공군 참전 이전까지의 전황은 유엔군에게 절대적으로 유리한 국면이었다. 따라서 유엔군은 한반도에서의 전쟁을 크리스마스 이전에 종결짓겠다는 목표로 국경선까지 총공세를 단행하고 있었다. 하지만 이미 잠입하여 기회를 엿보던 중공군은 반격에 나섰다. 중공군의 제1·2차 공세는 이렇게 시작되면서 국군과 유엔군은 크게 밀렸다. 그 결과 국군과 유엔군은 후퇴를 시작했으며 1950년 12월 15일에 흥남부두에서 대규모 철수작전을 감행하였다. 그렇지만 중공군은 공세를 멈추지 않고 계속 추격하였으며, 이로 인해 해가 바뀌자마자 서울을 다시 내어주어야 하는 1·4후퇴가 이어졌다. 국경선까지 진군했던 국군과 유엔군은 다시 후퇴를 해야 했다. 이로 인해 서울이 또다시 함락될 위기에 처하였다.

전쟁으로 가족을 잃은 고아가 되어 길거리에 버려진 어린 생명들을 돌보던 사람들 중에는 어느 미군도 포함되어 있었다. 그는 전쟁 중에 고아가 된 아이들 1,000여 명을 보살피고 있었다. 수복된 서울에서 버려진 아이들을 찾아 보살피고 있었던 숫자가 1,000여 명에 이른 것이다. 하지만 중공군의

| 블레이즈델 추모식 및 회고록 출판기념식 출처 : 충현원

반격에 따라 전황은 급박해 지고 있었다. 그는 아이들을 반드시 안전한 곳으로 데려가야 한다는 사명감을 갖고 전쟁고아 구출작전에 나서기로 하였다. 그의 이름은 러셀 로이드 블레이즈델(1910 ~ 2007)이라는 인물이었다. 그는 미 제5공군에 소속을 두고 있었던 군목(軍牧)이었다. 당시 그의 나이는 39세였으며, 계급은 중령이었다. 그는 1950년 7월부터 1951년 5월까지 참전하였다. 전쟁고아 구출작전은 중공군의 제3차 공세 이전까지 전개되었다. 중공군의 제3차 공세는 일명 '신정공세'라고도 한다. 중공군은 1951년 1월 1일을 전후하여 세 번째의 공세를 시작하고자 하였다. 이때 미 제5공군에 속한 군목(軍牧) 블레이즈델 중령(39세, 당시 계급과 나이)은 서울 종로 초등학교에서 1천여 명의 전쟁고아를 보호하고 있던 참이었다. 블레이즈델 역시 철수명령을 받았지만, 그는 명령을 어기고 서울에 남아 있는 전쟁고아들을

▎트럭으로 전쟁고아를 수송하는 장면 출처 : 충현원

우연하게 발견한 해병대 트럭을 놓칠 수는 없었다. 마지막이자 행운이었다는 생각이 들자 그는 망설이지 않았다. "상부의 명령이다. 전쟁고아를 김포비행장까지 수송하라." 이렇게 하여 기적은 현실이 되고 있었다.

모두 제주도로 탈출시키기로 결심하였다.

그가 독단으로 주도한 전쟁고아구출작전은 이렇게 시작되었다. 이것이 일명 '유모차 공수작전(The Kiddy Car Airlift)'으로 불리는 전쟁고아구출작전의 시작이었다. 구출과정 역시 순조롭지 만은 않았다. 상급부대의 후퇴명령에 전쟁고아를 데려 가라는 내용은 없었으므로 당연히 어려울 수밖에 없었다. 그는 일본에 있던 수송기까지 불러들여 대규모 구출작전을 감행하였다. 일본에 있던 C-54수송기 16대를 김포비행장으로 오도록 한 것이다. 약속시간은 아침 8시였다. 이제는 비행장까지 가는 교통편이 문제였다. 비행장까지의 수송에 고심하며 교통수단 마련을 위해 여기저기를 돌아다니던 중 기적적으로 해병대 트럭을 발견하게 되었다. 그는 이 트럭을 놓치면 끝장이라는 생각이 들자, 비행장까지 가기 위해서라면 거짓말도 불사하겠다고 작정하였다. 그는 공군중령이라는 지위를 이용하여 상부의 지시라고 둘러대고 해병대 트럭 14대를 불러오는데 성공하였다. 이 트럭들은 수차례 왕복하면서 김포공항으로 전쟁고아들을 부랴부랴 이동시켰다. 이렇게 하여 어렵게 비행기 탑승만을 남겨 놓았다. 이와 같은 어려움 속의 전쟁고아 구출작전은 1950년 12월 15일부터 20일까지 감행되었던 것이다. 마침내 1,000여 명의 어린생명을 제주도의 안전한 곳으로 수송할 수 있었다.34) 제주도에 도착하자 딘 헤스 중령이 마중 나와 있었다. 철수작전을 무사히 마쳤지만 이러한 그의 명령불복은 군법회의에 해당되는 내용이었다. 그는 1951년에 '철수명령에 대한 고의적 불복종과 군사용 인원과 자금 남용에 관한 죄'의 두 가지 죄명으로 군법회의에 회부되었으며 1964년에 전역하여 목회에 전념하였다.

블레이즈델 대령의 이러한 전쟁고아구출작전은 한참 이후에 알려지게 되

34) 구출작전의 대상이었던 전쟁고아의 인원에 대해서는 자료마다 약간의 차이가 있다. 한국어 번역판으로서 충현원(광주광역시 소재)에서 발간한 한국전쟁 고아의 아버지 한국판 쉰들러, 러셀 블레이즈델 회고록의 『1,000명의 아버지』를 살펴보면 전쟁고아의 인원에서 다소의 차이가 발생함을 발견하게 된다. 영문판에는 '1,000명의 고아'로 표기되어 있는 반면, 한글 번역판에는 '1,059명의 고아'로 기록되어 있다. 충현원의 블레이즈델 동상에는 1,059명, 미국기록문서보관청에는 고아 950명과 고아원 직원 100명, EBS 방송에서는 1,069명, 국가보훈처의 선양정책과 자료에는 907명, 또한 1,000명의 고아 대표 이강훈의 추모사와 연합뉴스에는 964명으로 표현하고 있다. 따라서 정확한 인원은 알기가 어려우나 1,000명 내외의 인원임에는 틀림없는 사실이다. 이는 경각을 다투는 급격히 변화하는 전시상황에서 정확한 숫자파악이 어렵기 때문이었을 것으로 이해하면 되리라 생각한다. 또한 당시 고아원에는 전쟁고아뿐만 아니라 이를 돌보고 있었던 직원들도 있었다. 따라서 이들까지 포함한 경우와 그렇지 않은 경우도 있었을 것이다. 거기에 직원들의 근무유형도 고려해 볼 필요가 있다. 직접적으로 아이들을 돌보는 보모와 일반적인 행정과 잡무를 담당한 직원 등으로 구분되었을 것이다. 따라서 이들을 포함시킬 때 기준을 정하기에 따라 다소의 차이는 불가피했을 것이다. 블레이즈델 회고록에 등장하는 20명의 의사와 간호사, 80명의 한국인 보모 및 보조직원들, 그리고 순수한 고아를 포함하면 미국기록문서보관청의 숫자가 신뢰성이 있어 보인다. 다소의 차이는 있지만 분명한 것은 1,000명 내외의 적지 않은 인원을 돌보았다는 사실이다. 일반적으로 부를 때는 '1,000명의 고아'라고 칭하고 있다. 이 책자에서는 인용되는 자료에 표기된 인원으로 기록하였다. 따라서 인용되는 문헌에 따라 다소의 차이가 발생할 수 있다는 것을 밝혀둔다.

❙ **블레이즈델(왼쪽)과 헤스(오른쪽)와 전쟁고아들** 출처 : 충현원

었다. 미국의 공군 기관지 '에어맨(Airman)'이 2000년 6·25전쟁 50주년을 맞아 그해 12월 호 커버스토리로 보도하면서 비로소 알려졌다.[35] 이듬해인 2001년 한국 정부는 블레이즈델 목사를 초청해 감사의 뜻을 전하였다.

블레이즈델 대령이 급박한 전황에서 상부의 철수명령에도 불구하고 이를 어기면서까지 소신을 갖고 전쟁고아를 구출한 내용을 찾아보고자 한다. 또한 그의 공적이 가려져 있는 부분까지 다루고자 한다. 전쟁의 참상 속에서 전쟁고아를 위해 헌신한 분들은 많이 있었다. 그중에서도 그는 한국판 '쉰들러 리스트'[36], '전쟁고아의 아버지'로 추앙받아 마땅한 인물이다. 그러나 그

35) 국방일보, 「1950년 유모차 공수작전, 6·25 전쟁고아 1069명 구해」, 2018.12.14.

36) '쉰들러 리스트(Schindler's List)'는 스티븐 스필버거 감독이 만든 전쟁을 배경으로 한 휴먼

가 벌였던 고아구출작전을 기억하는 사람들은 많지 않다. 더군다나 그의 공적이 뒤바뀌어 있기도 한 것이 현실이다. 즉, 딘 헤스라는 미 공군 중령이 주도하였고 블레이즈델은 보조역할을 했다는 것이다. 이는 1950년 12월 15일부터 20일까지의 고아구출작전에서의 주연과 조연이 바뀌었다는 사실이다. 딘 헤세 중령은 우리나라의 공군 발전에 탁월한 업적이 있는 인물이었으며, 전쟁고아 구출작전에서 일정 부분의 역할을 한 것도 사실이다. 그

충현원(광주광역시 양림동 소재)에는 블레이즈델의 전쟁고아에 대한 자료를 보관하고 있으며, 그의 동상이 2009년에 건립되었다. 충현원은 박순이 선생께서 1952년에 전쟁으로 발생한 수많은 전쟁고아들을 위해 '광주충현영아원'을 설립한 것이 시초였다. 충현원은 미군과 선교사들이 6·25전쟁의 고아들을 위해 베푼 사랑을 기념하는 박물관을 세우겠다는 계획을 갖고 있었다. 이러한 뜻을 갖고 있던 충현원의 유혜랑 원장은 2005년에 6·25전쟁 참전용사를 만나는 기회를 갖게 되었는데, 이것이 계기가 되어 블레이즈델 대령의 아들부부를 만날 수 있게 되었다. 이러한 인연으로 전쟁고아를 돌보면서 인류애를 실천한 충현원에 브레이즈델이 간직하고 있던 전쟁고아 관련 자료를 2006년에 기증하게 되었다.

▎블레이즈델이 전쟁고아를 안고 있는 동상 출처 : 충현원

영화이다. 제2차 세계대전 당시에 나치의 광기는 극에 달하였다. 나치는 인종 청소라는 명목 아래 600만명에 이르는 유대인을 학살했다. 나치의 점령지에 있었던 폴란드도 예외는 아니었다. 폴란드의 곳곳은 나치의 눈길을 피해 암흑과도 같은 생활을 해야 하는 유대인이 많이 있었다. 영화는 제2차 세계대전 당시 유대인들을 구한 독일 사업가의 실화를 다루고 있다. 주인공 쉰들러는 자신이 구해내고자 하는 유대인 명단을 작성한다. 즉, '쉰들러 리스트'를 작성한 것이다. 마침내 그는 핍박받는 유대인들에게 피난처를 제공해 주어 이들을 구해 주는 주인공으로 등장한다.

러나 서울에서 전쟁고아를 돌보는 일에서부터 전황이 급변하여 부득이 제주도로 향하는 전쟁고아 구출작전에서의 주역은 블레이즈델이었다. 따라서 그의 회고록과 그와 관련된 연구자료 등을 통하여 그가 전쟁고아를 위해 헌신한 노력의 공로와 '유모차 공수작전(The Kiddy Car Airlift)'에서의 주연 역할을 조명하고자 한다.

블레이즈델 회고록을 살펴보면 그가 전쟁고아들을 길거리에서 데려오게 된 과정, 돌보면서 겪는 어려움 그리고 중공군의 남하에 따라 전쟁고아들을 제주도로 피신시키는 과정 등이 담겨져 있다. 이중에서 주요 대목을 발췌하여 그가 전쟁고아를 헌신적으로 보살펴 온 과정과 이들을 안전하게 피신시키는 일명 '유모차 공수작전(The Kiddy Car Airlift)'에 대하여 살펴보기로 하겠다.

승전보와 함께 서울로 37)

(전략) 북한군이 서울에서 내쫓긴 후, 부산 근처의 병사들도 북한군을 남부지방에서 몰아내기 시작하였다. 북한군은 남북으로 포위당한 상태였다.(중략) 1950년 9월 말, 나는 C-47 화물수송기를 타고 산과 숲 그리고 농부들이 숲 속에 개간한 논 위를 날아갔다. 어서 서울에 가서 목회를 시작하고 싶었다. (중략) 비행기가 서울 서쪽에 위치한 공군 기지인 김포에 착륙하였다. 일주일 내내 격전을 치른 수도 서울로 향하는 도로 위에서 전쟁의 참상을 엿볼 수 있었다. 멀쩡히 서 있는 건물은 전혀 찾아볼 수 없었다. (중략) 한강에 이르기 직전, 나는 처음으로 고아들을 보게 되었다. 아이들 네다섯이 지프차 소리를 듣고는 잿더미에서 기어 나왔다. 서울 변두리에 다다르니 고아들 천지였다. 몇몇은 북한군이 공격했을 때 폐허속에 숨어들어 간신히 살아남은 것이었다. 다른 아이들은 피난 중에 산 속에서 부모를 잃은 채 돌아와 있었다. 그들은

37) 러셀 블레이즈델, 『1,000명의 아버지』 (광주 : 충현원, 2011), pp.83~87.

> 북한군으로부터 숨을 수 있는 곳이라면 어디에라도 숨어 있었다. 그리고 지금 폐허가 된 서울에는 그런 아이들이 무리를 짓고 있었다. 서울시 당국은 적어도 1,000명의 어린이들이 북한군에게 죽임을 당하였다고 추정하였다. 그러나 더 많은 수의 어린이들이 가족을 잃은 채 길거리에서 살아가고 있었다. 나는 부산과 대구에서도 고아들을 보아왔다. 그들은 공군, 육군, 해병대로부터 음식물과 사탕을 받았다. 그 중 여러 아이들은 각 부대의 마스코트 같은 존재가 되기도 하였다. 그러나 서울에서는 상황이 훨씬 심각하였다. (중략) 서울로 오는 동안 100명이 넘는 고아들을 보았지만 이는 단지 일부였을 뿐이다. 시 관계자들은 도시에 6,000명이 넘는 고아들이 있을 것으로 추정하였다. 미 공군은 죽음에조차 무감각할 정도로 참상과 고난에 단련되어 있었다. 그러나 헐벗은 어린 아이의 들어 올린 손과 애원하는 얼굴은 우리의 마음을 녹이고 다시금 인간애를 불러 일으켰다.

블레이즈델이 서울로 입성하는 과정과 시기를 말하고 있다. 이 시기에 서울에서 그가 전쟁고아를 돌본 기간은 약 4개월 간이었다. 또한 전쟁 속에서 가족과 헤어진 채 살아가는 아이들의 모습을 묘사하고 있으며 그 인원까지

폭격의 피해는 민간인이라고 해서 예외는 아니었다. 특히 북한군의 병력과 보급품을 파괴하기 위한 폭격은 도시와 농촌을 막론하고 이루어졌다. 이 과정에서 삶의 보금자리가 파괴되고 무고한 인명이 살상되기도 하였다.

파괴된 보금자리 출처 : 국가기록원

도 밝히고 있다. 6,000여 명에 달하는 전쟁고아가 있었다는 것과, 이중에 1,000여 명을 돌보았다는 것은 대단한 수치이다. 추정한 인원이지만 서울시 당국의 설명이므로 실제와 거의 차이가 없을 것으로 보인다. 북한군에 의해서 학살당한 민간인이 많았다는 것과, 어린 아이들까지도 죽였다는 것을 알게 해 주고 있다.

고아들을 찾아서 38)

서울 시내를 차로 다닐 때 마다 그 아이들을 보았다. 몇몇은 울고 있었으며 몇몇은 소리를 낼 기운조차 없을 만큼 허약해져 있었다. 어떤 아이들은 잔뜩 부어 있었고 또 다른 아이들은 밥을 먹지 못해 비쩍 말라 있었다. 아이들은 병에 시달리고 이나 벼룩으로 뒤덮여 있었다. 많은 아이들이 모든 것을 포기한 채 죽음을 기다리는 것 같았다. 그 아이들은 조용히 바닥에 누워 끝이 오기만을 기다리고 있었다. 며칠이 지났지만 나는 그 어린 여자아이를 찾을 수 없었다. 그 아이들을 보고 있자면 끊임없이 마음이 아팠다. 윌리와 스트랭 하사 또한 괴로워하였다. 제5공군사령부 항공병들이 아이들을 데려오기 시작하였다. 다른 명령이 떨어질 때까지 대기하면서 우리들은 사령부에서 아이들을 돌보았다. 고아들이 아니라 항공병들을 돌보는 것이 내 일이라는 것은 알고 있었지만 머릿속에서 아이들이 쉽게 지워지지 않았다. 병사들은 그 아이들을 막사로 데려와 씻기고, 소독하고, 먹이고, 옷을 입혀주었다. 아주 작은 사랑의 보살핌만으로도 아이들은 변화하였다. 그러나 비교적 적은 수의 아이들만이 이러한 도움을 받았을 뿐 도움이 절실히 필요한 아이들은 방치되어 있었다. 우리의 도움을 받는 아이들은 단지 빙산의 일각일 뿐이라는 것을 우리 모두는 알고 있었다. 거듭 말하지만 우리가 그들 모두를 돕지 못한다는 고통 때문에 소수의 아이들을 돌보는 일을 멈출 수 없었다. (중략)

---

38) 러셀 블레이즈델, 앞의 책(2011), pp.95~108.

❙ 씻기고 옷을 갈아입히는 장면 출처 : 충현원

서울에는 대략 6,000명의 고아들이 있는 것으로 추정되었다. 그렇기 때문에 도움을 필요로 하는 버려진 아이들은 끝없이 쏟아져 나오는 것 같았다. 모두가 알고 있는 사실은 아니었지만 어떤 아이들은 부모가 기독교인이라는 이유로 고아가 되기도 하였다. 군목인 내게는 특별히 가슴 아픈 일이었다. 북한군은 전쟁 초기에 서울을 점령하면서 기독교인을 색출하여 죽였다. 기독교인들이 공산당의 권위와 맹목적인 충성에 위배되는 어떤 것들을 가르쳐 왔었다고 여겼기 때문이다. (중략)

이기붕 서울시장 및 다른 관계자들과 연락을 취한 후 고아 수용센터를 세우기로 결정하였다. 그곳에서 고아들을 씻기고, 치료하고, 먹이고, 입히고, 재울 것이었다. 언젠가 다른 여러 고아들이 수용 능력을 갖추게 되면 시 당국으로 하여금 센터 내 고아들을 그곳으로 분산시키게 한다는 것이 우리의 계획이었다. 서울시는 커다란 학교 건물 하나와 연료, 식량을 제공해 주었다. 이 건물은 신이 내려준 것이었다. 회색 벽돌로 지어진 기다린 3층짜지 고등학교 건물이었는데 큰 공장처럼 칸막이로 막히지 않은 공간이 여럿 있었다. 그곳에 ‘서

> 울 고아수용센터'라는 이름을 붙였다. 미군은 고아들을 돌보면서도 시설을 장기간 관리할 의도는 없었다. 서울시는 곧 인부와 세탁부를 여럿 고용하였다. 마침내 미국 적십자사, 한국 적십자사, YWCA, 천주교와 개신교 선교 단체들이 이 일에 동참하기 시작하였다. 그러나 이상하게도 모든 사람들이 윌리와 나를 여전히 그 사업의 지도자로 여기고 있었다. (중략) '서울 고아수용센터'는 즉시 아이들로 가득 찼다. (중략) 한국에서는 고아에 대한 부정적인 시각이 있었다. 전통적으로 한국에서는 고아들은 가문으로부터 버려졌기 때문에 가망이 없다고 믿어왔다. 아이기 혈연을 잃는 즉시 그 아이의 존재감마저 사라져버린다. 그 아이는 존재하지도 않는 것이다. 고아들은 거리의 먼지나 다름없었다. 한국에서 고아로 산다는 것은 직업을 얻을 기회마저 제한당하는 커다란 낙인이다. 많은 고아들은 출신을 숨긴다. 왜 고아가 되었는지 조차 모르는 경우도 많았다. (후략)

블레이즈델이 그의 회고록에서 밝히고 있는 전쟁고아의 실상은 참담함 그 자체였다. 물론 이에 대한 예상은 쉽게 할 수 있는 부분이기도 하다. 그러나 어린아이들이 움직이지 못하고 가만히 누워만 있었다는 것은 굶주림과 병마가 함께 있었다는 것을 의미한다. 다시 말해 곧 죽음을 맞게 된다는 사실임을 알 수 있다. 또한 위생 상태가 매우 취약했음을 알게 해준다. 이나 벼룩으로 온 몸이 뒤덮여 있었다는 것은 매우 취약한 위생문제에 빠져 있었다는 것을 알게 해준다. 그는 이들을 부대로 데려 와서는 체계적으로 돌보았다. 씻기고 소독하고 먹이고 입히는 과정은 건강을 되찾을 수 있게 한 조치였다. 전쟁고아들을 위한 '서울 고아수용센터'를 서울시와 함께 설립한 것을 알게 해준다. 또한 전쟁고아를 데려오기 위한 노력과 수용시설이 즉시 차버렸다는 사실에서 최대한 많은 전쟁고아들을 수용하기 위해 과정을 엿볼 수 있다. 다양한 기관과 단체에서 전쟁고아를 돌보기 위한 노력에 동참했다는 사실에서 어려운 전쟁시기를 함께 극복하면서 희망을 공유하고자 했던 모습이 보여 지기도 한다. 무엇보다도 '서울 고아수용센터'를 사실상 운영하는 주체로 모든 사람들이 블레이즈델과 윌리를 주목하고 있다는 점은 그가 이 사업의 주역이라는 증거이기도 하다. 블레이즈델은 우리나라의 문화까지도 깊이 이해하고 있었다. 그가 언급한 우리나라 특유의 고아에 대한 인식을 언급한 대목에서 이를 알 수 있다.

'서울 고아수용센터'에서의 블레이즈델(점선 원) 출처 : 충현원

고아들을 돌보며 39)

(전략) 우리는 매일 아침 난간의 높이가 겨우 30Cm 정도밖에 안 되는 평상형 트럭 한 대를 내보냈다. 몇 시간만 지나면 조용히 줄지어 앉은 아이들을 가득 태운 트럭을 고아수용센터에 보낼 수 있었다. 더 열심히 다녔더라면 하루에 아이들 150명을 데려올 수도 있었을 것이다. 그라나 하루에 고아수용센터에서 수용할 수 있는 최대 인원은 50명이었다. 나는 거의 매일 아침 정문에 서서 도착하는 아이들을 지켜보았다. 아이들 가운데 건강한 편인 아이들은 약해 보이기는 했지만, 군인들의 부축을 받고 조심스럽게 차에서 내렸다. 몇몇은 어리둥절해 하는 것 같았다. 탈수와 굶주림으로 일어설 수도 없을 만큼 상태가 좋지 않은 아이들은 간호사가 직접 안아 옮겼다. 사병들이 그들을 차에서 내려 직원들에게 넘겨주는 동안 아이들 모두 순순히 잘 협조해 주었다. 열여섯 살 정도 되는 아이들도 두엇 있었다. 수용인원에 한계가 있었기 때문에 가능한 한 열네 살이 넘는 아이들은 받지 않았다. 나이가 많은 아이들은 거리에서 살아남을 확률이 더 높았기 때문이다. (중략) 직원들이 가장 많이 아픈 아이들을 먼저 안으로 옮겼고 나머지 아이들은 줄지어 그들을 따랐다. 안에는 아이들을 씻길 수 있도록 깨끗이 닦은 오래된 기름통이 준비되어 있었다. 반으로 자른 커다란 철통에 받아놓은 물에 아이들이 한 명씩 들어가면 간호사나 직원이 그들을 씻겼다. 가엾은 아이들은 떨지도 않고 석고상처럼 묵묵히 서 있었다. 아이들은 무언가 좋은 일이 일어나고 있다는 것을 알고 있는 것 같았다. 아무도 불평하지 않았다. 아이들은 북한군의 서울 침략의 공포에서 결코 벗어나지 못한 것처럼 보였다. 그들은 움직이는 모든 것에 겁을 먹었다. 나는 그들이 목욕하는 것을 지켜보았는데 모두가 매우 협조적이었다. 아이들은 모든 것에 겁먹고 지쳐있는 상태였다. 목욕을 마치자마자 아이들은 의료진으로부터 진찰을 받았고 그 다음에는 밥을 먹었다. 질병이 의심되는 아이들은 격리시켰다. 대부분의 아이들이 세 살에서 여덟 살 사이였다. 고아 수용센터에는 상태가 위독한 아이들을 따로 모아놓은 곳이 있었다. 모두가 회복되지는

39) 러셀 블레이즈델, 앞의 책(2011), pp.95~108.

못하였다. 내가 데려온 소녀가 눈을 감고 미동도 하지 않은 채 담요 위에 누워 있었다. (중략) 의사가 다가와 말하였다. "이 아이는 지금 쇼크 상태예요. 어서 회복되기를 바랄 뿐이죠." (중략) 이 내의들은 일본 나고야에 거주하는 미국 공무원 부인인 칼슨 여사가 구입하여 보내준 것이었다. 그녀는 그 지역의 소득세를 담당하고 있었다. 칼슨 부부는 시간 여유가 많은 데다 물건 사는 것을 좋아할뿐더러 나고야의 모든 고아원을 잘 알고 있었다. 칼슨 여사가 구매를 대신해 주기로 하여 우리 쪽에서 1,000불을 보냈고 그 돈으로 내의 1,000벌을 구입한 것이다. (중략) 원래부터 있는 고아원이든 우리가 세운 고아수용센터이든 간에 그 모든 곳을 관리하기 위해서는 기금을 마련해야 하였다.

블레이즈델의 노력으로 아이들에게 입힐 내의 1,000여벌을 마련할 수 있었다. 그는 전쟁고아를 먹이고 입히기 위하여 분주하게 움직여야 했다.

❙ 내의를 장만하여 입힌 아이들 모습 출처 : 충현원

생필품들을 찾고, 사고, 구입해야만 했다. 파트리지 장군은 성금을 모을 수 있도록 허가를 내렸고 병사들도 자발적으로 기꺼이 동참하였다. 심지어 매달 월급의 반을 고아원에 기부하는 장교들과 사병들도 있었다. 돈은 한 사람당 50불에서 100불까지 다양하게 쏟아져 들어왔다. 내의를 샀던 돈도 그렇게 해서 모은 것이었다. (중략) 일이 잘 진행되다 보니 수용 인원은 어느새 엄청나게 불어났다. 시설에 수용된 총인원은 거의 1,000명에 달하였다. 점점 책임을 요하는 일이 되어 갔다. 나는 하루 중 대부분을 아이들은 물로 그곳에서 일하는 모든 사람들을 돌보는 것으로 보냈다. 나는 앞으로도 정규명령을 받지 않기를 바라게 되었다. 그렇게 되면 어떻게 시간을 낸다는 말인가. (중략) 간호사들이 아이들 몇을 밖으로 내쫓는 것을 보게 되었다. 보통 아이들을 쫓아내는 법은 없었지만 그 아이들에게는 부모가 있다는 사실이 알려졌기 때문에 나가라고 한 것이다. 서울의 일부 가정에서는 먹을 것이 없어 아이들을 내보내 음식을 얻거나 구걸을 해서 집으로 가져오도록 하였다. 우리는 그 아이들을 먹이고 입히고 진찰하고 어떡하든 도움을 주려 했지만 저녁이면 아이들은 집으로 보내졌다. (중략) 물론 인색하게 들리겠지만 고아들에다 도시의 모든 아이들까지 떠맡을 수는 없었다. 그렇게 되면 금세 3,000~4,000명의 아이들이 몰려들 것이 뻔하였다. (후략)

▎난롯가에 모여 앉은 아이들 모습 출처 : 충현원

수용인원의 초과로 곤란을 겪을 정도로 서울은 전쟁고아로 넘쳐났다. 부득이 연령을 제한할 수밖에 없는 상황에 직면하였다. 열네 살을 기준으로 하여 입소인원을 통제하기에 이르렀다는 그의 회고는 안타까움을 더하여 준다. 그만큼 거리에서 떨고 있는 아이들이 많았다는 것을 알 수 있다. 또한 아이들에게 입힐 옷을 구하는 것도 문제였다. 그는 일본 나고야에 거주하는 미국 공무원 부인인 칼슨 여사와 협조하여 이러한 겨울나기 물품을 받기도 하였다. 전쟁고아를 위하여 그가 할 수 있는 최대치의 노력을 기울이고 있었던 것이다. 앞에서 나오는 고아를 데려오는 것과 수용시설에서의 전쟁고아 관리를 위한 노력을 보면, 실질적으로 시설을 관리한 주체가 블레이즈델과 월리암을 알게 해준다. 특히 블레이즈델은 전쟁고아 관리의 주역이었음을 인정받아야 마땅할 것 같다.

인천, 절망속으로[40]

(전략) 때때로 고아들을 돌보고 있노라면 전쟁은 우리와 먼 이야기처럼 느껴졌다. 서울 근처에서는 교전이 전혀 벌어지지 않았다. 그렇기는 하지만 고아들의 얼굴은 끊임없이 전쟁의 폐해를 상기시켜 주었다. 미국은 중국이 북한 편에 서리라고 생각하지 않았다. 심지어 더글라스 맥아더 장군이 "승리는 한국의 것이다."며 "중국이 끼어들 가능성은 전혀 없다."고 확언할 정도였다. (중략) 11월 내내 아이들을 구하고 고아 사업을 관리하느라 고군분투하였다. 서울의 거리에는 고아들이 너무나 많았다. 나는 어떤 문제에 착수하기로 결정이 나면 최선을 다해 일했다. (중략) 모두가 아이들을 돕고 싶어 했다. 어떤 때는 내가 트럭에 타고 어떤 때는 스트랭 하사가 탔다. 그러나 이제 너무나 일이 바빠져 대개 우리 둘 다 차가운 아침 공기를 맞으며 차를 몰고 나가는 수송부 병사들을 향해 손을 흔들어 줄 뿐이었다. 11월 초 내내 고아들을 돕기

40) 러셀 블레이즈델, 앞의 책(2011), pp.119~150.

위해 그 어느 때보다 열심히 일하였다. 겨울이 오고 있었고 하루라도 빨리 거리의 아이들을 가능한 한 많이 구하지 않으면 안 된다는 위기감이 닥쳐왔다.

2001년 한국을 방문한 블레이즈델 출처 : 충현원

동시에 우리 또한 하루빨리 전쟁이 끝났으면 하고 바라고 있었다. (중략) 나는 전쟁이 끝날 때를 대비해 고아들 모두를 수용할 수 있는 안정적인 장소를 찾을 계획을 세우기로 하였다. (중략) 우리가 다 이긴 전쟁이라 생각했는데 보고에 따르면 중공군이 압록강을 건너 북한 지역에 공세를 취하기 시작하였다는 것이다. 정확한 숫자는 파악되지 않았지만 상당한 병력이 한국군 제6사단을 공격하였다고 하였다. 초기 보고 내용은 불길하였다. (중략) 12월 내내 서울 시민들은 도시를 떠났다. 그들 중 일부는 남쪽으로 향하는 열차에 올랐고 일부는 자동차, 짐수레, 트럭 등에 몰려 탔고, 어떤 사람들은 그저 걸어서 떠났다. 거리는 다시 피난민들로 가득 찼다. 새롭게 시작할 수 있다는 희망을 갖고 돌아왔던 사람들은 이제 창백한 얼굴로 다시 떠나가고 있었다. 나는 거리에서 발견한 아이들을 다양한 기독교 구호시설, 고아원, 고아수용센터에 데

려다 주었다. 그럴 때마다 의사와 간호사들은 지시를 기다리듯 나를 쳐다보았다. 그들은 미군이 그 모든 아이들은 물론 직원들을 어떻게 할지 알고 싶어 하였다. 그러나 나도 아무런 대책이 없었다. (중략) 크리스마스가 다가왔다. 서울에서는 군인들을 점점 더 찾아보기 힘들게 되었다. 시민들도 모두 떠났으며 도시를 방어하려는 움직임 또한 전혀 보이지 않았다. 모든 것이 소름끼칠 정도로 조용해졌다. 내게는 아직도 대피시켜야 할 1,000명에 가까운 고아들이 있었다. (중략) 나는 거의 한 달 동안 계속해서 서울시장 집무실을 찾아가 행정직원들을 귀찮게 했다. 그들 또한 내 부탁을 듣는 것에 질려가고 있었다. 그러나 그것 말고는 무엇을 해야 할지 알 수가 없었다. 12월 10일, 마침내 도움을 줄 수 있을 만한 사람과 이야기를 하게 되었다. 한국공군 군사고문단인 제6146ABU지휘관인 딘 헤스 중령이 묘안을 찾아낸 것이었다. 그는 제2차 세계대전 때 전투조종사로 복무하였다. 또한 그는 군목이기도 하였지만 비행 실력 역시 매우 훌륭하였다. 우리는 예전에 만난 적이 있었다. 헤스 중령은 우리 고아원에 관심을 가지고 있었다. 그의 부대는 재정적으로도 고아들을 후원하였으며 아이들 몇 명에게 일자리를 주기도 하였다. “우리는 C-47 수송기가 일본에서 12월 12일에 돌아올 예정입니다.” 우리가 공군기지에서 만났을 때 그가 말하였다. “어쩌면 우리가 제5공군의 고아들을 서울 비행장에서부터 제주도까지 데려다줄 수 있을지도 모릅니다.” 헤스 중령은 자기 부대 소속의 소규모 파견대가 남한의 섬인 제주도에 주둔하고 있다고 알려주었다. 그 섬에서 그는 한국 공군 조종사들을 양성하고 있었다. “중령님은 고아들에게 살 길을 찾아주신 첫 번째 분입니다.” 나는 감사하며 말하였다. (중략) 수송기들이 일본에서 오기를 기다리는 동안 서울시 직원 하나가 마침내 우리에게 연락을 취하였다. 그는 한국 공군이 고아들을 제주도로 데려갈 수 있도록 배 한 척을 마련하였다고 알려 주었다. 그렇게 하면 모든 고아를 함께 데려갈 수 있다는 것이었다. (중략) 왕복 수송을 되풀이해서 아이들과 직원들 모두를 인천으로 옮겼다. 인천에 도착할 때마다 항구로 가서 진짜 배가 입항하였는지 확인하였다. 한숨도 눈을 붙이지 못한 그 나흘 동안 수도 없이 항구로 나가 보았지만 아무 배도 오지 않았다. (후략)

여기에서 헤스 중령과의 조우 장면이 나온다. 헤스는 그에게 수송기를 이용할 수 있는 아이디어를 제공하였지만 이루어지지는 않았다. 그 사이에 서울시에서 선박을 제공받을 수 있다고 하였다. 블레이즈델은 이 말을 믿고 인천항으로 전쟁고아들을 수송하였다. 그러나 전쟁고아를 수송할 선박은 오지 않았다. 그의 회고록에 의하면 인천항으로 전쟁고아들을 모두 수송한 후 난방도 되지 않는 썰렁한 학교건물에 전쟁고아들과 직원들이 머무르게 하였다. 그 과정에서 병과 추위로 죽은 아이까지 발생하였다. 이런 상황에서 수송할 선박이 없었으니 얼마나 절망했겠는가. 인천항으로 옮긴지 3일째 지나서 만난 선박은 도저히 아무도 태울 수 없는 선박이었다. 갑판도 없었으며 부서진 배였다. 그 배를 타고 제주도로 향한다고 하더라도 모두가 동사할 것처럼 보였다. 그러나 그는 여기에서 모든 것을 포기하지는 않았다.

❙ 김포공항에 가기 위한 트럭을 구한 블레이즈델 출처 : 충현원

기적 41)

(전략) 그런데 우연히 사령부에 남아 있는 사람이 지금 내 앞에 서 있는 작전 책임자 T.C.로저스 대령이었다. 총사령관을 제외하고는 여기 이 남자가 비행단 전체에 서울을 향해 출격 명령을 내릴 수도 있는 유일한 사람이었던 것이다. 내가 필요로 하던 상관이 그 순간 그곳에 있었다는 것은 놀라운 신의 섭리였다. 나는 그에게 내 모든 사정을 말하였다. (중략) 로저스 대령은 말 한 마디 없이 그의 작전지침서를 꺼냈다. 그는 잠깐 망설이더니 수화기를 들었다. "미국에서 지금 막 일본에 도착한 C-54기가 있는데 아직 그들에게 부여된 임무가 없소." "수행할 임무가 없다니요?" 나는 이해하지 못한 채 물어보았다. 그는 다부진 근육질의 호리호리하고 잘생긴 남자였다. 나는 사령부내에서 그와 마주친 적이 있었지만 개인적으로는 잘 알지 못하였다. 그는 진심으로 우리를 돕고 싶어 하는 것 같았다. 아마 나는 금방이라도 쓰러질 것처럼 보였을 것이다. "내일 오전 여덟시까지 아이들을 김포공항으로 데려올 수 있습니까?" 그가 물었다. "물론입니다. 대령님." 나는 고개를 끄덕였다. (중략) 우리게는 트럭이 충분하지 않았지만 그 마지막 희망 한 오라기를 놓칠 수는 없었다. 아마도 그것이 내가 애타게 찾고 있었던 기적이었던 것이다. 로저스 대령은 우리 고아들을 수송하기 위해 이제 막 임부수행을 위해 대기중인 비행기 C-54수송기를 제공해 준다는 것이었다. 정확히 16대의 비행기를 말이다. 나는 곧장 병원으로 가 제주도에서 근무하고 있던 딘 E. 헤스 중령에게 내일 아침 김포공항에서 제주도까지 비행기를 타고 대피할 것이라고 무전을 보냈다. (중략) 나에게는 트럭 호송대가 필요하였다. 모두가 떠났다면 어떻게 트럭 호송대가 있을 수 있겠는가? 만일 트럭을 구하지 못한다면 (중략) 우리는 인천항에서 살을 에는 듯한 추운 감을 새우며 이른 새벽까지 우리의 트럭이 도착하기만을 기다렸다. 몇 대의 해병대 트럭이 더 도착해서 계속 시멘트를 배에 싣고 있었다. 어느 곳에서도 공군 트럭은 보이지 않았다. 일천 명의 고아들을 그들의 유일한 희망의 피난처로 옮겨야 할 시간은 이제

41) 러셀 블레이즈델, 앞의 책(2011), pp.151~160.

> 네 시간밖에 남지 않았다. (중략) 그런 식으로 해서 나는 14대의 트럭을 얻을 수 있었다.

이 당시에 그는 인천항에서 김포공항으로 전쟁고아를 수송하는 것이 급선무였다. 다행히 수송기는 얻어 냈지만 육로수송까지는 해결하지 못한 상황이었다. 인천항에서 시멘트 하역작업을 하던 해병대 트럭을 발견하고는 다짜고짜 계급장을 들이 밀며 이들을 이용하여 아이들을 옮기게 하였다. 무모하지만 선택할 방법은 없었던 절박함에서 해결책을 찾은 것이다. 수송 도중에 나타난 해병대 지휘관에게 후에 현장에서 자초지종을 설명하자 이를 승낙 받는 행운이 이어졌다. 실로 기적이었다.

I 김포공항에 도착한 블레이즈델 출처 : 충현원

제주도, 희망의 땅으로[42)]

(전략) 우리가 서울 쪽으로 되돌아서 김포공항으로 향하는 동안 차가운 회색 구름이 우리를 바짝 좇으며 하얀 눈을 뿌리고 있었다. (중략) 나와 스트랭 하사 그리고 두 명의 의사가 탄 지프차가 선두에서 호송대를 이끌었다. (중략) 비행기들은 12월 20일 오전 여덟시부터 우리가 도착한 열시까지 눈 내리는 활주로 위에서 우리를 기다려주고 있었다. 비행기 옆에 차가 멈추었을 때 아이들은 추위를 이기려고 서로 부둥켜안은 채 침착하게 기다리고 있었다. (중략) 우리가 남쪽을 향해 바다를 건너 144km를 더 날아 내려갔을 때 수평선 너머로 섬의 형체가 보이기 시작하였다. (중략) 비행기가 착륙하는 동안 처음으로 안도감이 내 몸을 휘감았다. 직원들도 기뻐 환호하며 껴안았고 몇몇 아이들의 얼굴에는 미소가 떠올랐다. 나는 활주로에 서서 모든 비행기가 도착하는 것을 지켜보았다. (중략) 제주시장과 많은 섬의 인사들이 우리를 마중하기 위해 그곳에 나와 있었다. 우리가 도착하자 시장은 전형적인 한국 전통의상인 삿갓에 한복을 갖춰 입고 나왔다. 그의 부하 직원 두 세 명도 그와 비슷한 차림이었다. (중략) 섬에서 한국 전투조종사들을 위해 P-51 무스탕기 훈련을 담당하고 있는 딘 헤스 중령이 시장에게 우리가 올 것이라고 알려주었다는 것을 알게 되었다. 딘 헤스 중령 또한 우리를 마중 나와 있었다. 결국 우리는 인천에서 배를 기다리며 겪었던 숱한 고생들 속에서도 로저스 대령을 비롯하여 자신의 약속을 지켜준 많은 사람들 덕택에 무사할 수 있었던 것이다. 헤스 중령은 피난 장소를 우리에게 약속했고 결국 지킨 것이다. 나는 그의 손을 굳게 잡으며 악수했다. 딘 헤스 중령은 마을 사람들과 힘을 합쳐 우리의 숙소를 준비하여 주었다. (후략)

제주도에 무사히 당도한 여정을 담고 있다. 이 과정에서 헤스 중령이 마중나온 사실을 밝히고 있다. 헤스 중령은 고아들의 피난생활이 될 숙소를

42) 러셀 블레이즈델, 앞의 책(2011), pp.161~167.

▎제주도에서의 전쟁고아들 모습 출처 : 충현원

미리 준비 해 두었음을 알 수 있다. 그러나 전쟁고아를 서울에서 관리하고 제주도로 수송시킨 주역은 블레이즈델이었음은 확실해 보인다.

'전송가'의 주인공 딘 헤스

여기에서 딘 헤스 중령과 관련된 내용을 잠시 언급해본다. 그 역시 서울에서 탈출하는 전쟁고아를 위하여 많은 노력을 하였다. 제주도에서 전쟁고아들이 거처할 공간을 마련하는데 많은 역할을 하였음은 블레이즈델의 회고를 보면 알 수 있는 사실이다. 그가 적절한 거처를 마련해 주지 않았다면 전쟁고아들과 블레이즈델은 많은 고초를 겪었을 것이다. 이러한 역할을 적시적절하게 해결해 준 공로가 지대하였다. 그는 블레이즈델의 회고에도 등장하듯이 한국공군조종사들에 대한 조종교육을 제주도에서 실시하고 있었다. 당시에는 최신예 전투기인 F-51의 교육을 지도하였으며, 우리나라 공군사에서 중요한 인물로 기록되어 있다. 이와 같은 공로로 그는 '한국공군의 아버지'라는 칭송도 받고 있다. 이처럼 그가 우리나라 공군에 끼친 업적은 인정해야 마땅하다. 헤스는 우리나라 공군의 입장에서는 매우 중요한 역할을 수행하고 있었다. 그가 기울이고 있는 우리나라 초창기의 공군교육에 대한 노력은 이미 그를 유명인으로 인식하게 만들었던 것 같다. 이것은 당시에 헤스가 임기를 마치고 본국으로 돌아가게 되었을 때 이승만 대통령을 만났다는 사실에서 알 수 있다. 본국으로 돌아간다는 것을 알게 된 이대통령은 그를 대통령 관저로 불러 훈장을 수여하고 그의 공로에 각별한 존경을 표하였다. 대통령이 그를 관저로 초청했다는 것은 그의 위상을 나타내 주는 대목이다. 그가 이토록 대통령의 관심을 받은 것은 그의 공군에 대한 기여뿐만 아니라 전쟁고아를 돌보았다는 것이 또 하나의 이유였다. 이를 보면 헤스는 전쟁고아에 대해서도 많은 관심을 갖고 보살폈음을 알 수 있다. 대통령이 헤스를 만나 나누었던 대화에 대한 기록을 살펴보면 우리나라의 열악한 형편으로 인해 제대로 전쟁고아를 관리할 수 없었다는 것과 헤스 역시 충분하지 못한 의약품 등으로 전쟁고아들이 희생

대통령과 헤스 중령의 만남

되는 안타까움을 담은 내용이 나온다. 또한 브레이즈델이 서울에서 돌보던 전쟁고아 천여 명을 제주도로 피신시켰다는 내용도 있다. 이를 보면 전쟁고아 구출작전에서의 주역은 브레이즈델이었으며, 헤스는 제주도에서 합류하여 전쟁고아를 돌보았음을 알 수 있다.

> 이승만 대통령은 이제 한국을 떠나야 할 헤스 중령에게 서글픈 표정으로 말했다. "한국은 아직 고아들이나 집 없는 아이들을 돌볼 형편이 못 됩니다." 헤스 중령은 제주도 고아원에 있는 천여 명의 고아들을 생각했다.1950년 12월, 중공군을 피해 연합군이 후퇴를 시작하던 때, 미 공군 군목 러셀 블레이즈델 중령의 노력으로 서울에 있던 천여 명의 고아들을 제주도로 겨우 피신시킨 일이 있었다. 당시, 제주도에서 한국 공군 훈련을 지휘하고 있던 헤스 중령은 그 고아들을 받아 보살피고 있었다. 비록 제주도가 전쟁의 위협으로부터 멀리 떨어져 있긴 했으나 열악하기 짝이 없는 환경에서 아이들은 질병과 굶주림으로 생사를 넘나들었다. '우리가 승리를 목표로 전쟁을 하고 있지만, 어린아이들이 다 없어진다면 승리가 무슨 의미가 있겠는가?' 그는 아이들을 살리기 위해 갖은 방법을 동원했지만 구할 수 있는 음식과 약품에는 한계가 있었다. 마지막으로 그가 할 수 있는 일은 죽어가는 아이를 따뜻하게 안아주는 것이었다.
> 이승만 대통령은 지난날을 회상하며 묵묵히 서있는 헤스 중령에게 무공훈장을 수여하고 그의 공로에 각별한 고마움을 표했다. 미국으로 돌아간 헤스 중령은 한국의 고아들을 돕기 위해 6.25전쟁의 경험을 책으로 펴냈고, 그의 이야기가 영화 「전송가」로 만들어지자 1956년에 방한해 이 대통령을 다시 만났다. 그는 책과 영화로 받은 수익금 전부를 한국보육원에 보냈고, 그 후로도 몇 차례 더 한국을 방문했다. 헤스 중령은 미국에서 한국의 보육원 육성을 위한 성금을 모으는데 주력했고 이러한 내용에 대해 이승만 대통령과 서한을 주고 받았다. 그의 모금활동은 20년간 계속됐다.
>
> 출처 : 대통령기록관 홈페이지, '대통령의 특별한 만남'

영화 「전송가」는 1957년에 제작되었다. 영화에는 당시의 전쟁고아들이 직접 참여하기도 하였다. 그는 제2차 세계대전에서 오인폭격으로 민간인에게 피해를 입힌 자책감으로 후에 목사가 되었으나, 6·25전쟁이 발발하자 재소집되어 조종교관으로 활약하였다.

❙ 전쟁고아와 군인 출처 : 영화 「전송가」에서 캡처〉

블레이즈델의 회고를 바탕으로 하여 헤스와의 관계를 살펴보면, 전쟁고아를 구출한 일명 '유모차 공수작전(The Kiddy Car Airlift)'에서의 주연은 분명 블레이즈델 이었다. 헤스의 역할도 분명 있었지만 블레이즈델의 공로가 우선하고 있었음을 알 수 있다. 그렇지만 분명한 것은 전쟁고아를 현장에서 돌보며 보모역할을 한 이름 모를 사람들, 수송기를 조치해 준 로저스, 해병대 트럭을 흔쾌히 허락해 준 해병대 지휘관, 스트랭 하사와 수송대에서 근무한 미군 장병들의 헌신이 진정한 주연이었고 주인공으로 칭송받아야 할 것이다. 블레이즈델은 이후에 군법에 회부되었다. 군목으로서의 본연의 임무를 수행하기 보다는 전쟁고아를 돌보는 역할에 집중하였으며, 전쟁고아들을 제주도로 이송시키는 과정에서 거짓명령으로 군용장비를 이용했다는 것이 주된 사유였다. 그러나 그는 별 다른 처벌을 받지는 않았다. 그의 순수한 인도주의 정신을 높이 바라본 결과였다. 블레이즈델은 전쟁이 끝난 뒤 대령으로 예편하고 목회의 길을 걸었다.

북한의 전쟁고아 영화 「김일성의 아이들」

6·25전쟁은 남북한 모두에서 전쟁고아를 생겨나게 만들었다. 북한의 경우에는 전쟁고아 5,000명 이상이 위탁교육이라는 명분으로 폴란드, 체코, 헝가리, 루마니아, 불가리아 등 동유럽 여러 나라로 보내졌다.[43] 이들은 여기에서 10여 년 정도 생활하고 귀국하게 되었다. 우리나라의 아이들은 주로 미국으로 입양된 반면에 북한에서는 동유럽 사회주의 나라에 위탁교육을 보냈다. 북한의 전쟁고아들은 1956년부터 북한으로 송환되기 시작하였다. 당시의 북한은 이른바 '종파사건'이 발생한 상황이었다. 전쟁 이후에 북한은 각 파벌에 의한 치열한 권력 다툼이 벌어지고 있었다. 이러한 과정에서 김일성을 축출하고자 하는 움직임이 있었다. 1956년 8월 당중앙위원회 전원회의 개최를 계기로 김일성을 당에서 축출하고자 하는 세력이 있었으나, 사전에 누설되어 주도자들이 체포되는 사건이 발생하였다. 이를 종파사건이라 한다.[44] 사건의 모의는 김일성이 1956년에 동유럽을 방문하고 있는 중에 발생하였다. 그는 모종의 음모가 있다는 첩보를 입수하고는 방문을 중단하고 부랴부랴 귀국하였다. 김일성은 기민하게 반응하면서 주도자들을 색출하고 제거할 대상을 추려냈다. 그는 이 사건의 중심에 연안파와 소련파가 있다는 것을 알게 되었고 이들을 대대적으로 숙청하였다. 그는 반대파의 숙청을 통하여 오히려 당권을 완전히 장악하여 1인 지배의 독재권력 기반을 공고히 하는 계기로 삼았다. 그는 위기를 맞았으나 이를 일인독재체제를 확립하는 기회로 삼은 것이다. 북한에서는 기존의 신앙이나 신념체계에 이의를 제기하면서 새로운 세력을 형성하는 사람을 종파주의자라 한다. 이들이 모인 단체를 종파, 이들의 사상을 종파주의라고 한다.[45] 북한에서의 종파주의는 수령 중심의 유일지배체제라는 정치체제의 특성을 고려할 때 이에 순응하지 않는 독자적인 세력의 사상이나 행동을 의미하

므로 절대 용납하지 않는다. 종파주의는 당의 통일과 단결의 와해, 노동운동의 파괴로 보고 있다. 그러므로 이는 반당적이며 반혁명적인 사상으로 규정하고 있는 것이다.

이러한 국내의 상황에서 북한은 동유럽에 보냈던 아이들을 불러들인 것이다. 1956년에 소련을 비롯한 동구권에서는 탈스탈린화가 시작되고 있었다. 헝가리에서도 헝가리 혁명이 발생하였다. 동유럽에서 자유화 바람이 불기 시작한 것이다. 김일성의 입장에서는 국내외에서 발생하고 있는 일련의 상황은 기존의 질서를 거부하는 행동으로 보였을 것이다. 그러므로 감시의 사각지대에 놓여 있는 외국에서 생활하는 전쟁고아는 단속의 대상으로 삼기에 충분한 조건이었다. 그들은 동유럽에서 살면서 봉기를 바라보고 있었으며, 무엇보다도 유럽의 선진문물을 접하면서 다양한 사상을 정립할 수 있는 환경에 놓여 있었다. 또한 현재는 아이들이지만 세월이 흐르면서 사리분별 능력이 충분한 연령에 도달하게 되면 더욱 큰 부담으로 작용할 수도 있다는 염려도 숨어 있었다.

이로 인해 김일성은 해외로 내 보낸 전쟁고아들이 자칫 북한의 체제에 반하는 생각과 행동을 할 수도 있다는 걱정을 충분히 할 수 있는 상황이었다. 김일성의 목적은 자신을 우상화시켜 공고한 권력 기반을 다지는데 있었다. 그러므로 국내외를 막론하고 그에 대한 비판적 행위가 예상된다면 어떠한 수단을 동원해서라도 막고자 하였다. 해외로 보낸 전쟁고아들도 예외가 될 수 없었다. 그들은 비록 어린아이들이었지만 외국생활을 통하여 다양한 소식을 보고 들으면서 국제정세를 보는 안목도 높아지고 있었을 것이며, 이로 인해 현안에 대한 비판 의식과 합리적인 사고 능력도 함께 밝아지고 있었을 것이다.

「김일성의 아이들」은 2020년에 김덕영 감독에 의해 제작되었다. 북한의 전쟁고아를 추적한 영화이다. 영화의 내용은 북한으로 송환되면서 겪게 되는 인간적인 애잔함을 바탕에 두고 있다. 영화는 루마니아의 미르초유라는 할머니의 한 서린 러브스토리에서 시작하여, 당시 북한 전쟁고아들의 생활상 등을 다큐멘터리 형식으로 담아냈다. 할머니는 당시에 북한 전쟁고아를 데리고 온 교사를 만나 부부의 인연을 맺게 되었다. 그러나 인솔교사였던 남편이 북한으로 송환되면서 지금까지 60여 년의 세월을 만나지 못하고 살고 있다. 할머니가 겪은 이별의 사연과 아픔은 가슴을 저미게 하는 내용이기도 하다. 북한의 전쟁고아가 생활했던 곳에는 아직도 북한 친구를 그리워하는 현지인들의 모습을 영화를 통하여 만날 수 있다. 동유럽의 각국에 보내져서 살았던 세월이 10여 년이었다. 당연히 현지에는 친구들도 많았을 것이며 이들과 헤어지는 것이 아쉽기도 하였을 것이다. 당연한 인지상정(人之常情)이다. 이들이 언젠가는 재회하기를 기대해본다.

영화는 남북한의 전쟁고아에 대한 대응방식은 다소의 차이가 있었음을 알게 해준다. 대한민국은 주로 국외의 가정에 입양하는 형태였던 반면, 북한은 집단체제로 그들을 관리하고자 하였다. 또 다른 하나의 차이는 양측에서 선택한 대상 국가였다. 각각은 그들과 이념을 같이 하는 국가를 선택하였는데, 당시의 미국과 소련을 중심으로 한 국제질서를 놓고 보면 당연한 결과였다.

남북한 모두에게 전쟁고아는 불행한 역사의 한 단면을 보게 한다. 사진은 동유럽에 보내져 수업 중인 북한 전쟁고아들의 모습을 담은 영화의 한 장면이다.

43) 국방부군사편찬연구소, 『소련군사고문단장 라주바예프의 6·25전쟁보고서 2』 (서울 : 군인공제회, 2001), p.13.

44) 통일교육원, 『북한지식사전』 (서울 : 통일교육원 교육개발과, 2016), p.683.

45) 통일교육원, 앞의 책, p.608.

넷째 장

국가의 책무

넷째 장

01. 전쟁고아에 대한 국가의 인식
02. 국가의 책무

01

전쟁고아에 대한 국가의 인식

전쟁이 끝나고 많은 시간이 흘렀지만 거리를 떠도는 많은 전쟁고아의 문제는 해결되지 못하고 있었다. 해결을 위한 정부 차원의 적극적이고 적절한 대책을 강구하지 못하고 있었다. 이들은 부랑아로 불리면서 사회문제로 취급되기 시작되었다. 여기에서 '부랑아 = 6·25전쟁고아'로 등식을 성립시키기에는 무리감이 있다.[1] 오래 전부터 집 없거나 연고자 없이 떠도는 부랑인은 존재하였다. 그러므로 어느 시대를 막론하고 있었다고 보아야 타당할 것이다. 그동안은 사회문제가 되지 않을 정도의 소수 인원이었지만 점차 그 인원이 증가하면서 사회문제로 부상하였다. 국가 차원에서 해결해야 할 문제가 된 것이다. 그 중심에는 6·25전쟁이 있었다. 전쟁고아와도 밀접한 관련이 있다. 전쟁으로 부모를 잃은 어린아이들은 세월이 흐르면서 청소년기에 접어들고 있었다는 것을 고려해야 할 것이다. 첫째 장에서 언급했듯이 전쟁은 많은 수의 전쟁고아를 만들어 냈으며 가족관계를 파괴시켰다. 가족관계의 파괴에 따라 어쩔 수 없이 거리를 떠도는 부랑아들은 늘기 시작하였다. 여기에 더하여 전쟁의 피해를 받은 많은 국민들은 하층민으로 전락하였다. 특히 도시로의 인구 집중과 이로 인해 발생하는 도시의 하층민 증가는 전쟁고아의 증가와 함께 수많은 부랑아를 만들어 냈다. 이는 다음의 통계에서도 확인할 수 있다.

---

1) 전쟁 직후의 시기에는 앞에서도 밝혔듯이 전쟁고아와 부랑아라는 용어가 혼용되기도 하였다. 신문기사를 살펴보면 1960년대 들어서면서 '부랑아고아'라고 부르기도 하였다. 이 시기부터는 전쟁고아라는 용어보다는 고아로 칭하는 경우가 더 많아지기 시작하였다. 결론적으로 1960년대부터는 전쟁고아, 부랑아고아, 부랑아 등으로 혼재된 용어사용을 보이고 있었다.

부랑아 보호시설 수용자 현황 (단위 : 명)

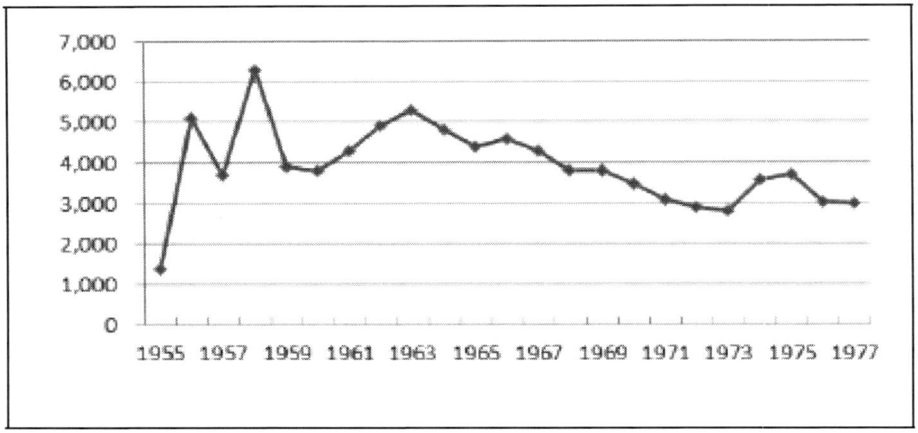

출처 : 보건복지부 『보건사회통계연보』, 각 연도, 『사회복지 70년사』, p.440에서 재인용.

눈여겨 볼 대목은 1955년부터 1958년도에 이르는 시기에 수용자의 수가 급격히 증가되었다는 것이다. 1958년에는 약 6,300여 명에 이르렀다. 이는 1955년 이전에 비해 하층민의 수가 가파르게 증가하는 현상을 보이는 반증이기도 하다. 이처럼 급격한 증가는 지역사회에서 해결할 수 있는 차원의 사회문제를 넘어 국가에서 해결해야 할 문제로 대두되기 시작하였다. 이쯤되면 정부 차원의 적극적인 대책과 제대로 된 관리를 통하여 이들이 정상적인 시민으로 살아갈 수 있도록 정책을 추진하는 것이 필요하다. 이것이 국가의 책무이며 국민이 국가로부터 보호 받아야 하는 권리이며, 궁극적으로는 행복추구권이다. 국민은 인간으로서 누려야 할 최소한의 생활을 국가에 요구할 수 있다. 그렇기 때문에 헌법 제10조에서는 인간의 존엄과 행복 추구를 말하고 있는 것이다. 이를 본다면 국가는 모든 국민을 인간답게 살 수 있도록 필요한 조치를 하여야 한다. 이것이 국가의 기본적인 책무 중의 하나이다.

제1공화국의 전쟁고아에 대한 인식과 정책

전쟁이 끝나고 사회적으로 안정을 찾아가는 분위기가 조성되고 있었지만, 정부는 이들에 대한 행복추구에는 관심을 갖고 있지 않았다. 그 시설 1인당 국민소득이 1953년 기준으로 67달러에 불과한 빈민국 중의 빈민국이었다. 이러한 경제적인 현실을 고려하면 충분히 이해가 가는 대목이다. 또한 산업시설 등 국가기간산업의 피해도 상당하여 이를 재건시키는 것이 전후복구사업의 중점이 될 수밖에 없었다. 전쟁을 막 치르고 난 국가의 형편은 전후복구사업에 전념하기에도 벅찼다. 모든 것이 부족한 실태였다. 출발부터 열악한 신생독립국에게 닥쳤던 전쟁은 감당하기 어려운 국가적 사태였으며, 이후에는 형편을 더욱 어렵게 만들었다. 제1공화국은 전쟁의 포성이 멈추고 나자 목숨을 부지하기도 힘들 만큼 어려운 형편에 처한 국민들을 위하여 법률을 제정하고자 하였다. 이 법률은 1953년 10월에 사회부에서 작성한 「국민생활보호

國民生活保護法(假稱)起草
最低生活을保障
老衰, 不具, 病者孤兒等
軍需品節約
孤兒難民等救護

「국민생활보호법」 초안이 작성되었다는 것과 최저생활을 보장한다는 기사 내용을 담고 있다. 그러나 법제화되지는 못하였으며, 1961년에 이르러 「생활보호법」이 제정되었다. 그후 2000년에 국가에서 책임질 최소한의 의무와 국민의 권리를 보장하는 것에 중점을 둔 「국민기초생활보장법」을 제정하기에 이르렀다.

❙ 국민생활보호법 출처: 동아일보(1953.10.24.)

법」 초안을 말한다.[2)]

앞의 둘째 장 '사회복지와 전쟁고아 관련 법령의 발달 과정'에서 잠시 언급한 내용이다. 이는 국가적 차원의 국민보호법을 마련하고자 한 것으로 평가할 수 있다. 총칙을 살펴보면, '국가는 생활이 곤란한 모든 국민에 대하여 곤란한 정도에 응하여 필요한 보호를 행하여 최저한도의 생활을 보장함과 동시에 그 자립을 조장함을 목적'으로 하고 있음을 밝히고 있다.[3)] 보호대상은 부양의무자가 없거나 부양의무자가 있어도 부양할 능력이 없는 경우의 자에 한하고 있다. 해당되는 경우는 ① 연령 65세 이상의 노쇠자 ② 연령 18세미만의 아동 ③ 임산부 ④ 불구, 폐질, 상이 기타 정신 또는 신체의 장애로 인하여 근로능력이 없는 자 ⑤ 기타 보호기관이 본법에 의한 보호를 필요로 한다고 인정하는 자 등으로 정하고 있다. 이에 따른 보호의 종류를 세분화시켜 법률을 제정하고자 하였다. 그렇지만 앞에서도 밝혔듯이 예산문제를 이유로 들어 시행은 하지 못하였다. 그로부터 시간이 흘러 1961년에 가서야 제정될 수 있었다.

아동에 관련된 법률의 제정도 시도하였다. 1952년에는 한국아동복리위원회가 구성되어 「아동복리법안」을 작성하여 1957년 11월에 법제실 심의에 회부하였으며, 1959년 국무회의에 상정되었다. 이 법안의 목적은 '아동의 건전한 육성과 복리의 보장'에 두고 있었다. 아동에게 금지시켜야 할 내용을 담고 있는데, ① 12세 미만 아동의 곡예 행위 ② 10세 미만 아동의 판매 행위 ③ 14세 미만 아동의 접객업소 종사 ④ 아동의 음행 등을 금지한다는 내용을 두고 있다. 이것은 아동에 대한 학대행위를 금지하고 아동의 권리를 보장하고자 한 내용이었다. 그러나 부처간에 이견이 발생하였는데, 예산문제가 관건이었다. 법안에는 복리시설 설치로 ① 아동상담소 ② 조산시설 ③

---

2) 동아일보, 「국민생활보호법」, 1953.10.24

3) 『국가법령정보센터』 (검색일: 2020.7.7.)

兒童의福利를保障

毆打·虐待하면實刑

兒童福利法案 관國務會議에

物品販賣行爲등禁止

「아동복리법안」에는 아동복리에 대한 사항을 조사 및 연구를 위하여 중앙에는 보건사회부장관 관할하에 아동복리위원회를 두고, 지방에는 시장이나 도지사 아래에 위원회를 구성하여 자문에 응하도록 하고 있었다. 그러나 이 법안은 법제화되지 못하였다.

▎아동의 복리를 보장 출처 : 동아일보(1959.11.14.)

양호시설 ④ 정신박약아보호시설 ⑤ 맹농아보호시설 ⑥ 신체허약아보호시설 ⑦ 지체부자유아보호시설 ⑧ 모자보호시설 ⑨ 탁아시설 ⑩ 아동휴양시설 등의 아동복리시설 설치 등이 포함되어 있었다.

법안을 조율하는 과정에서 4·19혁명이 발생하여 다시 보건사회부로 반송되었으며 법제화가 무산되었다. 이 법안 역시 1961년에 가서야 제정될 수 있었다. 예산문제라는 가장 기본적인 난제가 있었음은 인정할 수 있으나, 이승만 정부의 전쟁고아에 대한 대책은 크게 의미를 찾기 어렵게 이루어졌다. 전후에도 적극적인 구호대책이 부재하게 되자 전쟁 중에 발생한 전쟁고아 중에는 시설에 수용되지 못하고 거리를 헤매는 부랑아로 전락한 경우가 많았다. 오히려 경제적인 사유로 집을 나서는 아이들까지 늘어나면서 이들은 수는 더욱 증가되었다. 또한 시간이 지남에 따라 이들의 연령도 증가하였다. 청소년기에 접어 든 이들은 어린아이들 차원의 문제를 넘어서는 경우가 발생하기 시작하였다. 국가 차원에서는 이들에 대한 수용시설과 직업보도 실시 등으로 이를 적극적으로 관리할 필요가 있었으나 이러한 대책은 크게 부족하였다. 1960년대가 되어서야 직업보도 시설에 수용되기 시작한 것을 보면 이를 알 수 있다. 그러나 이와는 비교되는 것이 있었다. 장기집권욕은 가히 비교 대상을 찾기 힘든 상태였다. 그는 자신의 장기집권을 위하여 헌정을 유린하는 행태를 자행하였다. 전쟁 중이었음에도 불구하고 1952년에 발췌개헌이라 불리는 부산정치 파동과 제1차 개헌이 있었다. 이어서 1954년에는 사사오입 개헌이라 불리는 헌정사의 오점을 남기는 개헌을 단행하였다. 1960년 3월 15일 실시된 제4대 대통령선거에서 자유당은 5만여 경찰을 동원하여 야당 참관인들을 투표장 밖으로 몰아내고 3인조, 5인조 투표를 공공연히 진행시키는 등의 불법을 저질렀다. 이날 저녁 마산에서는 3·15부정선거에 항의하는 시위가 일어났다. 이를 계기로 인해 4·19혁명이 촉발되는 상황까지 이어졌다. 4월 19일에 전국의 대학생들이 3·15부정선거의 무효를 주장하는 대규모 시위를 벌였고, 4월 26일 대학교수들의 대통령하야요구시위가 있었다. 이때를 중심으로 일어난 시위를 4·19혁명이라고 한다. 경찰도 손을 쓸 수 없는 상황에 이르렀다. 결국 시민혁명은 대통령을 물러나게 만들었다. 한편 국회는 4월 22일에 시국수습대책특별위원회를 구성하였다. 4월 26일에 특별위원회에서는 '이승만 대통령 즉시 하야, 3·15부정선거무효와 재선거실시, 과도내각하의 내각책임제개헌단행' 등을 내용으로 하는 결의안을 제출하였고, 국회는 이를 채택하였다. 이에 따라 4월 27일에 이승만대통령이 하야를 선언하였다. 5월 2일에 국회는 이승만대통령의 사임서를 수리하기에 이르렀다. 마침내 독재는 종말을 고하였다.

정권 유지에는 전쟁 중이었음에도 대단한 적극성을 보였지만 국민의 행복추구에 관해서는 이를 적극적으로 돌파하지 않았던 지도자의 말로는 이처럼 비참하게 권좌에서 물러나야 했다. 제1공화국은 복지정책을 추진하기에는 재정확보부터 어려움은 있었다. 1950년대 중반 이후 보건복지예산은 정부예산의 4% 내외를 차지하고 있었다.[4)]

1960년 5월 29일 새벽에 김포 공항에 도착하여 하와이로 망명길에 올랐다. 4·19혁명 후 과도정부의 주선으로 이루어졌다. 가운데 중절모 차림이 이승만이다.

▎망명길에 오르는 이승만 대통령 출처 : 『대한민국 국회 60년사』

▎연도별 사회부 예산 총액

연도	1951	1954	1957	1959
예산액(백만 환)	538	355	701	1,023

그렇지만 예산 부족 문제가 크게 있었다 하더라도 국민보호에 대한 책무를 면제받을 수는 없을 것이다. 앞에서 밝혔듯이 시설에서 탈출하여 부랑아로 생활하는 아이들이 지속적으로 발생했다는 것은 시설에서 전쟁고아들을 관리하는 측면에서 문제가 발생하고 있었을 것이다. 이러한 현상은 관리감독의 부실로 볼 수 있으며, 이를 철저히 이행하고자 하는 면모는 부족했다고 평가할 수 있을 것이다. 고아원의 부실운영에 대한 경고는 정부수립 이후부터 지속되고 있었다. 제1공화국 초기부터 발생하고 있었다. 이를 살펴보면 다음과 같은 경우가 있었다. 전쟁이 발발하기 이전인 1949년에는 배급물자에 눈에 어두운 고아원 원장이 유령고아원을 세워 이를 착복한 사실이 적발되기도 하였다.[5] 전쟁 중인 1952년에는 구호물자가 도난 되어 시중

4) 보건복지부, 앞의 책(2015), p.71.

5) 동아일보, 「배급물자에 욕심내어 유령고아원 등장」, 1949.1.13.

에서 유통되기도 한다는 보도가 있었다. 이는 유엔을 통해 지원된 약품, 의류품 등이었다.[6] 유엔을 통해 들어오는 구호물자에 대한 배정에 대한 별도의 규정은 법규에 명시되어 있지 않았으며, 최종적으로 수령하는 기관에서 '구호 받은 물자를 목적에 부합하게 사용하겠다'는 각서를 제출하면 문제가 되지 않았다. 반면에 이를 관리감독하기 위한 대책은 없었던 것이 현실이었다. 이처럼 관리감독이 허술한 측면이 있었으며, 이는 당시 행정부의 전쟁고아에 대한 소극적이고 무사안일적인 태도였음을 나타내고 있다. 고아원을 운영하면서 고아의 수를 과장하거나 식량, 구호물자 등을 불법으로 매각 처분하면서 고아를 굶긴 악덕 사회사업가도 발생하는 등 부정과 비리가 발생하기도 하였다.[7] 제1공화국의 초반부터 나타나고 있었던 이처럼 잘못된 행위를 보면, 정부 차원의 적극적이고 선제적인 조치가 부실했음을 비판받기에 충분할 것이다 .

제2공화국의 전쟁고아에 대한 인식과 정책

국민의 행복과는 관심이 먼 행보에 대하여 시민들은 더 이상 참지 못하고 마침내 거리로 나섰으며, 드디어 부패했던 이승만 정부를 무너뜨리고 새로운 정부를 수립하였다. 새정부에 대해 국민들은 전쟁고아에 대한 대책을 바라고 있었다. 장면 내각의 제2공화국은 아직 채 정리하지 못한 전후복구 작업과 함께 전쟁이 양산한 전쟁고아의 인권과 관련되는 문제도 주문받고 있었다. 앞에서 언급했듯이 1960년대에 접어들면서 전쟁고아와 부랑아를 혼용하여 사용하고 있음을 신문기사를 보면 발견할 수 있다.

6) 동아일보, 「구급물자 횡유」, 1952.12.9.

7) 경향신문, 「악덕고아원장 송청」, 1955.3.25.

새 정부에 바라는 민중의 소리, 부랑고아

6·25동란 이후 특히 부모형제를 잃고 거리를 헤매는 불쌍한 어린 걸인 고아들은 서울거리에만도 우굴 대고 있다. 약 400명에 달하는 어린 고아걸인들이 시내 길거리에서 오고 가는 부녀자들의 손길을 잡고 돈을 달라고 애걸하는 것을 우리는 수없이 보고 있다. 이들 어린 걸인들은 우리나라 부녀자들만이 아니라 외국인 부녀자들에게도 매일반으로 옷깃을 잡고 돈을 달라고 길을 막는 것도 흔히 보고 있다. 이러한 현상은 우리나라를 방문하는 외국인들에게는 한국에는 걸인 고아들이 우굴 댄다는 좋지 못한 인상을 줄 것이다. 또 이들을 방치하여 둔다면 이들로 하여금 조성되는 각종 범죄는 말할 수 없을 것이다. 보건사회부에서는 이런 어린 고아걸인들을 전부 일정한 장소에 수용하여 이들에게 의무교육을 실시하여 국가의 사회악을 없애야 할 것이다. 걸인 특히 전쟁고아 걸인 일소에 무슨 대책을 세워 주어야겠다.

「새 정부에 바라는 민중의 소리」 출처 : 동아일보(1960.8.27.)

신문에서도 다루고 있듯이 전쟁 중에 보이고 있었던 전쟁고아와 부랑아들에 대한 문제를 제1공화국은 거의 정리하지 못하였다. 재정의 문제가 있었으나 이들을 보호하기 위한 국가의 책무는 이행하지 못한 것이다. 신문에서 전하는 부랑아들에 대한 모습은 전쟁 중의 상황과 거의 다를 바 없었다. 이는 국가의 책무를 다하지 못하고 있었다는 평가를 받을 수밖에 없는 대목이다. 부랑아들은 일반시민들에게도 부담이었다. '돈을 달라며 길을 막는 것을 흔히 볼 수 있다'는 점으로 보아 이들은 구걸과 구걸을 빙자한 협박성 태도를 보이고 있었음을 알 수 있다. 이러한 점은 일반시민으로서는 상당한 부담이었고 때로는 위협을 느끼게 만들었을 것이다. 이를 보면 부랑인은 사회보호가 필요한 대상이면서도 사회질서 유지 차원에서 문제로 볼 수 있는 대상이 되고 있었던 것이다. 그러나 제1공화국의 정부는 이를 해결하기 위한 적극적인 대책이 없었다. 제1공화국의 최대의 관심은 장기집권 야욕이었다.

이는 장기집권을 위한 헌법의 무리한 개정과 부정선거에서 잘 나타나고 있다. 정권 차원에서의 전쟁수행은 이러한 권력욕을 달성하는데 좋은 호재이기도 하였다. 이러한 현상은 1960년에 접어들면서도 지속되고 있었다. 부패한 공화국은 학생과 시민이 중심이 되어 무너뜨리고 새로운 정부를 출범시켰다. 국민들은 새로운 정부에서는 이러한 비참한 현실을 바로 잡아 주기를 바라고 있었던 것이다. 이는 기사의 내용을 통하여 충분히 짐작해 볼 수 있다.

그렇지만 제2공화국은 내부적으로 일치된 모습을 보이지 못하였다. 윤보선 대통령을 중심으로 한 구파와 장면 총리를 중심으로 한 구파의 대립은 혼선과 혼란을 지속시키고 있었다. 이러한 실정이다 보니 국민의 복지와 관련된 정책은 기대하기 어려운 것이 현실화되었다. 이러한 영향으로 말미암아 그 존속기간은 채 1년을 넘기지도 못하였다. 너무나 짧은 기간이었기에 제2공화국의 전쟁고아와 부랑아 등에 관련한 평가는 그 자체로 제한을 받는다.

제3공화국의 부랑아에 대한 인식과 정책

시간은 흘러 5·16군사쿠데타가 발생하였다. 비록 부정부패를 청산하겠다는 기치를 내세웠지만 4·19혁명의 결과로 탄생한 제2공화국을 총칼로 무너뜨린 그들은 정치적인 정당성에서 자유롭지 못한 것이 현실이었다. 1961년 5월 16일에 일단의 군 무리들에 의해서 발생한 군사쿠데타로 등장한 박정희는 군정 실시를 선언하면서 정국이 안정된 후에는 민정이양을 할 것을 약속하였다. 그렇지만 어느 날 갑자기 찾아 온 군부의 쿠데타로 인해 그동안 유지되었던 헌법의 기능이 일시 중지되는 불행을 가져왔다. 이들은 입법·사법·행정 3권을 장악하고 '군사혁명위원회'를 설치하였다. 이 기구는 그해 5월 19일 '국가재건최고회의'로 명칭을 변경했다. 국가통치의 법적 근거를 위해 1961년

❙ 국가재건최고회의 모습 출처 : 대통령기록관

6월 '국가재건비상조치법'을 제정하였다. 이 기구는 국가통치를 위한 최고의 기구 역할을 하였다. 군정은 사회정책에 대하여 많은 관심을 기울였다. 군사쿠데타라는 국민의 시선으로부터 자유롭지 못한 그들의 대국민정책이기도 한 셈이었다. 이들의 사회정책에 관한 관심의 정도는 군사쿠데타가 발생한 후의 군정 기간에 이루어진 입법 현황에서 이를 확인할 수 있다.

앞의 '둘째 장'에서 일부 언급한 것 이외의 사회복지와 관련된 법령 제정을 살펴보면 다음과 같다. 주요법령을 보면 「고아입양특례법」(1961), 「윤락행위 등 방지법」(1961), 「아동복리법」(1961), 「갱생보호법」(1961), 「군사원호보상법」(1961), 「군사원호보상법」(1961), 「생활보호법」(1961), 「직업안정법」(1961), 「국가유공자특별원호법」(1962), 「선원보험법」(1962), 「군인보험법」(1962), 「재해구호법」(1962), 「사회보장에 관한 법률」(1963), 「의료보험법」(1963), 「산업재해보상보험법」(1963) 등을 제정하였다. 대단히 많은 수의 법령을 제정한 것이다. 쿠데타 직후에 집중적으로 이루어진 것을 보면 정치적 목적도 작용했음을 짐작할 수 있다. 박정희는 1961년 5월 16일 군사쿠데타를 일으킨 후 민정이양을 발표한바 있었다. 그러나 시간이 흐르자 민정이양에 참여하지 않겠다는 국민과의 약속을 깨고 스스로 대통령 후보에 등록하여 1963년 10월 15일 대통령 선거를 치르게 되었다. 선거 결과 박정희 46.6%, 윤보선 45.1%를 득표함으로써, 그는 라이벌인 신민당의 윤보선 후보를 1.5%라는 근소한 차이로 제치고 1963년 12월 17일에 제5대 대통령에 취임하면서 제3공화국시대를 개막하였다. 이로써 2년 7개월의 군정은 종식되었다. 위에서 제시한 법령은 그가 대통령 당선에 이르기 이전의 군정기간에 특히 공을 들여 제정된 법률로 보면 될 것이다. 제3공화국은 부랑아 정책에서도 크게 변화를 가져왔다. 애초에 그들이 내세웠던 이른바 '혁명공약'[8]에서 이미 이를 예고하고 있었다. 총 6개항 중 제3항의 내용에 "이 나라 사회의 모든 부패와 구악을 일소하고 퇴폐한 국민도의와 민족정기를 바로잡기 위해 청신한 기풍을 진작시킨다."라는 문구가 있었다. 이어서 군사정부는 최고회의에서 1961년 6월 16일에 사법·법무정책을 발표하였다.[9] 그 내용을 살펴보면 다음과 같다.

8) 1.반공(反共)을 국시의 제일로 삼고 지금까지 형식적이고 구호에만 그친 반공태세를 재정비 강화한다. 2.유엔헌장을 준수하고 국제협력을 충실히 이행할 것이며 미국을 위시한 자유 우방과의 유대를 더욱 공고히 한다. 3.이 나라 사회의 모든 부패와 구악을 일소하고 퇴폐한 국민도의와 민족정기를 바로잡기 위해 청신한 기풍을 진작시킨다. 4.절망과 기아선상에서 허덕이는 민생고를 시급히 해결하고 국가 자주경제재건에 총력을 경주한다. 5.민족의 숙원인 국토통일을 위해 공산주의와 대결할 수 있는 실력배양에 전력을 집중한다. 6.이와 같은 우리의 과업이 성취되면 참신하고도 양심적인 정치인들에게 언제든지 정권을 이양하고 우리들은 본연의 임무에 복귀할 준비를 갖춘다.

9) 경향신문, 「최고회의 사법·법무정책발표, 대공사찰 더욱 강화」, 1961.6.16.

최고회의 사법·법무정책 발표, 대공사찰 더욱 강화

1, 법질서를 확립하고 준법정신을 앙양한다.

① 왜정 및 미군정법령과 현 실정에 맞지 아니하는 법령 등을 시급히 재정비한다. ② 국민경제를 교란하거나 국가사회의 안전을 해하는 행위에 관한 제 법령을 정비, 강화한다. ③ 범법자에 대하여는 그 지위, 신분의 여하를 막론하고 엄정 공평한 법률적용으로써 법의 권위를 높이고 준법정신을 앙양하여 사회질서의 확립을 기한다.

2, 사법운영을 근본적으로 재검토하여 재판의 신속 공정을 기한다.

① 법관 및 검사의 인사행정을 공정히 하고 그 신분을 보장한다. ② 법관 및 검사와 법원 및 검찰청 직원의 기강을 확립하고 철저한 재교육을 실시한다. ③ 재판 및 검찰사무에 있어서는 이를 일신하여 일체의 정실과 압력을 배제하여 그 신속 공정한 운영과 형량의 균형을 기한다.

3, 형사정책에 있어서는 일체의 사회악을 근절하고 민족정기를 진작하여 사회정의를 구현한다.

① 반국가적, 반민족적 범죄, 밀수, 탈세, 폭리 등 범죄, 강력범, 공무원의 범죄 등을 중점적으로 엄벌한다. ② 우범청소년의 선도에 만전을 기하고 소년원의 기능을 충분히 발휘토록 한다.

4, 현 형의 효율적인 운영을 기한다.

① 재소자의 처우를 개선하고 교도의 만전을 기한다. ② 재소자의 직업보도를 현실적이며 합리적으로 실시하고 관수용 물자 제작 등은 가급적 형무소 시설을 이용케 함으로써 국가재정의 절약을 기한다.

5, 혁명재판을 효율적으로 공정하게 운영하고 최단기간 내에 이를 종결함으로써 혁명정신을 구현한다.

6, 반공체제를 강화하고 대공사찰의 만전을 기하기 위하여 법규의 정비와 그 적정한 운영을 기한다.

여기에서 나타나 있듯이 제3항의 제2호에 '우범청소년의 선도', '소년원' 기능 등을 언급하고 있다. 그들이 말하는 '혁명공약'에서 이미 '사회의 부패와 사회악 일소'를 내세운 바 있으며, 이제는 좀 더 구체화된 사법·법무정책에서 '우범청소년'을 언급하고 있다. 그들의 눈에 비친 '우범청소년'에는 거리의 '부랑아'도 당연히 포함되었다. 부랑아들은 '사회악'의 한 부류였으며, 이들은 '일소(一掃)할 대상'에 불과하였다. 부랑아들은 당시의 사회적 인식에서 동정의 대상이면서 경계의 대상으로 여겨지고 있었다. 그러므로 이들에 대한 조치를 군사정부에서 해결해 준다는 것은 시민의 입장에서는 내심 반가운 소식으로 들릴 수도 있었을 것이다.

군사쿠데타로 정권을 장악한 군사정부는 쿠데타의 성공이 기정사실화되자 그들이 계획한 사업을 추진하기 시작하였다. 특히 평범한 시민들의 입장에서 지지를 보낼 수 있는 사업의 추진이 필요하였다. 그것은 취약한 정통성을 보완하기 위한 최선의 방안이기도 하였다. 그중의 하나는 시민들을 보다 안전하고 편리하게 만들어주는 것이었다. 앞에서 언급한 '혁명공약'에서 밝힌 바와 같이 '사회의 모든 부패와 구악을 일소'하는 정책의 추진은 시민들이 가장 직접적으로 체감할 내용이었다. 이를 실천하기 위하여 그들은 시민들을 괴롭혔던 불량배 소탕작전에 돌입하였다. '혁명공약'에서 말한 '사회의 부패와 구악을 일소하고 국민도의 실천'을 위한다는 명분을 걸고 6월 25일까지 40일 동안 전국을 대상으로 대대적인 불량배, 부랑인, 병역기피자에 대한 검거를 실시하였다. 시민들의 입장에서 볼 때 생활하는 주변의 불량배는 두려움과 공포의 대상이었으며, 병역기피자는 법질서를 무시하는 자들이었다. 주변의 불량배는 거리를 배회하는 부랑아들과 거지들이 대표적이었으며 이들은 주로 하층민이었다. 앞에서 언급하였듯이 부랑아들은 전쟁의 상흔으로 그 수가 부쩍 늘어났으며, 이는 전쟁고아와 밀접한 관련이 있다. 이들은 이처럼 두려움의 대상이면서 주변의 도움이 필요한 대상이었다. 그러나 그동안 제대로 된 정책은 부재한 실정이었다. 시민이 체감할 수 있는 사회의 부패 척결은 군사정부의 취약한 정통성 확보에 반드시 필요한 조치였다. 군사정부는 쿠데나 이후부터 즉시 이를 위한 시행하고 있었으며 1961년 6월 12일에 내무부장관 주관으로 열린 지방장관회의(도지사회의)에서도 '강력범 및 깡패, 불량배 일소'을 치안국에 지시하였다.[10] 이러한 조치를 바라보는 시민들은 사회의 부패 현상을 바로 잡겠다는 군사정부의 정책에 호의를 보였으며, 이는 소박한 시민들이 보이는 당연한 현상이었다. 그렇지만 이러한 과정에서 오히려 심각한 법질서의 위반을 자행하면서 인권을 유린하는 현장이 되었다면 이는 국가 차원의 폭력인 것이다. 당시에 검거된 불량배와 부랑인의 숫자만도 10,075명에 이른다.[11] 이 중 5190명은 C급으로 분류되어 석방되었으며, A급으로 분류된 1,553명은 군법회의에 회부하고, B급으로 분류된 3,038명은 '국토건설단'이라는 이름으로 국토건설사업에 투입되었다.

국토건설단의 역사는 장면정부로 거슬러 올라간다. 최초의 시작은 1960년에 민주당 장면 정부에 의해 주도된 국가적 규모의 사업이었다. 장면정부는 국토의 종합개발계획에 의하여 국토와 자연자원의 개발과 이용, 보전을 추진하면서, 유휴 노동력에 대한 취업 기회를 확대하기 위한 사업을 추진하고자 하였다. 이에 따라 이를 추진하기 위하여 '국토건설본부'를 조직하였다. 국토건설본부는 국토건설사업을 현장에서 지휘하고 감독할 조직이었다. 또한 청년 교육, 국토 건설 사업, 그리고 경제개발 5개년 계획의 입안을 추진하기도 하였다. 장면 총리는 이를 의욕적으로 추진하기 위하여 초기 단장은 그가 직접 맡았다. 장면 정권이 추진한 국토건설사업은 비록 짧은 기간에 불과하였지만 많은 시사점을 주었다. 당시에는 실업자 문제가 무엇보다 심각하였는데 이를 구제하는 기회가 되기도 하였다. 이러한 과정 중에 5·16

10) 동아일보, 「20개 항을 지시, 혁명 후 최초의 지방장관 회의」, 1961.6.12.

11) 오마이뉴스, 「부끄러운 명찰 뗄 때도 됐는데」, 2005.11.15.

국토건설단의 모습 출처 : 국가기록원

군사쿠데타가 발생하였다. 군사쿠데타가 발생하면서 쿠데타 정부에 이 사업은 군사정부에 이양되었다. 군사쿠데타 주역들은 1961년 12월에 「국토건설단설치법」을 제정하였다. 그 목적은 전 국토의 유기적이고 효과적인 개발을 꾀하고 만 28세 이상의 병역 미필자에 대한 사회적 구제를 위한다는 것이었다. 이들은 국토건설본부를 '국토건설단'으로 명칭을 변경하여 사업을 실시하였다. "병역 미필로 불안하게 살지 말고 국가를 위해 노동으로 봉사한 후 떳떳하게 살 수 있다. 28세가 넘은 사람이 18개월간 국토건설단에서 일하면 예비역에 편입시킨다."라는 발표를 하게 되자 많은 인원들이 자원하였다. 그들은 1962년 2월 10일 11시에 중앙청에서 국토건설단 창단식을 실시하였다. 이들은 울산공업단지, 댐(소양강댐과 남강댐) 건설, 철도건설(정선선과 경북선), 제주도에서의 도로건설 등에 투입되었다. 이들은 당시에 긍정적으로 기여한 측면도 있었으나 운영상의 문제점이 노출되었다. 운영상의 문제점으로 지적된 것은 다음과 같은 것들이었다. ① 작업책임량을 완수하기 위한 지나친 과로 ② 단원의 체격등위[12]가 전반적으로 매우 낮음에도 불구하고 이러한 신체적 조건을 무시하고 과중한 노동을 시켰다는 것 ③ 작업전 준비운동 등을 충분히 시키지 않고 식사 후 갑자기 작업에 종사하게 함으로써 생긴 부작용의 결과 등이었다. 이에 따라 1962년 11월 29일 국토건설단을 해체하고, 단원들은 전원 귀가조치시키는 것으로 마무리되었다.

쿠데타 발생 다음 해가 되자 정부에서는 넝마주이 부랑아들을 관할 시청에 등록시켜 증명서를 발급하기로 하였다. 당시의 부랑아들에 대한 사회의 이미지는 부정적이었다. 시민의 부정적인 이미지를 제거하는 것은 가장 빠른 지지를 얻는 방법 중의 하나였다. 쿠데타 세력에게 이들은 사회질서 유지라는 명목으로라도 정리시켜야 할 대상이었다. 그 방법으로 이들을 등록시켜 일정한 생업에 종사하도록 유도한 것이다. 이것만 놓고 보면 현실적이며 필요한 사업이기도 하였다. 비록 군사정부답게 빠른 시간 내에 우격다짐식의 행정을 한 셈이지만 필요한 조치를 한 셈이었다. 이를 실행하기 위하여 1962년 5월 2일에는 '근로재건대' 발족식을 지역별로 거행하기도 하였다. 이들에 대한 정식명칭은 '한국근로재건복지회'였다. 등록된 이들은 지정된 복장에 명찰을 부착하고 정해준 구역에서만 일하는 것으로 하였다. 등록된 이들은 '근로재건대'라는 이름으로 경찰이 관리하였다. 이들의 현황을 보면 서울 1,280명 부산 1,880명 대전 500명 등 전국적으로 약 3,490명의 넝마주이가 있었다. 이들은 오랫동안 잠재적 우범자로 취급 받아오고 있었

12) 이들의 구성은 병역미필자가 많았으므로 현역병입영대상자에 준하는 신체검사를 받고 입단하였다. 그러므로 이에 준하는 신체등위를 중요하게 판단하였는데, 이것은 육체노동을 주로 하는 국토건설단원으로서는 중요한 기준이었다.

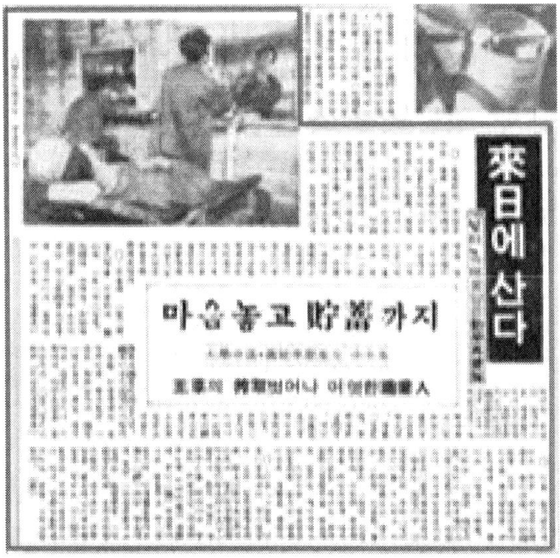

來日에 산다

마음놓고 貯蓄까지

근로재건대의 발족을 대대적으로 알리는 기사이다. 어두운 생활을 청산하고 떳떳하게 생활할 수 있는 터전을 마련했다는 것과 개인 노력에 따라 저축도 할 수 있다는 희망을 전하고 있다.

Ⅰ 내일에 산다 출처 : 동아일보(1962.5.23.)

다. 이들을 교화하고 지도한다는 명목으로 '근로재건대 교화지도 위원회'가 발족하기도 하였다.

재건대의 거주 공간은 고물상 업자들에 의해 막사를 지어주는 조건으로 폐품을 납품 받는 수의계약을 맺는 경우가 많았다. 이러한 계약은 납품할 수 있는 업체를 임의로 선정할 수 없이 고정된다는 것을 의미하고 있다. 즉, 보다 유리한 가격으로 납품을 보장받지 못하는 구조에 있었다. 이들은 폐품을 수집하여 경찰과 계약된 업자에 판매하여 생활하는 구조를 갖고 있었던 것이다. 재건대원들에 대한 관리는 서울 시경에서 맡았으나 1974년 1월부터는 재건대의 지대가 있는 경찰서에서 경찰관 1명을 고정 배치하여 대원들의 생활지도 등을 맡게 하였다. 서울 시내에 있는 재건대는 14개의 지대를 갖고 있었으며 대원은 2천여 명에 이르렀다. 이들에 대한 관리 주체의 변경도 있었다. 1962년에 발족되어 1973년까지는 경찰의 관리 하에 있었으나

警察지정 古物商 횡포찾아

웅달서 시달리는 再建隊 넝마주이

수집廢品 時價의 半도 못받아

저울속이고 抗議하면 주먹질도

零點下의 作業환경

한달 千여명 病院찾아

근로재건대원들의 부당한 대우를 기사에서 다루고 있다. 고물상에서는 시중가의 절반으로 이들이 수거한 폐품을 납품받고 있었다. 고물상은 경찰과 계약을 통해 선정되었다. 결국에는 국가기관에서의 철저한 관리가 문제임을 알 수 있다.

❙ 경찰지정 고물상 횡포 잦아 출처 : 동아일보(1974.3.6.)

1974년부터는 민간단체인 경우회로 바뀌었다. 경우회[13]는 경찰에서 퇴직한 이들로 이루어진 단체이며 현재까지도 활동하고 있는 법정단체이다. 이들에 대한 정식명칭은 앞에서 언급한 '한국근로재건복지회'였으나 관리 주체가 경우회로 변경되면서 '재건대'로 통칭되었다.

군사정부가 들어서고 시작된 근로재건대의 창설 초기에는 각종 단체와의 결연을 통하여 이들의 새로운 삶에 대한 관심과 애정을 보였다. 당연히 이들의 출발은 많은 관심을 보이며 순조로운 출발을 하면서 희망을 보이는 듯했다. 하지만 세월이 지나면서 이들에 대한 당국의 무관심과 주변의 푸대접

13) 1960년 9월에 창립총회를 개최하여 1963년에 당시의 내무부로부터 설립인가를 받았다. 정식명칭은 '대한민국재향경우회'이며 대한민국재향경우회법에 의해 설립된 법정단체이다. 퇴직한 경찰관들이 모여 자유민주주의 수호에 앞장서며, 국민에 대한 봉사와 국가 치안활동 및 공익증진에 기여함을 목적으로 하고 있다.

은 희망을 짓밟아 버렸다. 특히 그들이 주로 거래하는 고물상의 횡포는 극심하였다. 근로재건대원들은 주로 폐품을 모아 고물상에 판매하는 경우가 많았다. 그러나 이러한 과정에서 불이익을 받는 경우가 발생하였고 이로 인해 1973년에는 한 해 동안 경찰 추산 500여 명이 재건대를 이탈하는 현상이 나타나기도 하였다.[14] 이러한 현상은 최초의 취지에서 멀어져가는 안타까운 현실이었다. 당시의 신문에 보도되는 내용을 보면 폐품가격이 시중가의 절반에도 미치지 못하였다. 그뿐 아니라 폐품을 사들이는 일부업자들의 횡포가 심하여 폭력까지 행사 하는 등의 사건이 발생 하고 있었으며, 대원들의 생활지도를 담당하는 경찰의 미온적인 조치 등은 이들에게 더욱 좌절감을 안겨주고 있었다. 재건대원들이 수거하는 폐품은 경찰과 업체에 의해 체결되어 지정된 업체에 일괄 납품하는 구조였다. 당사자가 제외된 이러한 구조는 자칫 부패한 현상이 나타날 가능성이 큰 것이다. 재건대는 업체를 선택할 수 없는 구조였다. 다른 의미에서는 '납품의 의무'를 지운 것이다. 우려했던 대로 재건대원의 입장에서는 손해를 감수해야 하는 부당한 거래를 감수해야만 하였다. 전형적인 갑을 관계의 형성이었다. 신문에 보도된 당시의 사례를 살펴보면, 파지의 경우 시중의 일반 고물상에서는 1관[15]에 180원으로 거래되고 있었으나 계약업체에서는 75원 또는 65원 등을 받고 있었다. 파지의 경우에는 상중하로 제품의 등급이 정해지는데 재건대원들이 수거해 오는 파지는 모두 하품으로 취급하고 있었다. 이러한 처사에 항의하면 폭력을 행사하여 대원들이 피해를 입는 경우가 발생하고 있었던 것이다. 힘없는 이들을 상대로 또 다른 힘의 행사가 발생하고 있었던 것이다. 이들은 대체적으로 전과 기록을 갖고 있었으나 정부에서 마련해 준 터전을 토대로 자립의 의지를 갖고 출발하였다. 그렇지만 이와 같은 냉대를 견뎌야 하는 어려운 여건에서 생활해야만 했으며, 희망의 싹을 자르는 결과로 이어지고

14) 동아일보, 「경찰 지정 고물상 횡포 잦아, 응달서 시달리는 재건대 넝마주이」, 1974.3.6.
15) 과거에 쓰였던 무게의 단위를 말한다. 1관은 3.75kg이다.

있었다. 전쟁의 상흔으로 더욱 크게 증가한 부랑아들의 독립을 위한 몸부림은 이처럼 애처로운 처지였다. 이러한 현상은 세월이 흐르면서도 근절되지 않고 계속되었다. 부랑아들에 대한 부실한 국가정책과 저조한 관심은 산업화의 과정에서도 계속되었으며, 경제적 수준이 많이 향상된 이후에도 이어졌다. 국가의 위상은 훌쩍 크고 있었지만 그들의 삶의 향상은 더디기만 하였다. 전쟁의 폐허를 딛고 올라간 국가의 위상은 성공적인 신화 창조로 세계의 주목을 받고 있었으며 아시안게임과 올림픽 유치로 이어지고 있었다. 1960년에 1인당 국민소득은 80달러였으나, 1970년에는 257달러, 1980년에는 1,686달러를 달성하고 있었다. 정부의 사회복지에 관련한 지출은 5%를 유지한 반면 국방비 지출은 20%를 보이고 있었다.[16]

제5공화국의 부랑아에 대한 인식과 정책

1961년 5월 16일과 유사한 과정을 거치면서 또다시 일단의 군 무리들은 군부를 장악하면서 정권의 실세로 등장하였다. 그날은 1979년 12월 12일이었다. 그들은 대통령의 재가없이 군부대를 동원하여 군사반란을 일으켜, 계엄사령관을 체포하면서 군부를 장악하였다. 군내에서 입지를 확보한 신군부는 혼란한 시기의 정치실세가 되었으며, 그들은 새로운 권력을 창출하고자 하였다. 신군부는 1980년 5월 18일 0시를 기하여 전국으로 계엄령을 확대하였다. 또한 김대중을 비롯한 재야의 정치지도자들을 체포하였다. 이처럼 혼란한 시기에 광주민주화운동이 발생하였으며, 신군부는 이를 무자비하게 진압하였다. 이제부터는 정권을 장악하기 위하여 속도를 높이는 것만이 남아 있었다. 그들이 권력을 장악하면서 벌인 행태는 이전의 군사쿠데타와 상당히 흡사한 부분이 보인다. 아마도 학습효과의 덕을 톡톡히 본 것으로 추정해 볼 수 있

16) 통계청, 앞의 책(2017), p.7. 2013년에 이르러서 국방비로 8%, 사회복지예산은 18%로 증가하였다.

신군부는 대통령의 자문 기구로서 국가보위 비상 대책 위원회를 출범시켰다. 출범 명분으로 어수선한 시국 수습을 명분으로 내걸었다. 그렇지만 이면에는 국정을 장악하고 정권을 창출한다는 흉심을 갖고 있었다. 신군부는 대통령을 무력화시키면서 3권을 장악하기에 이르렀다

▎국보위 현판식에서의 전두환 (중앙) 출처 : 국사편찬위원회

다. 이전의 군 무리들이 국가재건최고회의라는 최고의 국가운영기관을 설치한 것과 같이 이들은 광주민주화운동을 진압한 후에 '국가보위비상대책위원회(국보위)'라는 간판을 내 걸었다. 신군부는 집권 이전부터 집권의 야욕을 실행하기 위하여 철두철미하게 준비하였다. 대표적인 것이 시국의 어려움을 타개하겠다며 1980년 5월 31일 설치된 '국가보위비상대책위원회(국보위)'이다.

박정희가 그러했듯이 이들도 불법적인 쿠데타를 통해 정권을 찬탈하였으며, 박정희가 국가재건최고회의를 통하여 통치기반을 마련했듯이 이들은 국보위라는 조직을 설치하였다. 국가재건최고회의와 같은 성격의 국보위라는 통치기구를 설치하려 실질적으로는 입법·사법·행정의 3권을 장악하기에 이른 것이다. 국보위에서 내세운 핵심사업은 '안보태세 강화', '경제난국 타개',

▎삼청교육대 교육 모습 출처 : KTV 「새 삶의 길」에서 캡처

'사회안정으로 정치발전', '사회악 일소로 국가기강 확립' 등이었다. 국보위는 이러한 목적을 명분으로 삼아 권력형 부정축재자 척결, 정치 비리자 척결, 고급공무원 숙정(肅整) 등의 계획에 따라 빠른 속도로 정권을 장악하고 있었다. 국보위의 계획에 따라 정치인은 정치활동 금지를 당하였고, 언론을 통제하기 위하여 172개의 정기 간행물과 614개의 출판사 등록을 취소하기도 하였다. 권력형 부정축재자를 조치하는 것 등은 주로 고위직에 해당하는 것들이었으나 어느 순간부터는 일반국민으로 그 대상을 넓히기 시작하였다. 본격적으로 국민을 통제하고자 한 것이다. 그것은 '삼청교육대'를 태동시킨 삼청계획 5호였다. 신군부는 사회정화에 필요하다는 명목으로 '불량배 소탕계획(삼청계획 5호)을 발표한 것이다. '사회악 일소'라는 명분으로는 삼청교육대를 설치하여, '사회악 일소'에 필요한 교육을 실시하겠다는 것이었다. 박정희가 쿠데타 이후에 사회질서 확립을 명목벌인 '깡패소탕'과 유사한 대목이다.

신군부에서 이 모든 것이 사회정화를 위해 필요하다는 것이었다. 그렇지만 내심은 이와 달랐다. 오로지 정권 장악을 위한 계획에 불과하였다. 이어서 1980년 8월 4일에 계엄포고령 제13호를 발표하였다. 주된 내용은 '사회풍토 문란사범의 경우 영장없이 체포 구금 수색하고 엄중 처단한다'였다. 이를 근거로 대대적인 검거가 이루어 졌다.[17] 이들은 삼청교육대가 설치된 군부대에 입소되어 일명 '순화교육'이라는 군사훈련을 받아야 했다. 이 과정에서 많은 인원이 죽거나 다치는 경우가 발생하였다. 체포되어 입소된 인원들 중에는 무고한 시민들이 많았다는 것이 문제였다. 계엄포고령 제13호는 폭력 사범이나 공갈·사기 사범, 사회풍토 문란 사범을 '삼청교육대'에 수용하여 순화교육을 시켜 사회에 복귀하게 한다는 명목으로 내려졌다. 또한, 교육기간 중 지정 지역을 무단이탈하거나 난동 등을 벌이면 영장 없이 체포 및 구금할 수 있다는 내용을 담고 있었다. 이에 따라 경찰 등을 비롯한 관계기관에서는 '주민의 지탄을 받는 자, 불건전 행위 영위자, 풍기 문란자, 사회질서 저해자, 범죄 우려자' 등을 잡아들였다. 그들 중에는 부랑아들도 당연히 포함되어 있었다. 신군부는 포고령을 발령하고 다음해인 1981년 1월까지의 5개월 동안 무려 60,755명을 검거하였다. 헌법에 보장된 국민 기본권은 철저하게 무시됐다. 무려 6만여 명이 법원의 영장 발부 없이 체포됐으며 고초를 겪어야 했다. 이들 중에는 학생과 여성들도 다수가 포함되어 있었다. 이들을 A·B·C·D등급으로 분류하여 그중에서 B·C급은 순화교육 대상으로 하였는데 그 인원은 39,742명이었다. 1988년 국정감사 자료에 의하면 무자비한 인권탄압의 현장이었음을 알 수 있다. 교육도중에 현장에서

17) 계엄포고령 제13호는 무효라는 대법원 판결이 2018년 12월 28일 내려졌다. 재판부는 "계엄포고 제13호는 비상계엄 전국 확대 후 동요 우려가 있는 시민사회를 안정시키기 위한 것이었을 뿐"이라면서 "당시 국내외 정치·사회 상황이 구 계엄법에서 정한 때에 해당했다고 보기 어렵다."고 지적하였다. 또한 "헌법과 법률에서 정한 요건을 갖추지 못한 채 발령됐고, 내용도 헌법상 보장된 국민의 기본권을 침해하는 것이므로 위헌이고 위법하므로 무효"라고 판단하였다.

의 사망자 52명, 후유증으로 인한 사망자 397명, 정신장애 등 상해를 당한 자 2,678명으로 밝혀지기도 하였다. 삼청교육대는 박정희의 '국토건설단'과 유사하다. 역사의 반복됨을 생각하게 해 주는 대목이기도 하다. 그러므로 잘못된 역사는 청산이 마땅할 것이다. 이러한 과정을 거치면서 정권을 장악한 전두환은 마침내 통일주체국민회의에 의해 제11대 대통령으로 선출되었으며, 1980년 9월 1일 잠실실내체육관에서 취임식을 거행하였다. 그렇지만 광주의 피를 밟고 집권에 성공한 전두환을 위시한 신군부는 정치적 도덕적으로 취약한 정통성을 극복하는 것이 무엇보다도 시급한 과제였다. 이를 위하여 행정조직으로 국무총리 소속의 기구로 1980년 11월 1일 '사회정화위원회'를 설치하였다. 제5공화국은 사회정화위원회를 통하여 반부패 환경조성 등의 정화운동을 주도하고자 하였다. 즉, 그들이 추구하고자 하는 방향으로 국민의 의식까지도 변화시키고자 한 것으로 볼 수 있다. 그것은 사회정화위원회의 뿌리를 살펴보면 알 수 있다. 사회정화위원회는 국보위의 '정화운동기획단'에서 출발하였다. 그러므로 이 기구는 정통성이 취약한 전두환 정권의 체제를 안정시키는 역할을 위하여 조직되었음을 알 수 있다.

제5공화국의 뒤틀린 사회정화라는 미명으로 자행된 것 중에서 대표적인 것은 삼청교육대 설치였다. 이는 인권의식이 크게 결여되어 있었던 것뿐 아니라 시행과정에서 법질서를 무시했다는 것이 가장 큰 문제이기도 하다. 신군부의 삼청교육대 설치는 국민의 환심을 사면서 저항의지를 사전에 제압하기 위해 초점을 맞춘 것이었다. 불량배 소탕은 제3공화국이 집권 과정에서 '깡패 소탕'과 마찬가지로 국민의 환심을 사면서 시선을 긍정적으로 돌리는 효과를 일시적으로 발휘할 수는 있었다. 그러나 내심은 그들의 집권 플랜에 지나지 않았다. 또한 검거된 시민들의 진술을 들어보면 너무나 억울한 사연들이 많았다. 몸에 문신을 했다는 이유, 외모가 불량하다는 이유, 거리를 배회했다는 이유 등 너무나 다양하였다. 신군부는 그들의 집권을 용이하게 추진하기 위한 수단으로 삼청교육대를 설치하였다. 그 결과 수많은 부작용이 나타난 것은 당연하였으며, 이에 대한 진상규명과 해결은 현재까지 진행형으로 남아 있다.

신군부에서 말하는 사회정화의 대상은 신군부 그 자신들이었을 것이다. 그러나 이들의 시선이 향한 곳은 힘없고 오갈 곳 없는 부랑아들 이었다. 인권유린현상이 나타난 1987년의 부산 형제복지원 사건이 대표적이다. 박정희 정권 시절의 재건대의 경우에서 보았듯이, 재건대에 대한 조치는 부실하게 이루어졌다. 이것은 언젠가는 또 다시 문제를 야기한다는 예측성을 갖고 있었다. 또한 잘못된 관행에서 오는 오류는 반복성을 갖고 있기도 하다. 잘못된 사례는 시간이 지남에 따라 오히려 정상적으로 간주하는 속성을 갖고 있다. 시간은 흐르고 있었으나 재건대의 잘못된 관행은 해결하지 못한 과제였다. 비록 제3공화국 시절의 오래전 문제였으나 분명한 것은 해결하지 못한 과제였다. 해결하지 못한 과제는 잠재된 문제를 안고 있는 것이다. 잠재된 문제는 언젠가는 폭발력으로 작용하게 된다. 폭발은 부산 형제복지원에서 나타났다. 부랑아에 대한 누적된 국가정책의 부재 또는 잘못된 관행이라고 보면 틀림없는 사건이었다. 이어서 충남의 양지원에서도 유사한 비리가 나타났다. 당시의 상황은 1986년의 아시안게임과 1988년의 서울올림픽 개최라는 국제적인 행사가 예정되어 있었다. 이러한 분위기에서 거리의 부랑아에 대한 조치는 시급히 해결해야만 하는 과제였던 셈이다. 마치 5·16군사쿠데타 이후에 사회질서를 위하여 부랑아들을 정리하여 국민의 지지를 얻고자 한 심리와 유사한 것이었다. 다만 이번에는 '코리아'를 방문하는 외국인들에게 좋은 인상을 남기는 것이 중요하였다. 광주민주화항쟁을 짓밟고 집권한 정권이었으므로 이러한 의식은 보다 강하게 작용하였다. 따라서 아시안게임과 올림픽을 통하여 안정된 사회의 모습을 세계로부터 인정받고자 하였으며, 이를 위하여 모든 정부조직은 조직적이고 체계적으로 움직였다. 거리를 떠도는 부랑인들은 '안정되고 번영을 누리는 코리아'의 모습이 아니었다. 따라서 그들은 다시 한번 정리할 대상이 되었다. 이것은 인권의 문제를 야기시켰을 뿐만 아니라 충분한 검토와 토론과정 없이 이루어지면서 애초부터 사회복지를 구현한다는 측면과는 거리가 멀었다. 또한 이들을 사회와의 단절을 통한 관리라는 측면에 더 큰 비중을 두고 있었다. 단절은 정부의 정책이었으며, 수용은 운영자의 영역이었다. 이러한 인식으로 인해 운영권을 소유한 이들에게서 보다 높은 차원의 운영 철학을 기대하기는 어려웠다. 물론 그중에는 양심적으로 사회사업에 헌신하는 운영자도 존재하였다. 그렇지만 많은 운영자는 그러하지 못했으며, 형제복지원과 양지원은 대표적인 사례였다. 그들 운영자는 수용인을 하나의 인격체로 보고 궁극적으로는 민주시민으로 육성하겠다는 의지를 갖고 있지 않았다. 그것은 애초부터 잘못 조성된 사회적 분위기가 있었기에 기대하기 어려운 것이었다. 이러한 잘못된 분위기에서 운영권을 갖고 있는 자들의 그릇된 행위를 충분히 예상할 수 있었다. 그러나 국가는 세계적인 행사준비의 일환으로 모든 것을 처리하기에 바빴다. 국가의 책무를 명찰한 후에 추진하는 복지 차원의 정리가 아니었기에 부작용 동반은 피할 수 없는 현상으로 다가왔다. 올림픽 개최를 최고의 목표로 삼고 국가 정책을 집행하는 자들의 부랑아에 대한 개념은 '건전한 사회와 도시의 질서를 저해하는 부류'로 취급되었다. 이러한 배경으로 무리한 강제수용으로 이어졌고 시설 안에서의 폭력과 억압이라는 관리방식이 동원되었다. 잘못된 관리방식은 수용시설에서의 원생 간에 잘못된 행위를 끊임없이 반복시켰다. 드디어 참다못한 수용인들이 시설을 탈출하면서 그들의 만행이 만천하에 드러났다. 올림픽이라는 큰 행사를 앞둔 국가로써는 대단히 큰 폭발을 제대로 얻어 맞은 것이다. 이에 따라 보건사회부에서는 부랴부랴 '복지시설운영개선안'을 1987년 2월 17일에 다음과 같은 내용을 발표하였다.[18] ① 수

18) 경향신문, 「부랑인 수용제도 개선」, 1987.2.3.

浮浪人수용제도 改善

보사부 地域심사기구 설치…施設·人員규제

70%가 收容부적격자

❙ 부랑인 수용제도 개선 출처 : 경향신문(1987.2.3.)

보사부에서는 형제복지원 사건을 계기로 '부랑인 수용 제도 개선'에 대하여 발표하였다. 사건의 발생 원인을 수용인원의 과다에도 있는 것으로 보고 있다는 내용을 담고 있다.

용의 적정화와 운영방식이었다. 전국의 36개 부랑인 관리시설에 대한 일제조사와 함께 수용인원과 시설규모를 규제하고 부랑인 수용과 관련한 심사기구를 설치하는 등 부랑인 수용제도를 크게 개선하겠다는 것이었다. 지금까지의 사적(私的) 중심의 복지시설 운영, 단속 및 입·퇴소 문제, 시설규모, 수용보호 전문화에 대한 문제점 위주로 대책을 강구하고, 가족 위주의 사적(私的)운영을 방지하기 위하여 법인이사회에 종교인·사회복지전문가·교육계 인사·지역유지 등 지역사회의 각계 인사가 함께 참여하여 시설을 공동으로 관리하고 운영하거나 종교단체가 직접 운영하도록 개선한다는 것이다. ② 전국적으로 일제 점검을 통하여 문제점을 파악하고 개선방안을 마련하겠다는 것이었다. 이에 따라 전국의 592개의 사회복지시설에 대한 전면적인 실태점검을 실시하고 이에 대한 개선방안도 마련하겠다고 밝혔다. ③ 부랑인의 입·퇴소 등의 수용기준을 강화하겠다는 것이었다. 관계되는 전문가, 지역유지, 관계기관과의 합동으로 심사기구를 설치하여 부당한 수용자가 생기지 않도록 하는 등의 부랑인 수용제도상의 미비점을 크게 개선하겠다는 것이었다. 그러나 보사부에서 원인으로 파악하고 있는 것에는 운영자의 사회복지시설 운영에 대한 도덕성 결여와 억울하게 검거되어 강제로 수용된 평범한 시민들에 대한 보상과 대책 등은 언급하고 있지 않았다. 또한 수용 과정에서 경찰 등에 의해 무분별하게 검거한 사실 등의 문제점과 대책은 제시하지 않았다. 이를 보면 당국은 국가의 잘못된 행위가 무엇인가를 제대로 파악하고 있지 못하고 있었다고 볼 수 있다. 그렇지 않다면 관계 당국의 책임은 없다는 것으로 인식하고 있었다는 것으로 보인다. 무엇보다도 대상자를 선별하는 과정에서 국가 차원의 인권유린이 자행되었음을 고백하고 사죄해야 했으나 변죽만을 울리고 있었다. 이어서 정부는 '부랑인선도시설운영규정'을 보건사회부 훈령 제523호로 1987년 5월 4일자로 발표하였다. 주요내용은 입·퇴원 절차 개선, 시설수용인원 규모의 적정화, 직업교육의 강화, 시설운영 공익법인화 등이었다. 이 지침으로 부랑인 시설에 대한 상담요원과 생활지도원이 배치되기 시작하였다.

형제복지원 사건은 부산광역시 주례동에 위치한 부산형제복지원에서 무고한 시민을 강제로 수용하여 강제노역과 폭행 등을 비롯한 참혹할 수준의 관리로 인하여 다수의 사망자를 발생시킨 인권유린은 대표적인 사례이다. 형제복지원은 전국의 36개 부랑인 시설 가운데 3,164명의 원생이 있었다. 수용규모로 보면 전국의 원생 20%에 해당하는 인원이었다. 당연히 복지예산의 지원규모도 가장 컸다. 여기에서부터 부조리의 개연성은 존재하고 있었다. 당시의 부랑인 수용시설에 대한 연간 지원액은 87억이었다. 이 가운데 형제복지원은 그 규모가 방대하여 국비 13억 3천만원과 지방비 5억 2천만원 등 총 18억 5천만원이 지원되었다.[19] 특히 부랑인 시설은 걸인을 대상으로 한다는 특수성으로 인하여 운영비의 100%를 국가에서 지원하고 있

19) 동아일보, 「행정감독 부재의 비인간지대」, 1987.2.4.

▎부산역전파출소 앞에서 검거 장면 출처 : KBS뉴스에서 캡처(검색일 : 2020.5.13.)

었다. 그렇지만 이에 걸맞는 행정감독은 이루어지고 있지 않았다. 결국은 '돈'과 관련된 사건이었음을 짐작하게 해준다. 이 사건은 군사정권 시절의 인권과 국가의 책무를 인식하는 정권의 실태를 보여 준 사건이었다. 1970년대에서 1980년대에 걸쳐 형제복지원에서 부랑인을 선도한다는 명목으로 거리에서 발견한 무연고 장애인, 고아 등을 격리 수용하고, 폭행·협박·감금·강제노역·학대한 인권침해가 제기된 사건이다.[20] 1975년 7월 25일에 당시의 부산직할시는 형제복지원과 내무부 훈령 제410호에 의거 '부랑인 신고, 단속, 수용보호와 귀향 및 사후 관리에 관한 업무처리지침' 및 '부산시 재생원설치조례'에 따라 '부랑인 수용 보호위탁계약'을 체결하였다. 이에 따라 부산시와 경찰, 군청 직원 등은 부랑인들을 단속하여 형제복지원에 이들의 신병을 넘겼다.

당시 정부는 이른바 부랑인 문제를 사회적 문제로 인식하고 부랑인에 대한 적극적인 신고·단속체계를 구축·운영하여 이들의 신병을 확보, 부랑인 선

20) 국가인권위원회 홈페이지, 「형제복지원 특별법 제정 의견표명 및 강제실종보호협약 가입 권고」(2018), p.3.(검색일 : 2020.7.2.)

도를 위한 사회복지시설에 인계하여 수용하도록 하고 이들의 보호에 관한 사무를 위탁한 것으로 알려져 있다. 이에 대한 근거는 「내무부 훈령 제410호」와 대통령의 지시였다. 훈령은 군사정권의 뿌리인 박정희 대통령 시절인 1975년에 제정되었다. 1975년 한국은 동토의 계절을 걷고 있었다. 정치적 목적을 이루기 위한 긴급조치의 시대를 살아야 했던 시절이었다. 긴급조치는 박정희 대통령의 영구집권을 위하여 단행한 일명 유신헌법이 제정되면서 본격화되기 시작하였다. 이러한 잘못된 전통을 이어받은 제5공화국의 군사정권은 그 연장선상에 있었다. 1981년 4월 10일 당시 전두환 대통령은 국무총리에게 다음과 같은 지시를 하였다.

"총리귀하. 근간 신체장애자 구걸행각이 늘어나고 있다는 바, 실태 파악을 하여 관계부처 협조 하에 일정 단속보호조치하고 대책과 결과를 보고해 주시기 바랍니다."라는 요지의 지시문이었다. 이에 따라 내무부에서는 훈령 410호를 근거로 군사정부답게 일사불란한 움직임을 보였다. 이러한 조치는 아시안게임과 서울올림픽이라는 세계적인 축제 개최와 무관하지 않다.[21] 훈령의 제1장 제2절에 따르면, "일정한 정주가 없이 관광업소, 접객업소, 역, 버스 터미널 등 많은 사람들이 모이거나 통행하는 곳과 주택가를 배회하거나 좌정하여 구걸 또는 물품을 강매함으로써 통행인을 괴롭히는 걸인, 껌팔이, 앵벌이 등 건전한 사회 및 도시 질서를 해하는 모든 부랑인"을 그 대상으로 하였다. 제1장 제3절 제6호에는 심지어 노변행상, 빈지게꾼, 성인 껌팔이 등 사회에 나쁜 영향을 주는 사람들을 준부랑인으로 규정하여 부랑인 대책에 준하는 단속조치를 하였다.[22] 따라서 가족형제가 존재하여 보호를 받을 수 있어도 지극히 주관적 관점에서 과도한 단속은 물론이고 이들을 시설에 수용시킬 수 있었다. 잠깐 한눈을 팔다가는 모두가 부랑아로 취급될

---

21) 1981년 9월 30일에 서독의 바덴바덴에서 열린 IOC 총회에서 1988년 올림픽 개최지를 서울로 확정했으며, 이에 따라 우리나라에서는 대대적인 준비에 돌입하였다.

22) 국가인권위원회, 앞의 문서(2018), pp.4~5.

수 있는 모호한 정의를 갖고 있었다. 실로 무지막지한 국가권력의 횡포수준이었다. 이처럼 부랑인에 대한 과도한 기준은 무고한 시민을 복지원에 수용시켜 강제노역의 대상으로 삼기에 이르렀다. 따라서 당시의 수사검사에 따르면, 형제복지원 수용자들 중에서, 자활 능력이 없어 복지 시설의 계속적인 구호를 받아야 할 수용자들은 전체의 10%도 되지 않은 것으로 나타났다. 밤늦게 잘못 돌아다닌 사람 중에는 부모 등의 연고자가 있어도, 학생 신분이어도 수용되는 경우가 발생하였다. 밤에 술에 취해 길을 가던 사람들, 역 대합실이나 공원 같은 데서 잠자던 사람들, 길 잃은 어린이들 등을 몇 년에 걸쳐 복지원에 수용시키는 결과를 가져왔다.[23] 즉, 납치된 결과를 가져온 것이며, 이는 국가에 의한 합법적 납치였다. 권력을 이용하여 목적을 달성하고자 한 것이다. 이러한 과정을 겪은 형제복지원은 1975년부터 1987년 6월 말 폐쇄될 때까지의 수용자는 3,164명으로 알려지고 있다. 1987년 1월 강제노역과 구금에 시달리던 원생들의 실상이 처음 알려지기 시작하였다. 복지원에서는 임금 없이 하루 10시간의 강제노역과 경비원 13명과 경비견 13마리를 풀어 24시간 감시하였다. 한마디로 사설(私設) 수용소였던 것이다. 원장의 집에서는 미화 5천달러와 일화 5백여만엔, 20억원에 이르는 30개의 각종 예금통장 등이 나왔다.[24] 복지원에서는 주거가 확실한 시민들까지 무차별적으로 강제로 끌고 와 노역을 시킨 것으로 확인되었다. 시민들은 영문도 모른 채 복지원으로 끌려와서 강제노역과 구금에 시달렸다. 대표적인 사례를 보면 다음과 같다.[25] 사례를 보면 수용시설에 수용될 이유가 없는 이들이 많았으며 강제노역과 인권 침해를 일방적으로 자행한 것으로 나타나고 있다.

---

23) 국가인권위원회, 앞의 문서(2018), p.5.

24) 동아일보, 「사설, 어느 복지원의 인간모독」, 1987.1.19.

25) 동아일보, 「부랑인 선도 악용한 생지옥」, 1987.2.2.
동아일보, 「꽁보리밥 먹고 12시간 노동」, 1987.2.3.

송○○씨(28 무직 부산거주) 그는 1986년 부산역 앞 공터에 앉아 있다 경찰의 불심검문에 걸려 이곳으로 오게 됐다는 것이다. 경찰은 어디엔가 전화를 하더니 형제복지원으로 데려왔다고 한다.

김○○씨(34 원양선원 부산거주) 1986년 귀국하여 실업자 생활을 하던 중 7월 3일에 술을 마시고 술주정을 했다는 이유로 파출소로 연행되었는데 그날 곧바로 형제복지원으로 오게 되었다고 한다.

서○○씨(36 상업 충남거주) 1978년에 서울에서 장사를 하다가 밑천마저 다 날리고 부산으로 내려가 떠돌다가 형제복지원으로 끌려갔다. 1986년 10월 중순경에 부산역 앞 지하도에서 잠을 자다 경찰에 걸려 한밤중에 형제복지원으로 넘겨진 것이다.

윤○○씨(25 상업 서울거주) 1984년 8월 초순경에 부산에 피서를 갔다가 상경하는 밤 열차를 놓쳐 대합실에서 밤을 지새기로 하고 대합실 벤치에서 꾸벅꾸벅 졸고 있었다. 잠결에 놀라 깨보니 건장한 청년들이 양팔을 낀 채 역전 파출소로 끌고 갔다. 주민등록증을 보이며 "나는 걸인이 아니다." 라고 설명했으나 실컷 얻어맞기만 한 뒤 마이크로 버스에 태워져서 형제복지원으로 넘겨졌다.

양○○씨(27 광고업 서울거주) 1982년 9월 부산에서 경찰관 생활을 하는 형님 집을 찾아 가던 중 밤길에 갑자기 내린 비를 피하기 위해 부산역 앞 지하도에서 서성거리고 있을 때 험상궂은 5~6명의 남자가 나타나 버스에 타라고 했다. 당시 시간은 자정 무렵, 지하도에는 적어도 50명 이상이 비를 피하고 있었으나 파출소로 가자는 말 때문에 별수 없이 모두 버스에 올랐다. 역전파출소 직원은 많은 사람들의 항의를 묵살한 채 성명 주소 등 인적사항만 기록한 뒤 모두 다시 버스에 태웠는데 이것이 형제복지원의 강제노역을 위한 납치라는 것은 다음날이 돼서야 알았다. 영문도 모른 채 형제복지원에 강제로 끌려간 뒤 먼저 소대분류가 시작되었는데 책상에 앉은 3명의 (중략) 해머와 정으로 바위를 부숴 자갈로 만드는 가장 힘겨운 일을 했다. 하루에 1인당 6가

> 마니의 자갈을 만들지 못하면 가혹한 매질이 가해졌다. 나는 끊임없이 소대장에게 형님이 경찰로 재직 중이니 연락해 달라고 사정, 1주일 만에 찾아온 형님에 의해 악몽 같은 강제 사역장을 빠져 나올 수 있었다. 나의 형님이 경찰관이라는 신분이었기 때문에 나는 살아나올 수 있었다.
>
> 서○○씨(32 무직 서울거주) 지난 1976년 고교를 졸업한 후 무전여행길에 올랐다. 여행 떠난 지 5개월여 만인 10월 중순경 새벽 부산역 앞에서 새우잠을 자다 경찰에 의해 무조건 형제복지원에 옮겨졌다. 형제원에 들어간 첫날 신입소대에 배치된 후 몸에 지니고 있던 것은 휴지 한 장까지 모두 빼앗겼다. 내무반 생활은 생지옥이었다. 육순 노인이 이유없이 마룻바닥에 내동댕이쳐져 구타를 당하는 광경을 목격하고는 반항을 하거나 도망갈 마음을 버려야 했다. 당시 그곳에 수용된 사람들은 모두 1천 5백여 명 가량이었다. 부모에게 걱정을 끼칠 것 같아 연고자가 없다고 속이자 입소 열흘이 지나 머리를 빡빡 깎이고 작업소대에 배치됐다. 작업소대원들은 새벽 5시 반~6시에 일어나 하루 12시간 동안 흙이나 벽돌을 나르는 작업을 해야 했다. 쉬는 시간은 오전과 오후 각각 10분씩 밖에 없었다.(중략) 열심히 일을 해도 하루 댓가는 필터 없는 새마을 담배 4개비가 전부였다. 매끼 식사는 깡보리밥에 된장을 약간 푼 소금국, 모래가 씹히는 시커먼 김치뿐이었다.(중략) 이간은 생활 중에 간간이 연고자가 찾아오면 복지원측은 이들에게 복지원의 좋은 시설만 견학시키고 "당신 가족은 성질이 포악하고 몸이 불편해 이곳에서 정신요양을 받아야 하니 월 10만씩을 내라"고 요구, 혈육을 걱정하는 가족들로부터 오히려 돈을 뜯어내기도 하였다.(후략)

입소된 사례를 보면 원칙과 기준없이 실적을 위한 검거였음을 짐작하게 해준다. 또한 어떠한 절차도 거치지 않은 일방적인 강제입소였다. 연고자가 있는 경우에도 시설에 강제로 입소시킨다는 것은 심각한 인권유린이었다. 이것만 보아도 국가는 국가의 책무를 다하지 않은 것이다. 원생들의 증언에 따르면 매달 3~4명이 죽어 나갔다는 것이며 강제노동이 일상화되었다는 것이다. 먹는 것은 매우 부실하였으며 일한 만큼의 수당을 받는 것도 아니었다. 또한 몸이 아픈 경우에는 치료도 제대로 받을 수 없었다고 말하였다. 한마디로 노동력 착취와 인권유린의 현장이었다. 작업의 성과를 위하여 수용인원을 군대조직과 같이 편성하여 감시하면서 자유를 박탈하였다. 또한 가족에게는 오히려 금품을 뜯어내려한 것으로 나온다. 또한 이를 추진한 것은 공식적인 정부의 조직인 경찰이었음을 알게 해준다. 이를 보면 복지원을 운영하는 사설업자와 관청과 경찰 등의 정부조직이 조직적으로 연계되어 있었음을 알 수 있다. 서울올림픽의 화려한 조명을 보며 온 국민들이 환호하고 있을 때, 뒤편의 어둠속에서는 이처럼 인권을 처참히 유린당하는 국민이 있었다. 그 뒤에는 국민의 인권은 안중에도 없었던 정통성 없는 정권이 있었음을 알 수 있다.

그렇지만 즉각적인 조치는 이루어지지 않았다. 그 정도의 심각한 인권유린이 자행된 현장이라면 공권력이 개입하여 확실한 조치를 해야 했으나 그러지를 않았다. 1987년 3월 23일에 원생 37명이 집단 탈출하는 사건이 또다시 발생하면서 심각성이 본격적으로 세상에 알려지면서 정부의 무능한 대처를 알게 되었다. 그 이전인 2월 11일에도 원생 25명이 탈출을 하였지만 경찰과 경비원들은 이들 중 9명을 붙잡아 재수용하기도 하였다.[26] 이를 보면 정부는 이처럼 심각한 문제의 시설임에도 불구하고 즉각적이고 단호한 조치를 미루고 있었다. 정부는 이에 대해 방관자적인 태도를 고수하고 있었다는 것을 보여주고 있었다. 철저하게 정부의 책무를 팽개치고 있었다.

원생들은 강제노역 등에 시달리면서 사망하기에 이르는 등 인권유린의 현장에서 살아야 했다. 검찰이 수사에 착수했으나 외압 등으로 제대로 된 진상을 밝혀내지 못하고 무마되고 말았다. 형제복지원 자체의 기록에 남아 있

26) 경향신무, 「원생 25명 또 탈출」, 1987.2.11.

院生 1명 또 맞아 숨져

오늘아침 37명 집단탈출

民敎闘사건 관련 敎師 1명에 實刑

형제복지원의 인권유린은 이미 지난 1월부터 보도되기 시작했으나 정부의 조치는 부실하기만 하였다. 3월 23일에 원생이 사망하는 사고와 37명이 집단으로 탈출하는 사건이 발생하였다.

원생 1명 또 맞아 죽어 출처 : 동아일보(1987.3.23.)

는 수용자는 3천여 명에 이르렀으며, 사망자는 총 513명에 달하는 것으로 나타났다. 이를 보면 광범위한 인권유린이 있었을 것으로 짐작되는 사건이다. 부랑인 선도를 명목으로 역이나 길거리에서 배회하거나 술에 취해 잠들어 있다는 등의 이유만을 가지고 불법적으로 감금하고 강제 노역에 시달리게 한 것은 내무부 훈령에 따라 시행한 사건이었다. 즉, 국가에 의해 자행된 사건이었다. 형제복지원에서 납치된 3천여 명의 수용자 중에서 500여 명이 사망했다는 것은 대단히 많은 인원이다. 뿐만 아니라 후유증을 지금까지도 겪고 있는 것으로 알려지고 있다.

형제복지원에 이어 충남의 양지원에서도 원생이 맞아 죽는 사고가 발생하였다. 양지원은 형제복지원과 동일한 부랑인 수용시설이었다. 사건은 1987년 2월 1일 오후6시쯤에 발생하였다. 형제복지원과 마찬가지로 이곳의 복지원에서도 원생들은 군대식으로 조직되어 있었다. 원생들은 중대장 소대장 등의 군대직책을 부여하여 내부의 통제를 맡기고 있었다. 중대장을 맡고 있는 김모씨가 원생 윤모씨를 곡괭이 자루를 이용하여 마구 때려 숨지게 한 사건이었다. 사건의 발단은 죽은 윤씨가 형제복지원 사건에 대하여, "TV에서 보았는데, 부산형제복지원에서 간부들이 부정을 저질렀다는 말이 있더라."는 등의 발언을 중대장 원생이 문제 삼았다. 중대장 원생은 이 말을 문제삼아 곡괭이자루를 이용하여 윤씨의 머리와 가슴 등을 마구 때려 중상을 입혔다. 중상을 입은 윤씨를 병원으로 옮기던 중에 오후 6시 40분쯤에 숨진 사고였다.

1980년대의 부랑인에 대책은 일반인과의 분리에 중점을 두었다. 무엇보다도 부랑인에 대한 정의가 중요한 기준이 되는데, 이들이 정의한 부랑인은 그 대상이 모호하였다. 내무부 훈령 410호의 '건전한 사회 및 도시 질서를 해하는 모든 부랑인'이라는 정의는 대단히 모호한 기준이었다. 이것은 단속하는 관계기관에서 대다수의 평범한 시민을 대상으로 삼을 수 있는 근거로 작용하였다. 이 과정에서 정의가 모호한 부랑인은 일반시민을 억울하게 몰아갔다. 여기에 실적경쟁까지 벌어지면서 억울하게 검거된 시민들이 많았다는 것은 크게 반성할 부분이다. 결국 정권이 들어서면서 줄곧 외쳐댔던 사회정화사업이라는 그럴듯한 거대한 틀을 만들어 평범한 일반시민까지 잡아들이는 행태를 보이고 만 것이다. 그렇다면 왜 1980년대의 부랑인 정책은 분리에 중점을 두게 되었는가의 문제를 따져 보아야 할 것이다. 정통성이 결여된 채 출발한 정부는 세계인의 축제를 우리나라에서 치르고자 하였다. 그들이 고대하던 아시안게임과 올림픽 유치가 결정되자 우리나라를 찾는 외국인들에게 깨끗한 인상을 주고 국민들의 불쾌감을 없애기 위해 이제까지의 단속에 치우치던 부랑아 문제를 복지차원에서 해결하고자 하였다.[27] 소위 부랑인 없는 거리 조성이었다. 부랑인들은 단속활동 때에는 자취를 감추는

27) 매일경제, 「도시의 부랑인 없어진다」, 1981.11.21.

듯했지만 단속이 뜸해지면 다시 나타나서 거리의 질서를 혼란하게 한다고 인식하였다. 그 해결책으로 정부차원의 자활대책을 강구하고자 하였다. 1981년 11월 21일에 보사부는 거리의 부랑인을 11,500여 명으로 추산하고 있었다. 이에 따라 보사부가 내세운 당시의 대책은 영농 및 건설기술 등 취업기회가 많은 종목을 바탕으로 6개월 정도의 교육기간을 통하여 산업인력으로 양성한다는 것이었다. 이를 위해 이들을 수용할 5개의 보호시설을 신축하고 기존의 22개의 시설 중에 4개소를 보수하여 수용인원을 확충한다는 것이었다. 이를 추진하기 위하여 1982년에 총23억 2천 3백만원의 예산을 투입하기로 하였다. 또한 이들에 대한 분류는 3가지 유형으로 정하였다. 연고자가 있는 경우에는 귀가조치, 병자는 보호시설 수용, 활동능력이 있는 사람은 직업훈련을 실시하는 것으로 하였다. 그렇지만 결과적으로 국가의 예산은 도덕성과 직업의식이 결여된 시설주의 몫으로 대부분 돌아가고 말았음을 형제복지원 사건에서 볼 수 있었다. 다시 말해 이들을 교육시켜 산업역군으로 정상적인 사회활동을 준비하게 만들겠다는 본래의 취지와는 달리 사회와의 단절에 중점을 둔 결과로 나타났다. 이는 국가의 책무를 심각하게 손상한 사례였음이 사건을 통하여 알려지게 되었다.

02

국가의 책무

2020년은 전세계적으로 초유의 사건을 겪은 한해로 기록될 것이다. '코로나 19'로 명명된 바이러스는 일상의 패턴을 크게 흔들어 놓았다. 일상은 그동안 경험하지 못한 생활의 급격한 변화를 요구하였다. 급격한 변화의 중심에는 자유의 제한이라는 불편이 자리잡고 있다. 그렇지만 우리나라는 '투명한 방역'을 강조하면서 세계적인 방역 모범사례로 각광받았다. 이번 사건에서의 '투명'은 '진실'이었다. 위기 상황의 혼란을 이유로 이를 숨기지 않고 투명하게 대처한 것은 진실의 강함을 보여주었다. 또한 누가 진정한 영웅인가를 알게 해 주었다. 진정한 영웅은 진실을 제대로 알리는 이들과 이들의 말을 신뢰하고 불편을 감수한 시민의 몫이었음을 어느 누구도 부인하지 않을 것이다. 코로나 19사태가 발생한 이래 정부는 해외에 나가 있는 국민에게도 많은 관심을 기울였다. 그 결과 총 6개국에 나가 있었던 1,707명의 국민을 국내로 이송하였다.[28] 이러한 조치를 위해서 정부 차원의 신속대응팀을 구성하여 공군의 공중급유기(KC-330)까지 투입하였다.[29] 이 장면을 보는 국민의 심정은 가슴 저편에서부터 국가의 믿음직한 모습과 정성어린 마음을 읽었을 것이다. 또한 우리나라 국력을 새삼 느꼈을 것이다. 국민에 대한 국가의 책무를 적극적으로 이행하고자 한 하나의 대표적 사례이면서 국가에 대한 자긍심을 갖게 해 주는 의미 깊은 사례이기도 하였다.

---

28) 2020년 7월 22일 현재까지 정부에서 밝힌 현황 자료이다. 출처 : 보건복지부 홈페이지「보도자료」(검색일 : 2020.7.22.)

29) 정부는 이라크에서 코로나19가 확산 추세를 보임에 따라 지난 7월 17일 이라크 내 우리 건설근로자가 신속히 귀국하여 국내에서 검사와 치료를 받을 수 있도록 지원하기로 결정하였다. 이에 따라 7월 23일(목) 정부합동 신속대응팀을 이라크로 파견해 귀국 희망근로자 290여 명을 공중급유기(KC-330) 2대로 7월 24일 인천공항을 통해 귀국시켰다.

❙ 이라크 파견 근로자 귀국 지원 출처 : 국방부 홈페이지(2020.7.7.)

그 반면에 2014년 4월에 제주도로 향하던 한 척의 여객선이 침몰하는 사건이 발생하였다. 이 사고로 총476명의 승객 중에 295명이 사망하고 9명이 실종되었다. 희생자 중에는 고교생 246명이 포함되어 더욱 안타까움을 크게 하였다. 사고의 원인으로 여러 가지를 나열할 수 있겠으나 무엇보다도 신속한 구조가 이루어지지 않았다는 것에서 국가에 대한 불신은 국민들의 가슴속 깊이 새겨지게 되었다. 서서히 침몰하는 과정을 생중계하는 TV화면에는 세월호의 유리창에 매달려 있는 학생들의 애처로운 모습이었다. 그러나 구조다운 구조는 이루어지지 않았다. 이를 바라보는 국민의 심정은 희생자에 대한 안타까움과 국가의 책무에 대한 실망감이었다. 한편으로는 '우리 아이가 저 배를 타고 있어도 저렇게 서서히 죽음을 맞을 수밖에 없는 것인가?'라는 물음을 스스로에게 던지고 있었다. 침몰하는 배를 바라보는 국가는 '구경꾼'에 불과한 존재였다. 세월호가 침몰하면서 국가의 신뢰는 물론이고 책무도 함께 침몰하고 있었다.

국가는 위기를 맞게 되면 국민에게 명령한다. 대표적인 경우가 전쟁이다.

I 침몰하는 세월호 출처 : KBS뉴스 영상 캡처(2014.5.31.)

국가는 병역의무가 있는 국민에게 전투현장에 나설 것을 요구한다. 요구를 받은 개인은 작게는 자신과 가족의 평화와 안전을 위하여, 크게는 국가를 수호하기 위해 죽음을 불사해야 하는 전투현장으로 떠난다. 이는 헌법 제39조의 이행이며, 국가에 대한 개인의 의무를 다하는 것이다. 이밖에도 국민은 헌법에서 명시한 그들의 의무를 이행하고 있다. 제31조 교육의 의무, 제32조 근로의 의무, 제38조 납세의 의무 등이 대표적인 국민의 의무이다. 이와 같이 국민은 국가에 대한 의무를 지고 있다. 그러므로 국가는 국민에 대한 국가의 책무를 다해야 한다. 이를 성실히 이행할 때 국민의 지지를 받을 수 있으며 존립의 의미가 있다. 개인의 행복추구와 국가의 책무에 관해서는 헌법 제10조에 명시되어 있다. '인간으로서의 존엄과 가치를 가지며 행복을 추구할 권리'를 보장해야 하는 것이며, 국가는 개인이 가지는 불가침의 인권을 확인하고 이를 보장할 의무를 져야 한다. 이처럼 헌법 제10조에서는 국가의 책무를 명확하게 규정하고 있다. 헌법에서 말하는 국민의 의무와 국가의 책무는 국민과 국가의 관계를 규정짓는 것이기도 하다.

6·25전쟁은 수많은 사람을 죽게 만들었으며 가정을 해체시켰다. 해체된 가정으로 인해 전쟁고아가 양산되었다. 그 고아들은 국가의 보호를 받지 못하고 거리를 방황하는 부랑아가 되었다. 국가는 부랑아를 사회질서에 저해하는 원인으로 지목하였다. 이들은 어딘가에 강제로 수용되었다. 인권을 유린당하였다. 그러나 국가는 방관하였다. 국가의 책무를 다하지 않은 결과는 참혹한 인권유린의 결과로 나타난다.

정의롭지 못한 과거사에 대한 국가 차원의 반성과 원인규명 필요

2018년 11월에 검찰총장은 형제복지원 사건에 대하여 군사정권 시절의 대표적인 인권유린 사례로 인정하고 과거사에 대하여 사과하기도 하였다. 정

전쟁으로 고통 받는 전쟁고아들 출처 : 국사편찬위원회

의롭지 못한 국가의 통치행위는 아무리 법률에 의해 집행한 것이라 할지라도 이에 대한 진실을 규명해야 하며, 진실은 감추어지지 않는다는 것을 보게 된 것이다. 과거사법으로 흔히 말하는 법률은 「진실화해를 위한 과거사정리기본법」이다. 이는 과거의 못다 밝힌 진실규명을 위해서는 국회 차원에서의 관련법 제정 필요성이 요구된다는 국민적 여론을 고려하여, 지난 2005년에 「진실화해를 위한 과거사정리기본법」을 제정하였다.

과거사법은 멀리는 일제강점기로부터 군부독재로 통칭되던 권위주의 시절의 인권유린과 탄압 사건 등을 조사하여 진실을 밝혀 정의를 세우는 동시에 국가의 책무를 다해야 한다는 목적으로 출발하였다. 따라서 일제강점기 전후의 항일 독립운동과 해외 동포사, 6·25전쟁 시기의 민간인 학살 등은 물론이고 현대사에서 자주 거론되는 민주화투쟁을 위한 과정에서의 인권 탄압과 유린 사건 등을 대상으로 한다고 기본법에 명시하고 있다.[30)]

「진실화해를 위한 과거사정리기본법」에 따라 '진실·화해를 위한 과거사정리위원회'를 출범하고 2006년 4월 25일에 첫 조사를 개시하면서 활동을 시작하였다. 이 법에서 그 대상이 되는 사건을 밝혔듯이 일제강점기항일독립운동과 주권수호 및 국력신장에 기여한 해외동포사, 6·25전쟁을 전후하여

---

30) 진실·화해를 위한 과거사정리 기본법(약칭 : 과거사정리법) 제1조 목적 이 법은 항일독립운동, 반민주적 또는 반인권적 행위에 의한 인권유린과 폭력·학살·의문사 사건 등을 조사하여 왜곡되거나 은폐된 진실을 밝혀냄으로써 민족의 정통성을 확립하고 과거와의 화해를 통해 미래로 나아가기 위한 국민통합에 기여함을 목적으로 한다. 제2조에서는 진실규명의 범위를 다음과 같이 규정하고 있다. 1. 일제 강점기 또는 그 직전에 행한 항일독립운동 2. 일제 강점기 이후 이 법 시행일(법률 제7542호 진실·화해를 위한 과거사정리 기본법의 시행일을 말한다)까지 우리나라의 주권을 지키고 국력을 신장시키는 등의 해외동포사 3. 1945년 8월 15일부터 한국전쟁 전후의 시기에 불법적으로 이루어진 민간인 집단 사망·상해·실종사건 4. 1945년 8월 15일부터 권위주의 통치시까지 헌정질서 파괴행위 등 위법 또는 현저히 부당한 공권력의 행사로 인하여 발생한 사망·상해·실종사건, 그 밖에 중대한 인권침해사건과 조작의혹사건 5. 1945년 8월 15일부터 권위주의 통치시까지 대한민국의 정통성을 부정하거나 대한민국을 적대시하는 세력에 의한 테러·인권유린과 폭력·학살·의문사 6. 역사적으로 중요한 사건으로서 제3조의 규정에 의한 진실·화해를위한과거사정리위원회가 이 법의 목적 달성을 위하여 진실규명이 필요하다고 인정한 사건 등이다.

진실화해위원회 현판식 모습 출처 : 과거사관련업무지원단

발생한 민간인 집단 희생사건, 권위주의 시절의 국가공권력에 의해 자행된 인권침해사건 등을 중점적으로 조사하였다. 위원회는 2010년 6월까지 약 4년의 기간에 걸쳐 10,860건의 신청사건과 직권조사 사건 15건, 그리고 분리·병합 처리한 사건 등을 합한 총 11,175건을 처리하였으며 그 세부적인 내용은 표와 같다.[31)]

위원회에 따르면 접수되거나 직권 조사한 사건은 11,750건이었다. 이중 8,450건(75.62%)은 진실이 규명되었으며, 진실규명 불능은 528건(4.72%)이었다. 진실규명이 불능인 이유는 문헌이나 목격자, 현장자료가 부족한 결과였다. 나머지는 각하 1,729건(15.47%), 취하 351건(3.14%), 이송 97건(0.87%) 등이다. 특히 사법부의 잘못된 판결 59건에 재심권고를 내렸다고 밝혔다.

그동안 위원회는 항일독립운동 및 해외동포사 사건, 6·25전쟁 전후에 발

31) 행안부 과거사관련업무지원단, 『진실화해위원회 종합보고서(1)』 (서울 : 삼영문화인쇄사, 2010), p.76.

Ⅰ 진실·화해를 위한 과거사정리위원회 활동 실적 (2010.11.25.현재, 단위 : 건, %)

진실규명범위	계	처리완료					
		진실규명	진실규명불능	각하	취하	이송	중지
총계 (%)	11,175 (100.0)	8,450 (75.62)	528 (4.72)	1729 (15.47)	351 (3.14)	97 (0.87)	20 (0.18)
항일독립운동	274	20	23	221	10	–	
해외동포사	16	5	–	8	1	–	2
적대세력관련	1,774	1,445	10	292	22	1	4
민간인집단희생	8,206	6,742	454	764	242	4	–
인권침해	768	238	41	373	73	29	14
기타	137	–	–	71	3	63	–

출처 : 행안부 과거사관련업무지원단, 『진실화해위원회 종합보고서(1)』, p.76.

생한 민간인 희생 사건, 권위주의 통치시기에 발생한 인권침해사건을 대상으로 하였다. 그 반면에 사회적 약자들에게 자행된 인권유린의 현장까지는 이르지 못한 감이 있었다. 형제복지원 사건 등이 대표적인 사회적 약자들이 겪었던 인권유린이었다. 이러한 국민적 여론에 따라 20대 국회가 저물어갈 무렵인 2020년 5월에 형제복지원 사건 진상규명 등을 포함한 과거사법이 통과되어 재조사의 길을 열 수 있었다. 「진실화해를 위한 과거사정리기본법(과거사법)」의 개정안이 통과된 것이다. 이를 관철시키기 위하여 형제복지원 피해자가 국회 의원회관 현관 지붕에서 고공농성을 벌이기도 하였다. 법안 통과를 바라는 애타는 피해자의 하소연이었다. 그러나 국회에서 이를 처리하는 시일은 너무나 오랜 시일이 걸렸다. 피해에 대한 정확한 진실 규명을 바라는 피해자의 하루와 법안처리에 합의하는 의원의 하루하루는 그 느낌이 달랐을 것이다. 그러나 틀림없는 사실은 피해자의 하루는 형제복지원에서 무차별적으로 인권유린을 당하는 그날의 하루와 별반 다르지 않았을 것이다.

개정법이 통과됨으로써 소수의 사회적 약자에게 행해졌던 반인권적 행위

| 과거사법 통과를 환영하는 농성 중이었던 피해자 모습
출처 : KBS뉴스에서 캡처(검색일 : 2020.5.13.)

의 인권유린 등을 밝혀 낼 통로를 마련하였다. 2010년에 '과거사위원회'가 활동을 종료한지 10년 만에 개정법 통과라는 초석을 마련함으로써 사회적 약자가 겪었던 불법의 현장을 파헤칠 수 있게 되었다. 이에 따라 형제복지원 사건의 못다 밝힌 진실을 규명할 수 있는 법적인 바탕이 마련되었다.[32] 이를 계기로 조사위원회가 설치되고 조사를 진행할 수 있게 되었다는 것은 사회적 약자를 위한 국가의 책무를 이행하는 것이 될 것이다.

역사를 바로잡기 위한 노력

굴절된 역사, 정의롭지 못한 역사는 언젠가는 바로잡아야 한다. 모든 국민은 정의로운 사회를 원한다. 정의로운 사회는 특정 계층이 모든 권리를 독식하는 사회가 아니다. 소외되는 계층 없이 헌법에서 보장하는 기본권을 보장받는 사회이다. 헌법에서 보장하고 있는 기본권[33]은 '행복 추구권(헌법 제10

32) 2020년 7월 2일 그동안 진실규명을 위해 노력한 민간전문가 등 13명으로 '부산광역시 형제복지원 사건 진상규명 추진위원회'를 발족하여 활동에 들어갔다.

조), 평등권(제11조), 자유권(제12조), 참정권(제24조), 청구권(제26조), 사회복지권(제34조)' 등이다. 민주주의를 표방하는 국가라면 헌법의 가치를 구현해야 한다. 이것이 국가의 책무를 다하는 것이다. 그러므로 이를 위반한 것이 확인된다면 그 시효를 한정할 수 없다. 이것이 헌법의 가치를 실현하는 것이며 헌법을 준수하는 것이다. 우리나라 역사 중에서 가장 대표적으로 뒤틀어져 있는 역사가 일제강점기일 것이라는 데에는 이견이 없을 것이다. 청산되지 못한 역사는 현재까지 갖가지 갈등의 요인을 제공하고 있다. 갈등의 가장 큰 원인을 제공한 것은 일제의 침략이었으며 그들에 부역한 자들이 있었기 때문이다. 부역자들은 정부 수립 후 권력의 길을 다시 한번 걸을 수 있도록 보장받기에 이르렀다. 1950년 6월 25일은 이들의 입지를 또 한번 보장해 주는 역할을 한 민족의 비극이 발생한 날이다.

이념에 따라 강대국의 논리에 의해 분단된 땅에서 벌어진 전쟁은 당시의

---

33) 제10조 모든 국민은 인간으로서의 존엄과 가치를 가지며, 행복을 추구할 권리를 가진다. 국가는 개인이 가지는 불가침의 기본적 인권을 확인하고 이를 보장할 의무를 진다. 제11조 ① 모든 국민은 법 앞에 평등하다. 누구든지 성별·종교 또는 사회적 신분에 의하여 정치적·경제적·사회적·문화적 생활의 모든 영역에 있어서 차별을 받지 아니한다. ② 사회적 특수계급의 제도는 인정되지 아니하며, 어떠한 형태로도 이를 창설할 수 없다. ③ 훈장 등의 영전은 이를 받은 자에게만 효력이 있고, 어떠한 특권도 이에 따르지 아니한다. 제12조 ① 모든 국민은 신체의 자유를 가진다. 누구든지 법률에 의하지 아니하고는 체포·구속·압수·수색 또는 심문을 받지 아니하며, 법률과 적법한 절차에 의하지 아니하고는 처벌·보안처분 또는 강제노역을 받지 아니한다. ② 모든 국민은 고문을 받지 아니하며, 형사상 자기에게 불리한 진술을 강요당하지 아니한다. 제24조 모든 국민은 법률이 정하는 바에 의하여 선거권을 가진다. ③ 모든 국민은 신속한 재판을 받을 권리를 가진다. 형사피고인은 상당한 이유가 없는 한 지체없이 공개재판을 받을 권리를 가진다. ④ 형사피고인은 유죄의 판결이 확정될 때까지는 무죄로 추정된다. ⑤ 형사피해자는 법률이 정하는 바에 의하여 당해 사건의 재판절차에서 진술할 수 있다. 제26조 ① 모든 국민은 법률이 정하는 바에 의하여 국가기관에 문서로 청원할 권리를 가진다. ② 국가는 청원에 대하여 심사할 의무를 진다. 제34조 ① 모든 국민은 인간다운 생활을 할 권리를 가진다. ② 국가는 사회보장·사회복지의 증진에 노력할 의무를 진다. ③ 국가는 여자의 복지와 권익의 향상을 위하여 노력하여야 한다. ④ 국가는 노인과 청소년의 복지향상을 위한 정책을 실시할 의무를 진다. ⑤ 신체장애자 및 질병·노령 기타의 사유로 생활능력이 없는 국민은 법률이 정하는 바에 의하여 국가의 보호를 받는다. ⑥ 국가는 재해를 예방하고 그 위험으로부터 국민을 보호하기 위하여 노력하여야 한다.

▎전쟁발발 70주년 기념 행사(2020년) 출처 : 청와대

국제질서와 한반도에서의 상황을 고려해 볼 때 이미 기정사실화되어 있었다. 이를 대비하지 못한 지도층의 안일과 공공연한 허장성세는 결국 전쟁을 방지하지 못하였다. 이로 인해 수많은 전쟁고아를 양산하였다. 그들 중 다수는 국가의 보호를 받지 못하고 부랑아 생활을 하여야 했다. 후에 그들은 강제수용의 정책에 따라 인권유린을 겪었다. 이것은 마치 도미노현상을 연상시킨다. 중간 단계에서 적절한 구호와 보호가 부실했기 때문에 발생한 현상이었다. 국가의 책무는 튼튼한 버팀목을 세워 이를 방지하는 것이다. 버팀목을 우리는 정의라고 부른다. 그러므로 이제라도 정의(正義)에 대한 정의(定義)의 개념이 혼란스러웠던 시대를 종결시켜야 한다. 글자 그대로 정의는 '올바른 바른 도리를 명백하게 규정하는 것'이다. 이제라도 정의를 바로 세워야 한다. 모두가 함께 모여 미래를 논하며 발전지향적으로 가기 위해서는

무엇보다도 과거의 불행에 대한 반성과 사과라는 전제를 필요로 한다. 전쟁으로 인해 수많은 인명의 살상은 물론이고 어린아이들에게는 치유할 수 없는 고통을 안겨주었다. 전쟁 발생의 주범 김일성을 용서해서는 안 되는 이유는 수없이 많지만, 절대 용서할 수 없는 이유는 다음 두 가지를 들 수 있다. 첫째는 수많은 인명의 살상과 가정이 해체되는 아픔을 안겨 주었다. 이 아픔은 현재까지도 이산가족으로 남아 있으며, 수많은 전쟁고아를 양산시켜 이들을 거리로 내몰았다. 이로 인해 전쟁고아들은 먹을 것을 구하기 위해 구걸을 하면서 연명해야 했으며, 나이가 들어가면서는 거리의 부랑아로 떠돌아야 했다. 둘째는 전쟁을 통하여 일제에 부역한 반민족행위자들이 입지를 확실히 구축할 기회를 주는 결과로 이어졌다. 일제의 주구 노릇을 하던 이들은 해방이 되면서 척결되어야 마땅했다. 그러나 미군정청은 일제의 행정조직을 그대로 이어받으면서 이들을 오히려 중용하였다. 정부가 수립되고 이들에 대한 처벌이 논의되기도 하였으나 대통령의 정권욕은 이를 방해하기에 이르렀다. 이후 전쟁이 발발하면서 이들의 입지는 더욱 탄탄해 졌다. 아

2019년 5·18민주화운동기념식에서의 대통령 출처 : 청와대

이러니하게도 전쟁은 이들의 입지를 확실히 다지는 계기로 작용하였다.

과거사법 개정이 어렵게 이루어진 배경에는 이와 같은 역사의 흐름 속에서 기득권을 구축한 세력의 도전이 매우 강하였기 때문으로 풀이할 수 있다. 기득권을 구축한 세력의 근원은 일제의 한반도 침략에서부터 찾을 수 있으며, 이때부터 형성되기 시작하였다. 전쟁은 이를 바로잡을 기회를 상실하게 만들었다. 바로잡지 못한 역사는 세월이 흐르면서 비틀린 역사가 당연시 되는 현상으로 나타났다. 그렇지만 이들에 맞서 정의를 위해 목숨과 재산을 바친 존경스런 이들도 많이 있었다. 해방의 빛을 받은 조국에서 마땅히 주도적인 역할을 해야 했다. 그러나 현실은 그렇지 못하였다. 오히려 척결되어야 할 그들이 6·25전쟁을 통하여 국가의 주역으로 위치를 굳혀 나갔으며, 나아가 나라를 구한 영웅으로 묘사하는 극적인 상황까지 만들어졌다.

그렇다면 우리나라의 과거사의 올바른 정립을 위한 과정을 대략적으로 살펴보기로 한다.[34] 1945년 해방이 되었다. 당연히 식민지배에 협조했던 일제의 부역자들은 그에 합당한 처벌을 받을 것이라 생각하였다. 그렇지만 그들은 오히려 미군정 기간에 국가의 실세 자리를 차지하였다. 일제의 행정조직을 그대로 물려받은 결과였다. 온 국민은 이러한 현상 앞에 망연자실할 수밖에 없었다. 정부가 수립되면서 이들을 처벌하기 위해 헌법 101조에 근거하여 '반민족행위자특별조사위원회(반민특위)'를 구성하였다. 반민특위는 1949년 1월부터 활동을 시작했으나, 당시의 초대 대통령 이승만은 이에 부정적이었다. 급기야는 경찰의 반민특위 사무실 습격사건까지 겪으면서 더 이상의 활동은 무산되었다. 결과적으로 특별재판소에 회부된 자는 12명에 불과하였다. 일제 치하 36년을 겪었으나, 이에 처벌받을 대상이 고작 12명이라는 사실은 너무나 놀라운 것이었다. 이마저도 대부분이 풀려나면서 면죄부를 받았다. 굴절된 역사의 시작이었다. 이로 인해 친일청산은 현재까지

34) 행안부 과거사관련업무지원단, 앞의 책(2010), pp.1~11에서 참조하여 정리.

Ⅰ4·19혁명에 나선 시민들 출처 : 국가기록원

도 진행 중에 있으며 사회 곳곳에서 갈등의 요인으로 작용하기도 한다. 심지어 독립군의 가슴에 총을 겨눈 간도특설대 출신까지도 6·25전쟁의 영웅으로 추앙하고자 하는 부류가 있다는 사실은 역사의 뿌리마저도 혼란스럽게 만든다. 청산하지 못한 역사는 이처럼 정의와는 상반되는 것을 당연시 여기게 하며 그와는 정반대의 길을 걸을 수밖에 없게 만든다.

4·19혁명은 민주적인 분위기를 타고 6·25전쟁 기간 중에 발생했던 민간인 학살사건 등을 처리해야 한다는 국민적 열망이 있었다. 또한 이승만 정부에 의해 자행된 3·15부정선거 등에 대해서도 원인규명과 책임자 처벌을 요구하였다. 하지만 정부는 이에 소극적인 견해를 보였다. 그러는 사이에 5·16군사쿠데타가 발생하면서 과거사 청산을 위한 한 가닥 끈마저 끊어질

위기에 처하였다. 일본군 출신이면서 남노당의 주요 책임자로 사형 구형까지 언도받았던 인물이 대통령으로 등극하는 현대사가 진행되면서 청산할 과거사는 오히려 누적될 뿐이었다.

그 과정에서 새롭게 형성된 세력들은 그들만이 부정부패와 혼란을 척결하고 대한민국의 현대사를 이끌 수 있는 주역임을 부각시켰다. 그들은 그들만이 혁명을 주도할 세력이라고 선전하였다. 그러나 이것은 소수의 군부세력이 과거의 정치세력을 몰아 낸 것에 불과하였다. 이를 진정한 의미의 혁명이라 인정하기에는 곤란한 측면이 너무나 많았음을 역사는 증명하였다. 따라서 그들이 일으킨 난동을 과거에는 혁명이라고 칭하였으나 현재는 이를 인정하지 않기에 이른 것이다. 중요한 것은 이러한 현대사의 소용돌이 속에서 인권유린이 국가의 이름으로 버젓이 자행되었으며, 이러한 행위는 불순분자로부터 국가를 지키기 위한 당연한 행위로 여기며 추진했다는 사실이다. 수많은 민주화 인사들이 독재정권에 맞섰으나 그들에게는 국가의 혼란을 야기시키는 세력으로 매도되었다. 그 결과 정의와 인권에 대한 개념마저도 혼란을 겪게 만들었다. 경제는 급속도로 발전하였지만 그에 걸맞는 균형적인 발전은 이루어지지 않았다. 어느 가을날 그들만이 아는 장소에서 만찬을 벌이다 발생한 국가적 급변사태는 만연되어 오던 불균형적인 상황을 마감할 수 있다는 기대를 가져왔다. 그러나 1980년대에 들어서면서도 군부에 의한 권위주의 시대는 여전히 계속되었다. 국민의 기본권은 철저히 무시되었으며 이를 주장하는 것은 사상을 의심받게 만드는 환경을 조성하기에 이르렀다. 잠시 왔던 서울의 봄은 저물었으며 다시 한번 동토의 계절을 재촉하고 있을 뿐이었다.

1987년의 6월민주항쟁은 한국사회의 분위기가 권위주의에서 민주주의로 이동하는 중대한 전환점이었다. 민주화의 강한 열망은 5·18민주화운동에 대한 진실규명과 피해자 처리문제를 수면위로 끌어 올렸다. 이에 따라 이를

6월민주항쟁에 나선 시민들 출처 : 국가기록원

규명하기 위한 청문회가 개최되는 등의 활동이 있었고 관련 법률을 제정하기도 하였다. 1993년에 대통령에 당선된 김영삼은 문민정부를 표방하면서 권위주의 정부와는 분명한 차이를 갖고자 하였다. 따라서 「5·18민주화운동등에관한특별법」을 제정하여 책임자를 처벌할 수 있는 근거를 구축하였다. 이에 따라 민주화항쟁을 피로써 진압한 전두환, 노태우 등을 광주에서의 학살 책임자로 규정하고 법정에 서게 만들었다. 전두환은 제1심에서 내란·반란수괴죄로 사형을 선고받기도 하였으나 제2심에서 무기징역으로 감형되었다. 그렇지만 1997년 대통령 선거가 끝나자 김영삼 대통령은 국민화합을 명분으로 이들을 사면하기에 이르렀다. 잘못된 과거사에 대한 정리 작업은 1998년에 국민의 정부를 표방하면서 출범한 김대중 정부 때부터는 진상규명을 중점으로 하여 이루어졌다. 이것은 당시의 세계적인 추세이기도 하였다. 2000년에 「제주4·3사건 진상규명 및 희생자명예회복에 관한특별법」, 「민주화운동 관련자 명예회복 및 보상 등에 관한법률」, 「의문사진상규명에 관한특별법」이 제정되었다. 이어서 출범한 노무현 대통령이 이끄는 참여정부는 식민지 잔재청산을 위한 노력과 6·25전쟁시기의 민간인 학살 및 군사독재시기의 인권침해 등에 관해 포괄적인 과거사 정리에 적극적으로 추진하였다. 2003년에는 제16대 국회에 '과거사 진상규명을 관한 특별위원회'를 구성하였다. 2004년에 「일제강점하 친일반민족행위 진상규명에 관한 특별법」, 「일제강점하 강제동원피해 진상규명 등에 관한 특별법」이 제정되었다. 2005년에는 「진실·화해를 위한 과거사정리 기본법」을 제정하여 '진실·화해를 위한 과거사정리위원회'를 2006년에 출범시켰다. 이로써 사회질서를 해치는 거리의 부랑아라는 이유로 무분별하게 검거하여 복지원에 입소시켜 인권유린을 아무렇지도 않게 자행한 '형제복지원사건' 등을 단죄할 수 있는 여건을 조성하였다. 앞에서 언급했듯이 '형제복지원사건'의 피해자들은 부랑아로 내몰린 사람들이 많은 수를 차지하고 있었다. 부랑아들이 출현하게 된 시발점은 전쟁에서 양산된 전쟁고아들이었으므로, 이러한 법률의 제정은 인권유린의 관심을 전쟁고아로까지 확대해 조명해 볼 수 있다는 의미를 갖고 있다. 또한 「군의문사진상규명 등에 관한 특별법」을 제정하여 '군의문사 진상규명위원회'를 2006년에 출범시켰다. 이것은 헌법에서 보장한 국민의 '행복 추구권, 평등권, 자유권, 참정권, 청구권, 사회복지권'을 실천하겠다는 국가의 의지를 밝힌 것이다. 이러한 국가의 의지에 따라 국민의 기본권이 보장되고 국가의 책무가 이행되는 앞날을 기대해본다. 아울러 전쟁을 막지 못한 결과의 참혹함과 참상의 중심에 있었던 전쟁고아들에 대해서도 함께 조명되기를 기대해본다.

▎2006년 제주4·3사건 희생자 위령제 출처 : 대통령기록관

책을 마치며

전쟁의 상흔은 모두에게 깊었다. 그중에서도 더 깊은 상흔을 간직해야 했던 것은 부모를 잃은 어린아이들이었다. 이들의 아픈 상흔은 너무나 깊었으며 어느 누구와도 나눌 수 없는 처지였다. 그렇지만 그들은 전쟁 중에는 전쟁수행의 막중함으로, 전후에는 전후복구의 우선순위에 밀려 관심의 주변에서 맴돌아야 했다. 전쟁과 관련된 자료는 방대하지만 이들에 대한 자료는 그리 많지 않다. 대다수의 자료를 보면 전쟁의 원인규명과 전투사례 위주가 많은 부분을 차지하고 있다. 강대국이 전쟁에 미친 영향을 분석하면서 전쟁의 원인규명에 초점을 맞추었거나, 전투사례 위주로 전쟁을 분석하여 국군과 유엔군의 활약과 자유수호를 위한 희생 등을 주로 다루고 있다. 결론을 내려 보면 한반도라는 지정학적 중요성을 고려하여 보다 능동적인 국제관계 유지로 전쟁을 억제할 노력이 필요함을 제시하고 있다. 그 반면에 전쟁의 소용돌이 속에서 처참한 생활로 연명해야 했던 평범한 시민들과 어린아이들의 목소리를 다루면서 국가의 책무를 거론한 내용은 많지 않았다. 이들의 목소리는 주로 체험 또는 수기라는 제목으로 전쟁의 참상을 고발하면서 반공의 중요성을 부각시키는 것으로 그치고 있다. 연구자의 관점에 따른 저술의 결과는 존중받아야 마땅하다. 그렇지만 역사를 만든 것은 그 시대를 살았던 모든 인물들의 역할이 총합적으로 만들어 낸 결과라고 믿는다. 이들도 역사의 주역이었음에는 틀림없다는 것이며 존중받아야 한다는 것이다.

이 책을 쓰면서 이들이 겪은 참상과 이들에 대한 국가의 관심 정도를 조명해 보고자 하였다. 책을 쓰는 과정의 어려움은 충분하지 않은 참고자료에 있었다. 그만큼 이들에 대한 이야기는 중심에서 멀리 있었다는 반증으로 여겨졌다. 이런 연유로 인해 대부분의 자료는 당시의 신문기사에서 찾아보아야 했다. 찾고 찾다보니 퍼즐의 조각이 맞추어지듯이 그들의 윤곽을 알 수 있었다. 이들의 생활상이 보이는 듯했다. 무엇보다도 전쟁 후에도 이들의 어려움은 계속되었다는 것이고, 먹고 살 만큼 살림살이가 피었음에도 충분한 보살핌을 받지 못했다는 것이다. 이들은 나이가 들어가면서도 정착하지 못하고 거리를 배회하였으며, 그로 인해 동정의 대상에서 경계의 대상으로 변하였다. 이들이 경계의 대상으로 전락한 것에 대하여 이들을 탓하기에는 꺼림칙한 부분이 있다. 이들을 안정적으로 정착시키지 못한 책임은 개인보다는 국가에서 찾아야 할 것이기 때문이다. 이를 사회복지와 관련된 법령과 연계하여 찾아보고자 하였으며, 나 먹고 살기도 어려운 처지임에도 이들을 보살핀 사례도 발굴해 보고자 하였다. 찾다 보니 '사막의 어딘가에 샘은 숨어 있다'는 말처럼 따뜻한 가슴을 지닌 사람들은 존재하고 있었다. 그들은 국가를 대신하여 겁에 질린 눈동자를 웃게 만들었다. 그들의 이야기는 계속해서 발굴해야 할 필요성을 느끼게 해 주었다. 총체적으로 보면 무엇보다도 국가 차원의 체계적이고 조직적인 관리를 위한 노력에서 많은 아쉬움을 남겼다. 국가에 의한 이들에 대한 관리는 가시적인 성과에 치중했다는 감이 들었다. 그 결과는 해외입양정책의 활성화와 격리에 가까운 조치로 이어졌다. 특히 격리는 사회와의 단절로 이어지면서 오늘날까지 해결해야 하는 과제를 남겼다. 개발의 속도에 밀린 그들의 복지는 '입양과 격리'로 대체되면서 이러한 결과를 가져온 것이다. 역사는 반복성을 갖고 있다는 말이 있다. '우리는 전쟁에 관심이 없지만, 전쟁은 우리에게 많은 관심을 갖고 있다.' 이 말이 사실이라면, 전쟁이라는 존재는 언제가 될지는 모르지만 또 다시 우리를 대면하고자 할 것이다. 이것이 인류의 역사이다. 그러므로 우리는 전쟁을 잊지 말아야 하며 이를 대비하여야 하다. 그렇지만 불행히도 또다시 겪는다면 우리의 미래를 이끌 어린아이들의 관리에 대한 실책을 반복하지 말아야 한다는 마음으로 이 책을 마무리 짓고자 한다.

참고문헌

1. 공식간행물 및 단행본

강준만, 『한국근대사산책, 1940년대편 1』, 인물과 사상사, 2004.

국가보훈처, 『영원한 동반자, 한국과 에티오피아(에티오피아군 6·25전쟁 참전사)』, 국가보훈처, 2012.

국방군사연구소, 『한국전쟁上』, 군인공제회, 1995.

국방부, 『2012국방백서』, 국방부, 2012.

국방부군사편찬연구소, 『6·25전쟁과 UN군』, 국군인쇄창, 2015.

__________________, 『소련군사고문단장 라주바예프의 6·25전쟁보고서2』, 군인공제회, 2001.

__________________, 『한미동맹60년사』, 국군인쇄창, 2013.

__________________, 『한미동맹60년사』, 국군인쇄창, 2017.

국회사무처, 『대한민국 국회 60년사』, 예당문화, 2008.

권육상외. 『사회복지법제론』, 나눔의 집, 2007.

김창진, 『기적을 이룬 꿈』, 웅진출판, 1999.

_____, 『대통령과 통일정책』, 문운당, 2019.

_____, 『우리에게 6·25전쟁이란?』, 진영사, 2018.

_____, 『한국현대사산책, 1950년대편 1』, 인물과 사상사, 2004.

_____, 『한국현대사산책, 1950년대편 2』, 인물과 사상사, 2004.

_____, 『한국현대사산책, 1950년대편 3』, 인물과 사상사, 2009.

김학재, 『전쟁과 사람들』, 선인, 2010.

대한민국 6·25참전유공자회, 『6·25전쟁 교훈연구』, 2011.

________________________, 『6·25전쟁 참전수기Ⅲ』, 2011.

러셀 블레이즈델, 『1,000명의 아버지』, 충현원, 2011.

박갑룡, 『한국전쟁고아의 아버지 러셀 브레이즈델 리더십 연구』, 2017 보훈선양학술대회, 2017.

_____, 『휴먼리스트 김영옥 대령 리더십』, 아시아문화학술원, 2010.

박대순, 『국민을 섬겨라』, 파랑새미디어, 2012.

박동찬, 『통계로 본 6.25전쟁』, 국군인쇄창, 2014.
박완서, 『그 산이 정말 거기 있었을까』, 웅진출판, 1995.
보건복지부, 『사회복지 70년사』, ㈜다니기획, 2015.
보건사회부, 『보건사회통계연보(1955~1965년』, 동방문화사, 1988.
사회와 복지연구회, 『한반도의 군축과 사회복지』, 한울, 1991.
서중석외, 『전장과 사람들』, 선인, 2010.
송건호, 『한국현대사』, 두레, 1986.
송효순, 『붉은 대학살』, 갑자문화사, 1979.
신봉승, 『국가란 무엇인가』, 청아출판사, 2011.
신호범, 『공부도둑놈 희망의 선생님』, 웅진출판, 1999.
안병영외, 『복지국가와 사회복지정책』, 다산출판사, 2018.
유시민, 『국가란 무엇인가』, 돌베개, 2017.
육군본부, 『1129일간의 전쟁 6·25』, 군사편찬연구소, 2014.
________, 『6·25전쟁 다하지 못한 이야기들』, 국군인쇄창, 2012.
________, 『군사용어사전』, 육군인쇄창, 2012.
이두호 외, 『빈곤론』, 나남출판사, 1991.
이은진 역, 『왜 그 아이들은 한국을 떠나지 않을 수 없었나』, 뿌리의 집, 2019.
이정은(역), 『인간의 대지』, 이음문고, 2018.
이중근, 『6.25전쟁 1129일』, 우정문고, 2014.
임상 사회복지연구회, 『사회복지 역사를 세운 실천현장의 인물들』, 학지사, 2015.
진실·화해를 위한 과거사정리위원회, 『진실화해위원회 종합보고서 Ⅰ』, 2010.
참여연대 사회복지위원회, 『한국 사회복지의 현실과 선택』, 나눔의 집, 2007.
청와대, 『문재인대통령 연설문집 2권』, 대통령비서실, 2017.
통계청, 『통계로 본 광복 70년 : 한국사회의 변화』, 진한엠엔비, 2017.
한국농촌경제연구원, 『농지개혁사연구』, 동양문화인쇄주식회사, 1989.
합동군사대학교, 『6·25전쟁사(中)』, 국군인쇄창, 2015.
현봉학, 『현봉학과 흥남대탈출』, 경학사, 1999.
형제복지원 구술프로젝트 저, 『숫자가 된 사람들 –형제복지원 피해생존자 구술기록집 –』, 오월의 집, 2015.
홀트아동복지회, 『울엄마』, 도서출판 청한, 1984.

2. 기타 참고자료

가. 홈페이지 목록

『공군본부 홈페이지』
『국가기록원 홈페이지』
『국가법령정보센터 홈페이지』
『국가보훈처 홈페이지』
『국가인권위원회 홈페이지』
『국방부 홈페이지』
『국방일보 홈페이지』
『국사편찬위원회 홈페이지』
『대통령기록관 홈페이지』
『방정환 재단 홈페이지』
『보건복지부 홈페이지』
『용산구청 홈페이지』
『전쟁기념관 홈페이지』
『청와대 홈페이지』
『충현원 홈페이지』
『행복한 하루 홈페이지』
『행정안전부 홈페이지』
『홀트복지타운 홈페이지』
『홀트아동복지회 홈페이지』

나. 드라마 및 영화 사진자료

「새 삶의 길」, 『KTV(2015년)』.
「영화, 국제시장(2014년)」, 「영화, 전송가(1957년)」, 「KBS뉴스속보(2014년)」.
「정의의 진격(1부)」, 『국방TV(2014년)』.

다. 신문기사

「1950년 유모차 공수작전, 6·25 전쟁고아 1069명 구해」, 『국방일보』, 2018.12.14.
「20개 항을 지시, 혁명 후 최초의 지방장관 회의」, 『동아일보』, 1961.6.12.
「6·25터지고 사흘만에 보도연맹 100여 명 총살」, 『한겨레신문』, 2007.7.3.
「거리 부랑아 일소코저 강력한 보도기관」, 『경향신문』, 1952.8.23.
「거리의 부랑아들」, 『조선일보』, 1954.3.8.
「거리의 부랑아들 수용」, 『조선일보』, 1954.3.8.
「거리의 불량아 1만명 중 대부분이 성병균 보유」, 『경향신문』, 1952.4.13.
「경찰지정 고물상 횡포 잦아」, 『동아일보』, 1974.3.6.
「경찰 지정 고물상 횡포 잦아, 응달서 시달리는 재건대 넝마주이 」, 『동아일보』, 1974.3.6.
「고아 600명 기른 '사랑의 여의사'」, 『동아일보』, 1951.5.28.

「고아들 탈출 격증」, 『경향신문』, 1953.4.6.
「고아시설 확충 강화, 1만9천여 명 수용키로」, 『경향신문』, 1952.3.11.
「고아에 '어머니 품' 40년」, 『한겨레신문』, 1993.9.23.
「고아에 매월 300불」, 『동아일보』, 1953.4.6.
「극도로 불량해진 고아」, 『경향신문』, 1955.7.11.
「꽁보리밥 먹고 12시간 노동」, 『동아일보』, 1987.2.3.
「날로 늘어가는 부랑아」, 『경향신문』, 1953.11.17.
「내일에 산다」, 『동아일보』, 1960.8.27.
「내일에 산다, 넝마 속에 꿈 담은 근로재건대」, 『동아일보』, 1962.5.23.
「도시의 부랑인 없어진다」, 『매일경제』, 1981.11.21.
「메킨 소령을 보내는 모임, 고아들이 작별연예회 개최」, 『동아일보』, 1952.11.9.
「목불인견의 참상」, 『경향신문』, 1956.4.2.
「미국에 '김영옥대령 고속도로' 생긴다」, 『국방일보』, 2018.7.8.
「미군이 열차 내에서 조선부녀 3명 능욕」」, 『경향신문』, 1952.9.22.
「부끄러운 명찰 뗄 때도 됐는데」, 『오마이뉴스』, 2005.11.15.
「부랑아 계속 소탕」, 『경향신문』, 1952.8.11.
「부랑인 선도 악용한 생지옥」, 『동아일보』, 1987.2.2.
「부랑인 수용제도 개선」, 『경향신문』, 1987.2.3.
「사설, 어느 복지원의 인간모독」, 『동아일보』, 1987.1.19.
「새 정부에 바라는 민중의 소리」, 『동아일보』, 1960.8.27.
「새 정부에 바라는 민중의 소리」, 『동아일보』, 1962.5.23.
「시인 가재모 중편연재소설, 에티오피아 용사와 보화고아원 제3편」, 『이서울포스트.』, 2019.6.24.
「양공주 아내 살해 미수」, 『경향신문』, 1953.7.30.
「양공주에 등록제」, 『경향신문』, 1953.1.29.
「어린이 날을 축복하며」, 『경향신문』, 1952.5.5.
「원생 1명 또 맞아 죽어」, 『동아일보』, 1987.3.23.
「원생 25명 또 탈출」, 『경향신문』, 1987.2.11.
「이대통령 행복산 보육원 방문」, 『동아일보』, 1951.8.15.
「전국에 8개 수용소 설치」, 『경향신문』, 1952.3.12.

「전재 난민 총 등록 15일부터 전국 일제 실시」, 『경향신문』, 1952.3.8.

「전쟁영웅 고(故) 김영옥 연구소 생긴다」, 『국방일보』, 2013.1.14.

「전쟁이면의 사회상」, 『경향신문』, 1952.5.27.

「최고회의 사법·법무정책발표, 대공사찰 더욱 강화」, 『경향신문』, 1961.6.16.

「한국전 때 돌보던 고아들 찾습니다」, 『국방일보』, 1993.9.23.

「해피마운틴(부산 최초 소아과병원)은 아미동 '행복산 육아원」, 『부산일보』, 2020.6.18.

「행복산보육원에 국정교과서 기증」, 『경향신문』, 1952.2.8.

「행복산보육원에서 미끄럼대를 타는 원생들」, 『동아일보』, 1952.3.28.

「행복산의 천사들... 탐방기」, 『동아일보』, 1952.3.4.

「행정감독 부재의 비인간지대」, 『동아일보』, 1987.2.4.

「혼혈아 중에 기아 다수」, 『경향신문』, 1952.9.22.

「혼혈아는 몇 명」, 『경향신문』, 1952.8.18.

찾아보기

전쟁고아와 국가의 책무

초판인쇄 | 2020년 12월 1일
초판발행 | 2020년 12월 4일

저　　자 | 김창진·박갑룡
발 행 인 | 이성범
발 행 처 | 문운당
주　　소 | 서울시 종로구 혜화로5길 16 (명륜1가 45-3)
전　　화 | (02)762-6010
팩　　스 | 영업 (02)745-0265 / 편집 (02)762-8758
이 메 일 | 영업 munun2@chol.com
　　　　　편집 munundang@naver.com
홈페이지 | http://munundang.co.kr

ISBN 979-11-5692-514-9 03390

정가 18,000원